道教典籍選刊

神仙傳校釋

〔晉〕葛洪撰

胡守爲校釋

中華書局

圖書在版編目(CIP)數據

神仙傳校釋/(晉)葛洪撰;胡守爲校釋. —北京:中華書局,2010. 9(2023. 9 重印)
(道教典籍選刊)
ISBN 978-7-101-07347-8

Ⅰ. 神… Ⅱ. ①葛…②胡… Ⅲ. ①神-列傳-中國②神仙傳-注釋 Ⅳ. B933

中國版本圖書館 CIP 數據核字(2010)第 052700 號

責任編輯:朱立峰
責任印製:管 斌

道教典籍選刊
神仙傳校釋
〔晉〕葛 洪 撰
胡守爲 校釋
*
中華書局出版發行
(北京市豐臺區太平橋西里 38 號 100073)
http://www.zhbc.com.cn
E-mail:zhbc@zhbc.com.cn
三河市博文印刷有限公司印刷
*
850×1168 毫米 1/32 · 12⅝印張 · 2 插頁 · 160 千字
2010 年 9 月第 1 版 2023 年 9 月第 9 次印刷
印數:16301-16800 册 定價:49.00 元

ISBN 978-7-101-07347-8

道教典籍選刊緣起

道教是我國土生土長的宗教，歷史悠久，可以溯源到戰國時期的方術，甚至更古的巫術，而正式形成於東漢時期。它是我國傳統文化的重要組成部分，對我國人民的思維方式、生活方式，對古代科學、技術的發展，都産生過重大影響，並波及社會政治、經濟等各方面。

道教典籍極爲豐富，就道藏而言，多達五千餘卷，是有待進一步發掘、清理和利用的文化遺産之一。爲便於國内外學術界對道教及其影響的研究，便於廣大讀者瞭解道教的概貌，我們初步擬訂了道教典籍選刊的整理出版計劃。其中既有道教最基本的典籍，也包括各種流派的代表作，有不少書與哲學、思想史關係密切。所有項目，都選用較好的版本作爲底本，進行校勘標點。

由於我們缺乏經驗，工作中難免有失誤之處，亟盼關心此項工作的專家和廣大讀者給以指導與幫助。

中華書局編輯部

一九八八年二月

目録

前言……一
引書目録……一
神仙傳序……一
神仙傳卷一……一
廣成子……一
若士……五
沈文泰……一三
彭祖……一五
白石生……三四
黄山君……三八
鳳綱……三九
神仙傳卷二……四一
皇初平……四一
吕恭……四六
沈建……五〇
華子期……五四
樂子長……五六
衞叔卿……五八
魏伯阳……六三
神仙傳卷三……六九
沈羲……六九
陳安世……七六
李八伯……八一
李阿……八七
王遠……九二

伯山甫……………………………………一一九
神仙傳卷四…………………………………一二三
墨　子……………………………………一二三
劉　政……………………………………一三〇
孫　博……………………………………一三三
班　孟……………………………………一三七
玉　子……………………………………一四〇
天門子……………………………………一四五
九靈子……………………………………一四八
北極子……………………………………一五〇
絶洞子……………………………………一五一
太陽子……………………………………一五三
太陽女……………………………………一五五
太陰女……………………………………一五六
太玄女……………………………………一五九
南極子……………………………………一六二
黄盧子……………………………………一六四
神仙傳卷五…………………………………一六七
馬鳴生……………………………………一六七
陰長生……………………………………一七一
茅　君……………………………………一八二
張道陵……………………………………一九〇
欒　巴……………………………………一九五
神仙傳卷六…………………………………二〇一
淮南王……………………………………二〇一
李少君……………………………………二〇六
王　真……………………………………二一七
陳　長……………………………………二二三
劉　綱……………………………………二二四
樊夫人……………………………………二二五
東陵聖母…………………………………二二八
孔　元……………………………………二三〇

王　烈……二三二
涉　正……二三四
焦　先……二三五
孫　登……二三八
神仙傳卷七……二四一
東郭延……二四一
靈壽光……二四四
劉　京……二四五
嚴　青……二四九
帛　和……二五一
趙　瞿……二五三
宮　嵩……二五六
容成公……二五七
董仲君……二五八
倩平吉……二五九
王仲都……二六一
程偉妻……二六二
薊子訓……二六四
神仙傳卷八……二六九
葛　玄……二六九
左　慈……二七五
王　遥……二八五
陳永伯……二八八
太山老父……二八九
巫　炎……二九一
河上公……二九三
劉　根……二九八
神仙傳卷九……三〇七
壺　公……三〇七
尹　軌……三一八
介　象……三二四
神仙傳卷十……三三三

董　奉……………………………………………………三三三
李　根……………………………………………………三四五
李意期……………………………………………………三四九
王　興……………………………………………………三五四
黄　敬……………………………………………………三五七
魯女生……………………………………………………三六〇
甘　始……………………………………………………三六三
封君達……………………………………………………三六五
附　録……………………………………………………三六七
四庫全書總目提要……………………………………三六七
後　記……………………………………………………三六九

前言

葛洪神仙傳序稱：「弟子滕升問曰：『先生曰神仙可得，不死可學。古之得仙者，豈有其人乎？』」葛洪乃「抄集古之仙者，見於仙經、服食方及百家之書，先師所說，耆儒所論，以爲十卷」，即神仙傳，以回答滕升之問，並以傳知真識遠之士。隋書經籍志二云：「又漢時阮倉作列仙圖，劉向典校經籍，始作列仙、列士、列女之傳，皆因其志尚，率爾而作，不在正史。」〔一〕列仙圖應是我國爲神仙立傳的首部著作，其書已不可得見。現存列仙傳是否劉向的作品，學者亦有疑問。而其後出的葛洪神仙傳，無論在記事、傳道家之學，乃至文學造詣，遠在列仙傳之上，其價值勝於前人之作無疑，而後出者亦未見出其右，故葛洪之書實是神仙類圖書經典之作。梁朝著名道教思想家、醫學家陶弘景「至十歲，得葛洪神仙傳，晝夜研尋，便有養生之志」〔二〕。其影響之深遠，亦由此可見。

魏晉南北朝期間，社會上談仙的風氣甚盛，葛洪神仙傳又是談仙著作中的佼佼者，南朝宋裴松之雖說「葛洪所記，近爲惑衆」〔三〕，但仍採録三條記於三國志注中。現存較早的典籍引用該書的，除三國志

〔一〕隋書卷三三經籍志二，頁九七九（本書徵引文獻所據版本參見引書目録，概不注出）。

〔二〕南史卷七六陶弘景傳，頁一八九七。

〔三〕三國志卷六三吴範劉惇趙達傳注，頁一四二八。

裴松之注外，還有北魏賈思勰所作齊民要術，共六則（四部叢刊初編本），及北魏酈道元撰水經注。此外，敦煌文書中亦見北齊祖珽編的修文御覽、梁朱澹遠編的語對，以及一些失名的類書，都曾引用神仙傳。其他或有引用於詩文中的，但没有注出，不能識别。裴松之説「其書文頗行於世」，實是如此。

神仙傳既頗行於世，除廣泛被引用外，尚有增删改寫的。以「介象」條爲例，四庫全書本神仙傳「介象」條述介象宫中爲吴主釣鯔的故事，本出自吴張勃的吴録〔一〕，三国志卷六三吴範劉惇趙達傳裴注、太平御覽（卷八六二膾、卷九三七鯔魚、卷九七七薑）均稱引自神仙傳；太平廣記卷一三神仙「介象」條全面記述其事迹，稱出自神仙傳，却不記此事，而卷四六六魚「介象」條則專記此事，亦云出自神仙傳。後漢書卷一一二下左慈傳述左慈銅盤中爲曹操釣鱸的故事，原出自晉干寶的搜神記〔二〕，也許因其事迹與吴録所載介象事迹基本相同，四庫本神仙傳「左慈」條不記此事，太平御覽卷八三四釣却云引自神仙傳。太平御覽、太平廣記編撰者不止一人，引書也不統一，所引神仙傳的文字乃至人物事迹有差異，蓋因所據書本不同。從上述的例子可知，其所引的神仙傳已有不同的版本。四庫全書館臣認爲裴松之蜀志先主傳注引「李意其」一條，吴志士燮傳注引「董奉」一條，吴範劉惇趙達傳注引「介象」一條，是徵引此書最古之文字，且悉與此本（即四庫全書收録的毛晉本）相合，應爲原帙〔三〕。比較吴範劉惇趙達傳裴注引葛

〔一〕參張忱石點校建康實録卷二太祖下注，頁五五。
〔二〕參汪紹楹校注搜神記，頁九。
〔三〕四庫全書總目卷一四六「道家類・神仙傳」，頁一二五〇下。

洪神仙傳云介象與「吴主共論鱠魚」，毛本「介象」條作「與先主共論鱠魚」，文字仍略有區別。毛本還有稱孫權爲「先主」的，如「左慈」條云「慈見吴先主孫權」，「董奉」條云「昔吴先主時有年少作本縣長」等。文獻稱孫權爲「先主」者，必有緣故，搜神記有數條稱孫權爲「先主」者，多出自吴人著作。葛洪，丹陽句容人，屬吴國故地，其祖父系，曾官至吴大鴻臚，封吴壽縣侯；父悌，歷官至吴會稽太守。神仙傳中葛洪稱孫權爲「先主」，蓋不忘父祖蒙受吴之恩也。同理，陳壽因出於蜀的關係，所撰三國志亦稱劉備爲「先主」。裴注則不能再稱孫權爲「先主」而改稱「吴主」。此條毛本又云：「先主思象，使以所住屋爲廟，時時躬往祭之。」敦煌文書北齊祖珽編的修文御覽引神仙傳曰：「介象死，吴先帝思象，以所住屋爲象廟，時時復祭之。」（伯二五二六，太平御覽卷九一六鶴亦引）此條亦屬神仙傳較早的引文，稱孫權爲「先帝」，與毛本基本同。太平廣記也改「先主」而稱孫權爲「帝」，如卷一三「介象」條云「帝思之，與立廟，時時躬往祭之」此一例也；又云「帝埋葬之」，毛本作「先主殯埋之」，此二例也。而毛本「先主發視其棺中」句，廣記作「先主即發棺視之」〔一〕，是廣記抄録者忽略未改之明證。然則毛本「介象」條，以「吴主」作「先主」，似更合乎原作。由此或可以得到提示，神仙傳中凡稱孫權爲「先主」的，可斷爲葛洪的原本。

此外，唐人編的琱玉集引神仙傳云：「董奉，後漢人也。時交州刺史士燮中毒藥而死，董奉以一散水寫（瀉）燮口中，摇之使下，須臾便活。燮自説初死之時，有一人以車載燮，置於一處，後乃内燮着土窟

〔一〕太平廣記卷一三「介象」，頁九〇。

中，以土將塞之，須臾，有二使者至，追孌，因開土塞，便得活。」（參敦煌文書斯二〇七二）與今神仙傳流行的兩輯本「董奉」條文字情節均有不同，或是他人改寫的神仙傳。列仙傳原收「容成公」條，四庫本神仙傳重出，只兩句：「行玄、素之道，延壽無極。」唐徐堅撰初學記引葛洪神仙傳云：「容成公服三黄得仙，所謂雄黄、雌黄、黄金。」〔一〕顯然是不同的來源。前此之時該書已被改寫增删，此亦一例。

神仙傳序説葛洪所編的神仙傳共十卷，未説所收人物多少，唐梁肅云：「予嘗覽葛洪所記，以爲神仙之道，昭昭焉足徵已。……按神仙傳凡一百九十人，予所向者，唯柱史、廣成二人而已，餘皆生死之徒也。」〔二〕而今之四庫本所録只八十四人，相去甚遠。梁肅所見之神仙傳，内容只提到柱史、廣成二人，柱史即老子，廣成即廣成子。今四庫本無「老子」條，初學記卷二三「感星」注引葛洪神仙傳曰：「老子母感大流星而有娠。」〔三〕又同卷「姓李」引葛洪神仙傳曰：「老子生於李家，猶以李爲姓。」又卷一「尹喜占」引神仙傳曰：「老子將去周而出關，以昇崑崙，關令尹喜占風逆知當有神人來過，乃掃道見老子，老子知喜命應得道，乃停關下，以長生之事授之。」〔四〕（太平御覽卷九風亦引）此數條引文是否與梁肅所見「老子」之文相同，不得而知。但初學記引神仙傳關於老子的文字，見於增訂漢魏叢書本（此據乾隆五十六年金

〔一〕初學記卷二七金，頁六四五。
〔二〕梁肅神仙傳論，全唐文卷五一九，頁五二七七。
〔三〕初學記卷二三道釋部「道第一・感星」，頁五四八。
〔四〕初學記卷一天部上「風第六・尹喜占」，頁一八。

谿王氏刻本，以下簡稱「漢魏本」）神仙傳「老子」條，文中且有「（葛）洪按」、「葛稚川云」等語，查葛洪於其著作中除自叙外，如抱朴子，從未自稱姓名。漢魏本「老子」之文，原出於太平廣記，此條恐非出自葛洪之手。由此推測，梁肅所見的神仙傳恐已非葛洪原本。又王松年仙苑編珠序稱：「劉向列仙傳止於七十一人，葛洪復撰神仙傳有一百一十七人。」〔一〕王松年是五代時人，王松年依據的神仙傳比梁肅所見的又少了七十三人。其所引「墨容公」、「桂君」、「孔安」、「郝容公」諸條均爲今傳本所無，大抵是王松年自稱「近自唐、梁已降，接於聞見者」而增加的人物。藝文類聚卷八一菊引神仙傳曰「康風子服甘菊花、柏實散得仙」，此條曾被多種著作引用，今本神仙傳均無，究竟是輯本遺漏還是後人增補，難以判定，此類例子尚多。元人趙道一稱：「白海瓊先生曰：『晉抱朴子作神仙傳，所紀千有餘人。』」〔二〕白海瓊是南宋時人，更不知其所據，或傳刻誤「百」爲「千」。總而言之，唐、宋間流傳的神仙傳，已失原著的面貌。

由此可知，最遲至隋唐，葛洪神仙傳原本已不存，已出現各種傳寫本，而增删改寫的不知凡幾，後人只能根據古籍選擇輯録，却難以恢復原貌。現存神仙傳的主要輯本，有明毛晉所輯神仙傳及增訂漢魏叢書收録的神仙傳兩個不同的版本。漢魏本神仙傳未知是何人所輯，四庫館臣稱：「其文大略相同，而所載凡九十二人，核其篇第，蓋從太平廣記所引鈔合而成。廣記標題間有舛誤，亦有與他書複見，即不

〔一〕參道藏第十一册，頁二一上。

〔二〕歷世真仙體道通鑑序，道藏第五册，頁九九上。

引神仙傳者，故其本頗有訛漏。」〔一〕近人余嘉錫云：「疑葛洪之原書已亡，今本皆出於後人所掇拾，特毛本輯者用心較爲周密耳。」〔二〕所言甚是。今文淵閣四庫全書本所收的毛晉輯本（以下簡稱「四庫本」），錯漏也不少，或出於所據的傳本有誤，或出於四庫全書抄工的疏忽，亦有可能是原著的訛誤，以致有不少地方文意難通，甚至改變原意。我嘗試以四庫本神仙傳爲底本，利用與神仙傳較密切的文獻，如抱朴子内篇、清王謨所輯漢魏本神仙傳、唐王懸河三洞珠囊、五代王松年仙苑編珠、宋張君房雲笈七籤、南宋陳葆光三洞群仙録、元趙道一歷世真仙體道通鑑，以及唐、宋的類書所引神仙傳條文，對四庫本作一校勘，企求將被稱爲輯録較爲周密的神仙傳，整理出一个錯漏較少的本子，有利於使用者有較爲正確的依據，並對某些詞語作注解，便於初學者閱讀。至於工作的成效如何，就請讀者檢驗了。

胡守爲

〔一〕四庫全書總目卷一四六「道家類・神仙傳」，頁一二五〇下。

〔二〕四庫提要辨證卷一九「神仙傳十卷」，頁一二一九。

引書目録

按：本書所徵引諸書版本情況，按照書名首字筆畫排列，依次如左。

三洞珠囊（唐王懸河撰，道藏，文物出版社、上海書店、天津古籍出版社聯合出版，一九九四年，以下簡稱「道藏本」）

三洞群仙録（宋陳葆光撰，道藏本）

三國志（中華書局點校本）

山西通志（清覺羅石麟等監修，臺灣商務印書館景印文淵閣四庫全書本，以下簡稱「四庫全書本」）

山海經（晉郭璞注，上海古籍出版社諸子百家叢書本，一九八九年）

山堂肆考（明彭大翼撰，四庫全書本）

丹鉛總録（明楊慎撰，四庫全書本）

互注校正宋本廣韻（余迺永校著，臺北聯貫出版社，一九八〇年）

元和姓纂（唐林寶撰，四庫全書本）

元和郡縣圖志（唐李吉甫撰，賀次君點校，中華書局，一九八三年）

六臣注文選（浙江古籍出版社影印宋本，一九九九年）

天中記（明陳耀文撰，四庫全書本）

太上混元老子史略(宋謝守灝撰,道藏本)
太平御覽(宋李昉等撰,中華書局影印宋本,一九八五年)
太平廣記(宋李昉等撰,中華書局,一九六一年)
太平寰宇記(宋樂史撰,四庫全書本)
日知録集釋(清顧炎武著,黄汝成集釋,四部備要本)
少室山房筆叢(明胡應麟著,中華書局,一九五八年)
文子(四庫全書本)
毛詩(四部叢刊初編)
毛詩草木鳥獸蟲魚疏(吴陸璣撰,四庫全書本)
水經注(北魏酈道元撰,四部叢刊初編)
世説新語箋疏(余嘉錫撰,中華書局,一九八三年)
仙苑編珠(五代王松年撰,道藏本)
北堂書鈔(唐虞世南編撰,中國書店影印南海孔氏本,一九八九年)
古今姓氏書辨證(宋鄧名世撰,四庫全書本)
古今注(晉崔豹撰,漢魏六朝筆記小説大觀,上海古籍出版社,一九九九年)
古微書(明孫穀編,四庫全書本)

史記（中華書局點校本）
四庫全書總目（清永瑢等撰，中華書局，一九六五年）
四庫提要辨證（余嘉錫著，中華書局，一九八五年）
本草綱目（明李時珍著，人民衛生出版社，一九八二年）
正續一切經音義（唐慧琳、遼希麟撰，上海古籍出版社影印本，一九八六年）
白虎通德論（漢班固撰，四部叢刊初編）
呂氏春秋（四部叢刊初編）
全唐詩（上海古籍出版社，一九八七年）
列仙傳（舊題漢劉向撰，四庫全書本）
名疑（明陳士元撰，四庫全書本）
江南通志（清趙宏恩等監修，四庫全書本）
老子道德經河上公注、王弼注（四庫全書本）
老子說略（清張爾岐撰，四庫全書本）
老學庵筆記（宋陸游撰，李劍雄、劉德權點校，中華書局，一九七九年）
宋史（中華書局點校本）
宋書（中華書局點校本）

赤松山志（宋倪守約撰，四庫全書本）
肘後備急方（晉葛洪撰，四庫全書本）
酉陽雜俎（唐段成式撰，方南生點校，中華書局，一九八一年）
巵林（明周嬰撰，四庫全書本）
周易（四部叢刊初編）
周易集解（唐李鼎祚撰，四庫全書本）
周禮注疏（十三經注疏阮元校刻本，中華書局，一九八七年）
尚書正義（十三經注疏阮元校刻本，中華書局，一九八七年）
抱朴子内篇校釋（增訂本）（王明撰，中華書局，一九八八年）
易圖明辨（清胡渭撰，四庫全書本）
法苑珠林（唐道世撰，四部叢刊初編）
初學記（唐徐堅等著，中華書局，一九六二年）
急就篇（漢史游著，曾仲珊校點，岳麓書社，一九八九年）
南華真經（道藏本）
南齊書（中華書局點校本）
建康實録（唐許嵩撰，張忱石點校，中華書局，一九八六年）

後漢書（中華書局點校本）
括地志輯校（唐李泰等著，賀次君輯校，中華書局，一九八〇年）
拾遺記（前秦王嘉撰，漢魏六朝筆記小説大觀，上海古籍出版社，一九九九年）
春秋左氏傳（四部叢刊初編）
春秋繁露（漢董仲舒撰，四庫全書本）
禹貢錐指（清胡渭撰，四庫全書本）
禹貢説斷（宋傅寅撰，四庫全書本）
重修政和證類本草（四部叢刊初編）
風俗通義校注（東漢應劭撰，王利器校注，中華書局，一九八一年）
毘陵集（唐獨孤及撰，四部叢刊初編）
唐開元占經（唐瞿曇悉達撰，四庫全書本）
晉書（中華書局點校本）
格致鏡原（清陳元龍撰，四庫全書本）
海内十洲記（舊題漢東方朔撰，漢魏六朝筆記小説大觀，上海古籍出版社，一九九九年）
海録碎事（宋葉廷珪撰，四庫全書本）
真誥（梁陶弘景撰，道藏本）

神仙傳（晉葛洪撰，乾隆五十六年金谿王氏刻增訂漢魏叢書本）
神異經（舊題漢東方朔撰，漢魏六朝筆記小説大觀，上海古籍出版社，一九九九年）
神農本草經疏（明繆希雍撰，四庫全書本）
能改齋漫録（宋吴曾撰，上海古籍出版社，一九八四年）
荆楚歲時記（梁宗懔撰，漢魏六朝筆記小説大觀，上海古籍出版社，一九九九年）
記纂淵海（宋潘自牧撰，四庫全書本）
高士傳（晉皇甫謐撰，四庫全書本）
國語（四部叢刊初編）
埤雅（宋陸佃撰，四庫全書本）
崇文總目（宋王堯臣等撰，四庫全書本）
淮南子（上海古籍出版社影印浙江書局本，一九九一年）
異苑（宋劉敬叔撰，四庫全書本）
莊子（上海古籍出版社影印浙江書局本，一九九一年）
通典（中華書局影印萬有文庫本，一九八四年）
通雅（明方以智撰，四庫全書本）
紺珠集（舊題宋朱勝非撰，四庫全書本）

黄氏日抄（宋黄震撰，四庫全書本）
備急千金要方（唐孫思邈撰，四庫全書本）
博物志（舊題晉張華撰，漢魏六朝筆記小説大觀，上海古籍出版社，一九九九年）
普濟方（明周定王朱橚撰，四庫全書本）
無上祕要（北周武帝敕撰，道藏本）
隋書（中華書局點校本）
雲谷雜記（宋張淏撰，四庫全書本）
雲笈七籤（宋張君房輯，道藏本）
搜神記（舊題晉干寶撰，漢魏六朝筆記小説大觀，上海古籍出版社，一九九九年）
群書考索（宋章如愚撰，四庫全書本）
新唐書（中華書局點校本）
會稽志（宋施宿等撰，四庫全書本）
楚辭（四部叢刊初編）
義門讀書記（清何焯撰，崔高維點校，中華書局，一九八七年）
蜀中廣記（明曹學佺撰，四庫全書本）
資治通鑑（宋司馬光撰、元胡三省音注，中華書局點校本，一九五六年）

揅經室集（清阮元撰，四部叢刊初編）
壽親養老新書（宋陳直撰，元鄒鉉續增，四庫全書本）
漢武帝内傳（佚名撰，漢魏六朝筆記小説大觀，上海古籍出版社，一九九九年）
漢武帝外傳（道藏本）
漢武故事（佚名撰，漢魏六朝筆記小説大觀，上海古籍出版社，一九九九年）
漢書（中華書局點校本）
漢藝文志考證（宋王應麟撰，四庫全書本）
爾雅疏（宋邢昺、杜鎬等撰，四部叢刊續編）
爾雅翼（宋羅源撰，四庫全書本）
説文解字（漢許慎撰，中華書局影印陳刻本，一九六三年）
説郛（明陶宗儀編，四庫全書本）
説略（明顧起元撰，四庫全書本）
齊民要術今釋（北魏賈思勰著，石聲漢校釋，中華書局，二〇〇九年）
廣川書跋（宋董逌撰，四庫全書本）
廣博物志（明董斯張撰，四庫全書本）
論衡（漢王充撰，四部叢刊初編）

遵生八箋（明高濂撰，四庫全書本）
隸釋（宋洪适撰，四庫全書本）
戰國策校注（宋鮑彪撰，元吴師道重校，四部叢刊初編）
歷世真仙體道通鑑（元趙道一撰，道藏本）
獨斷（東漢蔡邕撰，四庫全書本）
穆天子傳（佚名撰，晉郭璞注，漢魏六朝筆記小説大觀，上海古籍出版社，一九九九年）
輿地廣記（宋歐陽忞撰，四庫全書本）
禮記正義（十三經注疏阮元校刻本，中華書局，一九八七年）
禮經會元（宋葉時撰，四庫全書本）
舊唐書（中華書局點校本）
顔魯公文集（唐顔真卿撰，四部叢刊初編）
職官分紀（宋孫逢吉撰，四庫全書本）
醫説（宋張杲撰，四庫全書本）
藝文類聚（唐歐陽詢撰，汪紹楹校，上海古籍出版社，一九八五年）
類説（宋曾慥編，四庫全書本）
釋名疏證補（清王先謙撰，上海古籍出版社影印光緒本，一九八四年）

神仙傳序

洪〔一〕著内篇〔二〕論神仙之事凡二十卷，弟子滕升問曰：「先生曰神仙〔三〕可得，不死可學。古之得仙者，豈有其人乎？」答曰〔四〕：「昔秦大夫阮倉所記有數百人〔五〕，劉向所撰又七十一人〔六〕。蓋神仙幽隱，與世異流，世之所聞者，猶千不及一者也。故甯子〔七〕入火而凌煙，馬皇〔八〕見迎以獲龍〔九〕。方回〔一〇〕咀嚼以雲母〔一一〕，赤將〔一二〕茹葩〔一三〕以隨風。涓子〔一四〕餌朮〔一五〕以著經，嘯父〔一六〕烈火〔一七〕以無窮。務光〔一八〕游淵以脯薤〔一九〕，仇生〔二〇〕却老以食松。邛疏〔二一〕服石〔二二〕以鍊形〔二三〕，琴高〔二四〕乘鯉於碭中〔二五〕。桂父〔二六〕改色以龜腦，女丸〔二七〕七十以增容。陵陽〔二八〕吞五脂以登高，商丘〔二九〕咀菖蒲〔三〇〕以不終〔三一〕。雨師〔三二〕鍊五色〔三三〕以厲天〔三四〕，子光〔三五〕轡蚪雷〔三六〕於玄塗。周晉〔三七〕跨素禽於緱氏〔三八〕，軒轅〔三九〕控飛龍於鼎湖〔四〇〕。葛由〔四一〕策木羊於綏山〔四二〕，陸通〔四三〕匝遐紀〔四四〕於黄盧〔四五〕。蕭史〔四六〕乘鳳而輕舉〔四七〕，東方〔四八〕飄衣於京都〔四九〕。犢子〔五〇〕靈化〔五一〕以淪神〔五二〕，主柱〔五三〕飛行於丹砂〔五四〕。阮丘〔五五〕長存於睢嶺〔五六〕，英氏〔五七〕乘魚以登遐。脩羊〔五八〕陷石於西嶽〔五九〕，馬丹〔六〇〕回風以電徂〔六一〕。鹿翁〔六二〕陟險而流泉，園客〔六三〕蟬蛻〔六四〕於五華〔六五〕。余今復抄集古之仙者，見於仙經〔六六〕、服食方〔六七〕及百家之書，先師所説，耆儒所論，以爲十卷，以傳知真識遠之士。其繫俗〔六八〕之徒，思不經微〔六九〕者，亦不强以示之矣。則知劉向所述殊甚簡要，美事不舉。此傳雖深妙奇異，不可盡載，猶存大體，窃謂有愈於向多所遺棄也。」

葛洪撰〔七〇〕

校釋

〔一〕洪：漢魏本作「予」。

〔二〕内篇：指葛洪著抱朴子内篇，共二十篇，今存。其自序云：「今爲此書，粗舉長生之理」，「貴使來世好長生者，有以釋其惑」，是該書要旨。

〔三〕神仙：漢魏本作「仙化」。

〔四〕答曰：漢魏本作「予答曰」。

〔五〕劉向列仙傳卷下讃云：「余嘗得秦大夫阮倉撰仙圖，自六代迄今有七百餘人。」隋書卷三三經籍志二云：「又漢時，阮倉作列仙圖，劉向典校經籍，始作列仙、列士、列女之傳，皆因其志向，率爾而作，不在正史。」仙圖即列仙圖。

〔六〕昔秦大夫阮倉所記有數百人：劉向所撰又七十一人：指劉向列仙傳，宋陳振孫直齋書録解題以爲此書乃魏晉時人託名劉向之作，其後考訂者雖對僞作時間的意見不同，但作者非劉向則爲共識。

〔七〕甯子：即甯封子。列仙傳卷上甯封子云：「甯封子者，黄帝時人也。世傳爲黄帝陶正。有人過之，爲其掌火，能出五色煙，久則以教封子，封子積火自燒，而隨煙氣上下。」

〔八〕馬皇：即馬師皇。列仙傳卷上馬師皇云：「馬師皇者，黄帝時馬醫也」。曾治瘉龍病，「後數數有疾龍出其波，告而求治之。一旦，龍負皇而去」。

〔九〕獲龍：漢魏本作「護龍」，意即爲龍治病。「獲」形近「護」而誤。

〔一〇〕方回：列仙傳卷上方回云：「方回者，堯時隱人也。堯聘以爲閭士，鍊食雲母。……隱於五柞山。」

〔一一〕咀嚼以雲母：漢魏本作「變化於雲母」，與嵇康答難養生論（嵇中散集卷四）云「方回以雲母變化」合。此條列仙傳贊云「隱身五柞，咀嚼雲英」，四庫本作「方回咀嚼以雲母」，亦有根據。雲母，古代一種礦物藥。神農本草經疏卷三玉石部云：「雲母味甘平，無毒。」疏云：「久服，悦澤不老，耐寒暑，志高神仙。」抱朴子内篇仙藥列爲仙藥之一。

〔一二〕赤將：即赤將子輿。列仙傳卷上赤將子輿云：「赤將子輿者，黄帝時人。不食五穀，而噉百草花。至堯帝時爲木工，能隨風雨上下。」其贊云：「餐葩飲露，托身風雨。」

〔一三〕茹葩：指啖食百草花。

〔一四〕涓子：列仙傳卷上涓子云：「涓子者，齊人也。好餌朮，接食其精，至三百年乃見於齊。著天地人經四十八篇。」又云：「其琴心三篇有條理焉。」

〔一五〕餌朮：服食蒼朮。餌朮方是以蒼朮、石菖蒲等合成之餌朮藥方，餌朮法則是將蒼朮鍊丹服食。據説，餌朮可使人益壽。

〔一六〕嘯父：列仙傳卷上嘯父云：「嘯父者，冀州人也。少在西周市上補履數十年，人不知也。後奇其不老，好事者造求其術，不能得也。唯梁母得其作火法……列數十火而昇西。」

〔一七〕烈火：列仙傳卷上嘯父稱其「列數十火而昇西」，歷世真仙體道通鑑（以下簡稱「真仙通鑑」）卷三嘯父作「列數十火而昇天」。「烈」應作「列」。漢魏本作「別」，皆因字形近而誤。

〔一八〕務光：列仙傳卷上務光云：「務光者，夏時人也。耳長七寸，好琴，服蒲韭根。」又稱，湯既克桀，以天下讓於光，光不受，遂負石沈於蓼水（莊子讓王作「廬水」），已而自匿。

〔一九〕脯薤：指服食蒲韭根，一種草本植物的根。

〔二〇〕仇生：列仙傳卷上仇生云：「仇生者，不知何所人也。當殷湯時爲木正三十餘年。……常食松脂，在尸鄉北山上，自作石室。」

〔二一〕卭疏：列仙傳卷上卭疏云：「卭疏者，周封史也。能行氣鍊形，煮石髓而服之，謂之石鍾乳。」

〔二二〕服石：漢魏本作「煮石」，是。列仙傳卷上卭疏云：「煮石髓而服之，謂之石鍾乳。」

〔二三〕鍊形：道家修鍊之法。雲笈七籤卷八三五行紫文除尸蟲法稱：「五行紫文曰：常用朔望之日，日中時臨目西向，存兩目中出青氣，心中出赤氣，臍中出黄氣，於是三氣相繞，合爲一以冠身，盡見外洞澈如光之狀，良久乃叩齒四十通，畢而嗽液，此謂鍊形之道。」

〔二四〕琴高：列仙傳卷上琴高云：「琴高者，趙人也。以鼓琴爲宋康王舍人。行涓（子）、彭（祖）之術，浮遊冀州涿（碭）郡之間二百餘年。」後乘赤鯉與弟子相會。

〔二五〕碭中：指碭郡，在今河南商丘一帶。

〔二六〕桂父：列仙傳卷上桂父云：「桂父者，象林人也。色黑而時白、時黄、時赤。南海人見而尊事之。常服桂及葵，以龜腦和之。」

〔二七〕女丸：太平廣記卷五九引女仙傳作「女几」，是。列仙傳卷下女丸云：「女丸者，陳市上沽酒婦人也。作酒常美，遇仙人過其家飲酒，以素書五卷爲質。丸開視其書，乃養性交接之術。」乃「更設房室，納諸年少，飲美酒，與止宿，行文書之法。如此三十年，顔色更如二十」。

〔二八〕陵陽：即陵陽子明。列仙傳卷下陵陽子明云：「陵陽子明者，銍鄉人也。……子明遂上黄山，采五石脂，沸水而服之。三年，龍來迎去，止陵陽山上百餘年。」

〔二九〕商丘：即商丘子胥。列仙傳卷下商丘子胥云：「商丘子胥者，高邑人也。」又云：「但食朮菖蒲根，飲水，不飢不老如此。傳世見之三百餘年。」

〔三〇〕菖蒲：一種草本植物。説郛卷五下引孝經援神契云：「菖蒲益聰。」道家認爲食之可以延年。

〔三一〕不終：説郛卷五八下引神仙傳作「無終」。

〔三二〕雨師：各本同。雨師本是赤松子之職。列仙傳卷上赤松子云：「赤松子者，神農時雨師也。

服水玉以教神農，能入火自燒。往往至崑崙山上，常止西王母石室中，隨風雨上下。」
〔三三〕鍊五色：不知何所指，「五色」或是「水玉」，抱朴子内篇仙藥云：「赤松子以玄蟲血漬玉爲水而服之，故能乘煙上下也。」
〔三四〕厲天：漢魏本作「屬天」。厲，疾飛也。
〔三五〕子光：漢魏本作「子先」，是，即呼子先。列仙傳卷下呼子先云：「呼子先者，漢中關下卜師也。老壽百餘歲，臨去，呼酒家老嫗曰：『急裝，當與嫗共應中陵王。』夜有仙人持二茅狗來至，呼子先，子先持一與酒家嫗，得而騎之，乃龍也。上華陰山，常於山上大呼言『子先、酒家母在此』云。」
〔三六〕蚪雷：意不明。漢魏本作「兩蚪」，是。蚪，有角之小龍。
〔三七〕周晉：即王子喬。列仙傳卷上王子喬云：「王子喬者，周靈王太子晉也。」故稱「周晉」。又云：「道士浮丘公接以上嵩高山。三十餘年後，求之於山上，見柏（桓）良，曰：『告我家，七月七日待我於緱氏山巔。』至時，果來白鶴駐山頭。」素禽，指白鶴。
〔三八〕緱氏：指緱氏山，在今河南偃師南。
〔三九〕軒轅：列仙傳卷上黄帝云：「黄帝者，號曰軒轅。能劾百神。……自以爲雲師，有龍形。」
〔四〇〕鼎湖：列仙傳卷上黄帝云：「黄帝采首山之銅，鑄鼎於荆山之下，鼎成，有龍垂胡髯下迎帝，乃昇天。……群臣不得從，望帝而悲號，故後世以其處爲鼎湖。」故事見於史記卷二八封禪書。

荊山在今河南靈寶閿鄉南。

〔四一〕葛由：列仙傳卷上葛由云：「葛由者，羌人也。周成王時，好刻木羊賣之。一旦，騎羊而入西蜀，蜀中王侯貴人追之，上綏山。……隨之者不復還，皆得仙道。」

〔四二〕綏山：在今四川峨眉山西南。

〔四三〕陸通：列仙傳卷上陸通云：「陸通者，云楚狂接輿也。好養生，食橐盧、木實及蕪菁子。……世世見之，歷數百年去。」論語微子云：「楚狂接輿歌而過孔子曰：『鳳兮！鳳兮！何如德之衰？』」

〔四四〕叵遐紀：意即經歷久遠。

〔四五〕黄盧：漢魏本作「橐盧」，是。橐盧或作「托盧」，一名枸杞。本草綱目卷三六引本經云：「枸杞味苦寒，久服，堅筋骨輕身不老。」

〔四六〕蕭史：列仙傳卷上蕭史云：「蕭史者，秦穆公時人也。善吹簫。……穆公有女字弄玉，好之。公遂以女妻焉，日教弄玉作鳳鳴。居數年，吹似鳳聲，鳳凰來止其屋。……一旦，皆隨鳳凰飛去。」

〔四七〕輕舉：昇仙飛行也。

〔四八〕東方：指東方朔（前一五四——前九三年），史記、漢書有傳。列仙傳卷下東方朔云：「東方朔者，平原厭次人也。……武帝時，上書説便宜，拜爲郎。……至宣帝初，棄郎以避亂世，置幘官舍，風飄之而去。」

〔四九〕飄衣於京都：漢魏本作「飄幘於京師」。幘，頭巾。

〔五〇〕犢子：列仙傳卷下犢子云：「犢子者，鄴人也。少在黑山，採松子、茯苓餌而服之，且數百年。……時人乃知其仙人也。常過酤酒陽都家，陽都女者，市中酤酒家女……會犢子牽一黄犢來過，都女悦之，遂留相奉侍。……邑中隨伺，逐之出門，共牽犢耳而走，人不能追也。」

〔五一〕靈化：漢魏本作「鬻桃」。按「犢子」條雖有犢子冬賣桃李之説，但此條偏重於黄犢之神靈，其贊亦云「乃控靈犢，倏若電征」，應作「靈化」爲是。

〔五二〕淪：率也。「淪神」謂犢子與酒家女並仙去。

〔五三〕主柱：列仙傳卷下主柱曰：「主柱者，不知何所人也。……爲邑令章君明餌砂，三年得神砂飛雪，服之五年，能飛行，遂與柱俱去云。」

〔五四〕於丹砂：漢魏本作「以餌砂」，較合乎原文之意。砂即丹砂，又名朱砂，可作藥用。抱朴子内篇仙藥云：「神農四經又曰：『五芝及餌丹砂、玉札、曾青、雄黄、雌黄、雲母、太乙禹餘糧，各可單服之，皆令人飛行長生。』」

〔五五〕阮丘：即黄阮邱。列仙傳卷下黄阮邱云：「黄阮丘者，睢山上道士也。……於山上種葱薤百餘年，人不知也。……地動山崩，道絶，預戒下人，世共奉祠之。」

〔五六〕睢嶺：列仙傳卷下黄阮邱作「睢山」。古代稱睢山者不止一處，此睢嶺不知何所指。

〔五七〕英氏：指子英。列仙傳卷下子英云：「子英者，舒鄉人也。善入水捕魚，得赤鯉，愛其色好，持歸著池中。……一年長丈餘，遂生角，有翅翼。子英怪異，拜謝之。魚言：『我來迎汝，汝上背，與汝俱昇天。』即大雨，子英上其魚背，騰昇而去。」

〔五八〕脩羊：列仙傳卷上脩羊公云：「脩羊公者，魏人也。在華陰山上石室中，有懸石榻，卧其上，石盡穿陷。……後以道干（漢）景帝，帝禮之，使止王邸中。數歲，道不可得，有詔問：『脩羊公能何日發？』語未訖，床上化爲白羊。」

〔五九〕西嶽：即華山，在今陝西華陰。

〔六〇〕馬丹：列仙傳卷上馬丹云：「馬丹者，晉耿之人也。……至獻公時，復爲幕府正。獻公滅耿，殺恭太子，丹乃去。至趙宣子時，乘安車入晉都，候諸大夫，靈公欲仕之，逼不以禮。有迅風發屋，丹入回風而去。」

〔六一〕電徂：徂，往也。列仙傳卷上馬丹有「有迅風發屋，丹入迴風而去」，又贊云：「從禮迅風，杳然獨上。」説郛卷五八下引神仙傳作「上徂」，是，意爲上隨風而去。

〔六二〕鹿翁：指鹿皮公。列仙傳卷下鹿皮公云：「鹿皮公者，淄川人也。少爲府小吏木工。……岑山上有神泉，人不能至也。小吏白府君，請木工斤斧三十人，作轉輪懸閣，意思横生。數十日，梯道四間成，上其巔，作祠舍，留止其旁。絶其二間以自固，食芝草，飲神泉，且七十年。淄水來，山下呼宗族家室，得六十餘人，令上山半。水盡漂一郡，没者萬計。小吏乃辭遣宗家，令下山，著鹿皮衣，遂去。」

〔六三〕園客：列仙傳卷下園客云：「園客者，濟陰人也。……常種五色香草，積數十年，食其實。一旦，有五色蛾止其香樹末，客收而薦之，以布生桑蠶焉。至蠶時，有好女夜至，自稱客妻，客與俱收蠶，得百二十頭，繭皆如甕大，繅一繭，六十（一作七）日始盡。訖則俱去，莫知所在。」文選卷一八嵇康琴賦云「紘以園客之絲，徽以鍾山之玉」，以此爲典故。

〔六四〕蟬蜕：指仙去。

〔六五〕五華：指五色香草。

〔六六〕仙經：作者不詳。抱朴子内篇、雲笈七籤、藝文類聚、太平御覽曾多處引此書，或泛指有關神仙之作。

〔六七〕服食方：指道家服食藥物，求輕身益氣，延年益壽之方，魏書卷一一四釋老志云，北魏天興中，「儀曹郎董謐因獻服食仙經數十篇，於是置仙人博士」。恐指此。

〔六八〕繫俗：意爲俗累所束縛。

〔六九〕微：微言隱義。

〔七〇〕葛洪撰：漢魏本作「晉抱朴子葛洪稚川題」。

神仙傳卷一

廣成子[一]

廣成子者，古之仙人也。居崆峒山[二]石室之中，黄帝[三]聞而造焉，曰：「敢問至道之要。」廣成子曰：「爾治天下，雲不待簇而飛[四]，草木不待黄而落[五]，奚足以語至道哉！」黄帝退而閒居三月，復往見之，廣成子方北首而卧[六]，黄帝膝行而前，再拜請問治身之道。廣成子蹶然而起曰[七]：「至哉！子之問也[八]。至道[九]之精，窈窈冥冥[一〇]；至道之極，昏昏默默[一一]。無視無聽，抱神以静，形將自正[一二]。必静必清，無勞爾形，無摇爾精，乃可長生[一三]。慎内閉外，多知爲敗。我守其一[一四]，以處其和。故千二百歲而形未嘗衰，得吾道者上爲皇，入吾道者下爲王[一五]。吾將去汝，適無何之鄉，入無窮之門[一六]，遊無極之野，與日月齊光，與天地爲常。人其盡死而我獨存焉。」

校釋

〔一〕太平廣記卷一「廣成子」條云出神仙傳，與本條大體同。漢魏本廣成子全同於太平廣記本。雲笈七籤卷一〇九引神仙傳「廣成子」條較簡略。此條原出莊子在宥篇黄帝見廣成子部分。

〔二〕崆峒山：所在地各説不一。史記卷一五帝本紀正義引括地志云：「笄頭山一名崆峒山，在原州平高縣（今寧夏固原）。莊子云廣成子學道崆峒山，黄帝問道於廣成子，蓋在此。」太平寰宇記卷八河南道八汝州「梁縣」云：「崆峒山在縣西南四十里，有廣成子廟，即黄帝問道於廣成子之所也。」汝州梁縣在今河南汝州市。尚有在今甘肅涇川、今河南虞城之説，不一一具録。

〔三〕黄帝：史記卷一五帝本紀稱，黄帝姓公孫，名軒轅，先後征服蚩尤、炎帝，諸侯咸尊之爲天子，代神農氏，是爲黄帝。

〔四〕雲不待簇而飛：漢魏本作「禽不待候而飛」。雲笈七籤卷一〇九引神仙傳「廣成子」條、真仙通鑑卷二廣成子作「雲不待族而雨」。莊子在宥作「雲氣不待族而雨」，似是原文。司馬彪注云：「族，聚也。未聚而雨，言澤少。」「雲氣」與下文「草木」相對應，四庫本缺「氣」字。「飛」應作「雨」。

〔五〕草木不待黄而落：莊子在宥司馬彪注云：「言殺氣多也。」雲笈七籤卷一〇九引神仙傳「廣成子」條、真仙通鑑卷二廣成子作「木不待黄而落」。

〔六〕廣成子方北首而卧：漢魏本無此句。北首，北向也。

〔七〕蹶然而起曰：漢魏本、雲笈七籤卷一〇九引神仙傳「廣成子」條作「答曰」。蹶然而起，驚起也。

〔八〕至哉！子之問也：漢魏本無。

〔九〕至道：謂道之至極。

〔一〇〕窈窈冥冥：莊子在宥云：「窈窈冥冥，至道之極；昏昏默默，無視無聽。」郭象注曰：「窈冥、昏默，皆了無也。」又雲笈七籤卷五六元氣論序曰：「窈窈冥冥，是爲太易。」指宇宙處於原始狀態，謂遠而不可窮也。

〔一一〕昏昏默默：謂微而不可見也。漢魏本、雲笈七籤卷一〇九引神仙傳「廣成子」條無「至道之極，昏昏默默」句。

〔一二〕無視無聽，抱神以静，形將自正：其義爲「忘視而自見，忘聽而自聞，則神不擾而形不邪也」。

〔一三〕必静必清，無勞爾形，無摇爾精，乃可長生：此言神必清静，形不勞役，氣無摇動，則可以長生。「必静必清」，漢魏本、雲笈七籤卷一〇九引神仙傳「廣成子」條同。太平廣記卷一「廣成子」條作「必浄必清」。

〔一四〕我守其一：守其一，道德經所謂「得一」也，王弼注云：「一，數之始而物之極也。各是一物之生，所以爲主也，物皆各得此一以成。」

〔一五〕得吾道者上爲皇，入吾道者下爲王：漢魏本、雲笈七籤卷一〇九引神仙傳「廣成子」條、真仙通鑑卷二廣成子作「得我道者上爲皇，失吾道者下爲土」，莊子在宥作「得吾道者，上爲皇而下爲王；失吾道者，上見光而下爲土」。失道者居天地之間，瞢然無知，舉頭但見日月，低頭但見地下而已。四庫本「入」爲「失」之訛，「王」爲「土」之訛。

〔一六〕吾將去汝，適無何之鄉，入無窮之門：漢魏本作「將去汝，入無窮之門，游無極之野」。雲笈七籤卷一〇九引神仙傳「廣成子」條、真仙通鑑卷二廣成子作「予將去汝，入無窮之間」，「間」乃「門」之訛。無何之鄉、無窮之門，猶言天地之外也。

若士〔一〕

若士者，古之神仙也，莫知其姓名。燕〔二〕人盧敖〔三〕，秦時遊于北海〔四〕，經于太陰〔五〕，入于玄關〔六〕，至于蒙谷〔七〕之山而見若士焉。其爲人也，深目而玄準〔八〕，鳶肩〔九〕而脩頸〔一〇〕，豐上而殺下〔一一〕，欣欣然方迎風軒輊而舞〔一二〕。顧見盧敖，因遁逃于碑〔一三〕下。盧敖仰而視之，方踡龜殼〔一四〕而食蟹蛤〔一五〕。盧敖乃與之語曰：「惟以敖爲背群離黨〔一六〕，窮觀六合〔一七〕之外，幼而好遊，長而不渝〔一八〕。周行四極〔一九〕，推此陰之未闕〔二〇〕，今卒覩夫子于此，殆可與敖爲友乎？」若士儼〔二一〕然而笑，曰：「嘻！子中州〔二二〕之民，不宜遠而至此，猶光乎日月〔二三〕而載乎列星，比夫不名之地猶突奧〔二四〕也。我昔南遊乎洞瀰〔二五〕之野，北息乎沈默〔二六〕之鄉，西窮乎窈冥之室〔二七〕，東貫乎澒洞之光〔二八〕，其下無地，其上無天。視焉無見，聽焉無聞。其外猶有汥汥之汜〔二九〕，其行一舉而千萬里，吾猶未之能也。今子遊始至於此，乃云窮觀，豈不陋哉！然子處矣，吾與汗漫〔三〇〕期於九垓〔三一〕之上，不可以久住。」乃舉臂竦身，遂入雲中。盧敖仰而視之，弗見乃止，愴恨若有喪者也，曰：「吾比夫子也，猶鴻鵠〔三二〕之與壤蟲〔三三〕也，終日而行，不離咫尺〔三四〕，自以爲遠，不亦謬也？悲哉〔三五〕！」

校釋

〔一〕太平廣記、漢魏本均無此條。雲笈七籤卷一〇九引神仙傳「若士」條與本條大體同。本條取材於淮南子道應訓盧敖遇若士部分。

〔二〕燕：今北京。

〔三〕盧敖：抱朴子内篇極言説秦始皇爲盧敖、徐福輩所欺弄，則史記卷六秦始皇本紀所説之盧生即盧敖。

〔四〕北海：指北方之海，非確定地域，或云即渤海。

〔五〕太陰：淮南子道應訓高誘注曰：「北方也。」

〔六〕玄關：雲笈七籤卷一〇九引神仙傳「若士」條、三國志卷四二郤正傳裴松之注引淮南子、太平御覽卷三七地下引淮南子均作「玄闕」，淮南子道應訓同，高誘注曰：「北方之山。」「關」因形近「闕」而誤。

〔七〕蒙谷：淮南子天文訓：「（日）至於虞淵，是謂黄昏，至於蒙谷，是謂定昏。」高誘注曰：「蒙谷，北方之山名也，盧敖所見若士之所也。」

〔八〕玄準：雲笈七籤卷一〇九引神仙傳「若士」條、三洞珠囊引神仙傳、論衡道虚篇、三國志卷四二郤正傳裴注引淮南子同。藝文類聚卷七八仙道及太平御覽卷三七地下引淮南子及莊逵吉校本淮南子作「玄鬢」，即黑色的鬢髮。準，鼻也；「玄準」意爲鼻子高大。此句「深目」與「高鼻」

對舉，若作「玄鬢」便不相稱。

〔九〕鳶肩：鳶是一種猛禽，像鴟，棲息時兩翅高聳，「鳶肩」形容兩肩上聳。

〔一〇〕脩頸：雲笈七籤卷一〇九引神仙傳「若士」條亦作「脩頸」。三洞珠囊卷八引神仙傳作「長頸」。論衡道虚篇作「鴈頸」，同樣用以形容頸長也。上文以鳶喻肩，下文以鴈喻頸似更合對稱。此句淮南子道應訓、藝文類聚卷七八仙道引淮南子作「淚注（上海古籍出版社汪紹楹校本作「渠頸」）而鳶肩」，太平御覽卷三七地下引淮南子作「渡注而鳶肩」。「渡」應是「淚」之訛。高誘注曰：「淚水。」三國志卷四二郤正傳裴注引淮南子作「戾頸」。王念孫讀書雜誌淮南内篇第十二曰：「『淚注』當爲『渠頸』，高（誘）注『淚水』當爲『渠大』，皆字之誤也。渠頸，大頸也，渠之言巨也，藝文類聚靈異上引作『渠頸（頭）而鳶肩』，又引注云『渠，大也』，可爲確證矣。」「渠頸」與「脩頸」之義相反，劉文典淮南鴻烈校補説：「『鴈頸』、『鳶肩』，誼正相類，文亦相對，王充東漢人，其書當較唐人所輯類書爲可信，此當依論衡，不當依藝文類聚引文。」神仙傳作「脩頸」，三洞珠囊引神仙傳作「長頸」，更可證劉説爲是。

〔一一〕豐上而殺下：論衡道虚篇稱儒書言：「浮上而殺下。」意謂上肥下瘦。

〔一二〕欣欣然方迎風軒輊而舞：雲笈七籤卷一〇九引神仙傳「若士」條無「軒輊」二字。「軒輊而舞」不可解。淮南子道應訓作「軒軒然方迎風而舞」，「軒軒」指舞蹈高雅的樣子，「輊」乃「軒」之訛。

〔一三〕碑：藝文類聚卷七八仙道引淮南子作「崥」。「碑」通「崥」，正韻：「峽崥，山足也。」

〔一四〕踡龜殼：踡，淮南子道應訓作「倦」，高誘注曰：「楚人謂倨爲倦。」盤腿而坐謂之倨。「踡」應作「倦」。龜殼，龜之甲殼。「倦龜殼」即盤坐在龜殼之上，論衡道虚篇引若士故事轉述曰「卷然龜背而食合梨」，是其意。

〔一五〕蟹蛤：論衡道虚篇及三國志郤正傳裴注引淮南子作「合梨」或稱「蛤蜊」，海蚌也。

〔一六〕黨：釋名曰：「五百家爲黨。」

〔一七〕六合：太平御覽卷二天部下引纂要曰：「天地四方曰六合。」

〔一八〕長而不渝：雲笈七籤卷一〇九引神仙傳「若士」條作「長生而不渝」，「生」乃衍文。淮南子道應訓亦作「渝」，而各本引文均作「渝解」，釋云：「渝」即「偷」，「解」即「懈」。偷解，偷慢懈怠也。按，「幼而好遊」與「長而不渝」文句對稱，「渝」改爲「偷解」既轉折又破壞行文形式，殊不恰當；「不渝」即不變，義甚可通。

〔一九〕四極：爾雅卷七釋地第九曰：「東至泰遠，西至邠國，南至濮鉛，北至祝栗，謂之四極。」皆四方極遠之地也。

〔二〇〕推此陰之未闕：雲笈七籤卷一〇九引神仙傳「若士」條作「唯此極之未窺」。淮南子道應訓作「唯北陰之未闚」，論衡道虚篇引文同。三國志卷四二郤正傳裴注引淮南子作「惟北陰之不窺」。「推」因形近「唯」而誤；「此」因形近「北」而誤，北陰，指北極；「闕」因形近「闚」而誤。

「闚」與「窺」通。

〔二一〕儼：矜莊貌。雲笈七籤卷一〇九引神仙傳「若士」條作「淡」。淮南子道應訓、三國志卷四二郤正傳裴注引淮南子、藝文類聚卷七八仙道引淮南子均作「䶗」。䶗，笑而見齒貌，似近文義。

〔二二〕中州：中原地區。

〔二三〕猶光乎日月：雲笈七籤卷一〇九引神仙傳「若士」條作「此猶光乎日月」。淮南子道應訓及其他典籍引此文者均有「此」字，應補。此句高誘注曰：「言太陰之地，尚可見日月也。」

〔二四〕比夫不名之地猶突奧：突奧，淮南子道應訓作「窔奧」，高誘注曰：「言我所遊不可字名之地，以盧敖所行比之，則如窔奧中也。」按，窔，指室東南隅；奧，室西南隅；窔奧，意指室中一二角。

〔二五〕洞瀰：雲笈七籤卷一〇九引神仙傳「若士」條作「澒濔」。淮南子道應訓作「岡㝗」，論衡道虚篇作「罔浪」，三國志郤正傳裴注引淮南子作「罔㝗」，太平御覽卷三七地下引淮南子同。揚雄太玄經卷三曰「天綱罠罠」，范望注云：「罠罠，廣大貌。」罔㝗，空廣之意。其意同。

〔二六〕沈默：雲笈七籤卷一〇九引神仙傳「若士」條作「沈嘿」。論衡道虚篇作「沈薶」，三國志卷四二郤正傳裴注引淮南子及太平御覽卷三七地下引淮南子作「沈墨」，皆無聲無息之意。

〔二七〕窈冥之室：雲笈七籤卷一〇九引神仙傳「若士」條同。淮南子道應訓作「窅冥之黨」，論衡道虚篇作「杳冥之黨」，三國志卷四二郤正傳裴注引淮南子、太平御覽卷三七地下引淮南子作「冥冥之黨」。窈、窅、杳同音。莊子在宥：「窈窈冥冥，至道之極；昏昏默默，無視無聽。」郭象注曰：「窈冥、昏默，皆了無也。」又雲笈七籤卷五六元氣論序云：「窈窈冥冥，是爲太易。」指宇宙處於原始狀態。窈冥，各本雖字有不同，其義則不異。室，或作「黨」，淮南子「西窮窅冥之黨」，莊逵吉注曰：「黨，所也。」室與黨同義。

〔二八〕澒洞之光：澒洞，意为相連貌，此處不可解。雲笈七籤卷一〇九引神仙傳「若士」條作「鴻洞」。淮南子道應訓、論衡道虛篇、太平御覽卷三七地下引淮南子作「澒濛」。三國志卷四二郤正傳裴注引淮南子作「鴻蒙」，意同。淮南子俶真訓「以鴻濛爲景柱」，高誘注曰：「鴻濛，東方之野，日所出，故以爲景柱。」「澒洞」應作「鴻濛」或「澒濛」。「之光」，他本有作「之先」，「先」因形近「光」而誤。

〔二九〕沷沷之汜：雲笈七籤卷一〇九引神仙傳「若士」條、真仙通鑑卷五三若士作「沃沃之汜」。淮南子道應訓作「汰沃之汜」，論衡道虛篇、太平御覽卷三七地下引淮南子作「狀沐之汜」。三國志卷四二郤正傳裴注引淮南子作「沈沈（考證云：宋本作汰沃）之汜」。高誘注曰：「汰沃，四海與天之際水流聲也。汜，涯也。」

〔三〇〕汗漫：淮南子道應訓高誘注：「汗漫，不可知之也。」意爲虛無飄緲之人。

〔三一〕九垓：淮南子道應訓高誘注曰：「九垓，九天之外。」太平御覽卷二天部下引廣雅云：「九天之際曰九垠，九天之外次曰九陔。注云：垠，堮也，陔，階也，言階次有九。」

〔三二〕鴻鵠：雲笈七籤卷一〇九引神仙傳「若士」條作「黃鵠」。史記卷四八陳涉世家云：「陳涉太息曰：『嗟乎！燕雀安知鴻鵠之志哉？』」鴻鵠比喻志向高遠之人。

〔三三〕壤蟲：淮南子道應訓高誘注曰：「壤蟲，蟲之幼也。」

〔三四〕咫尺：淮南子道應訓高誘注曰：「八寸爲咫，十寸爲尺。」

〔三五〕不亦謬也？悲哉：雲笈七籤卷一〇九引神仙傳「若士」條作「不亦悲哉」。淮南子道應訓作「豈不悲哉」。文選卷一六江文通別賦注引神仙傳作「豈不陋哉」。

沈文泰〔一〕

沈文泰者，九疑〔二〕人也。得江衆神丹〔三〕，土符還年之道〔四〕，服之有效，欲於〔五〕崑崙〔六〕安息二千〔七〕餘年，以傳李文淵〔八〕，曰：「土符不法〔九〕，服藥行道無益也。」文淵遂授〔一〇〕其祕要，後亦昇天。今以竹根汁煮丹，黄土去三尸〔一一〕，出此二人也。

校釋

〔一〕太平廣記、漢魏本無此條。雲笈七籤卷一〇九引神仙傳「沈文泰」條與本條同。

〔二〕九疑：雲笈七籤卷一〇九引神仙傳「沈文泰」條作「九嶷」。在今湖南寧遠南。

〔三〕得江衆神丹：雲笈七籤卷一〇九引神仙傳「沈文泰」條作「得紅泉神丹」。雲笈七籤卷八二神仙古方傳授所來作「得紅線神丹」。太平御覽卷六六二天仙引神仙傳、真仙通鑑卷四沈文泰作「得紅泉神丹法」。抱朴子内篇金丹云：「李文丹法，以白素裹丹，以竹汁煮之，名紅泉，乃浮湯上蒸之，合以玄水，服之一合，一年仙矣。」與下文煮丹法同。「江衆」因形近「紅泉」而誤。本句應如太平御覽作「得紅泉神丹法」。

〔四〕土符還年之道：雲笈七籤卷一〇九引神仙傳「沈文泰」條作「去土符還年益命之道」。真仙通鑑卷四沈文泰作「土符延年益命之道」。太平御覽卷六六二天仙引神仙傳作「學玉符述年之道」。「土符」指道家術士之符咒，下文有「土符不法（去），服藥行道無益也」，亦有去土符之意，此處「土符」之前应有「去」字。抱朴子内篇極言稱：「但知服草藥，而不知還年之要術，則終無久生之理也。」還年之道，指道家行氣導引之術。

〔五〕於：雲笈七籤卷一〇九引神仙傳「沈文泰」條作「往」，太平御覽卷六六二天仙引神仙傳作「之」，皆去之意。

〔六〕崑崙：指崑崙山。據禹貢錐指卷一〇，傳記言崑崙凡四處：一在西域，山海經云，崑崙墟在西北；一在海外，大荒經云：西海之南，流沙之濱，有大山名曰崑崙；一在酒泉，括地志卷四酒泉縣云在酒泉縣西南八十里，今肅州衛西南崑崙山是也；一在吐蕃，通典云，吐蕃自云崑崙山在國中西南，河之所出。胡渭按，近有説崑崙山在青海日月山。抱朴子内篇金丹引太清觀天經曰：「中士得道，棲集崑崙。」

〔七〕二千：雲笈七籤卷八二神仙古方傳授所來作「二十」。按，太平御覽卷六六二天仙引神仙傳作「留息積年」，積年，多年也，但二千年太久，不符合「積年」之義，「二千」似應作「二十」。

〔八〕李文淵：不知何許人，上文引李文丹法恐即李文淵之丹法。

〔九〕不法：雲笈七籤卷一〇九引神仙傳「沈文泰」條、太平御覽卷六六二天仙引神仙傳作「不去」，是。

〔一〇〕授：應如雲笈七籤卷一〇九引神仙傳「沈文泰」條作「受」。

〔一一〕黄土去三尸：雲笈七籤卷一〇九引神仙傳「沈文泰」條作「及黄白去三尸法」，太平御覽卷六六二天仙引神仙傳作「及黄神去三尸法」。「三尸」，上尸、中尸、下尸也，雲笈七籤卷八一三尸中經引太上三尸中經曰：「上尸名彭倨，在人頭中，伐人上分，令人眼暗、髮落、口臭、面皺、齒落；中尸名彭質，在人腹中，伐人五藏，少氣多忘，令人好作惡事，噉食物命，或作夢寐倒亂；下尸名彭嬌，在人足中，令人下關騷擾，五情湧動，淫邪不能自禁。」道家術士以爲人體各種疾病，皆由「三尸」或「三蟲」引起，除去三尸、三蟲便能延年益壽。今雲笈七籤卷八一、卷八三記録多種去三尸法。

彭祖〔一〕

彭祖者，姓籛名鏗，帝顓頊〔二〕之玄孫。至殷末世，年七百六十歲〔三〕而不衰老。少好恬静，不恤世務，不營名譽，不飾車服，唯以養生治身爲事。殷王聞之〔四〕，拜爲大夫，常稱疾閒居，不與政事。善於補養導引〔五〕之術，并服水桂〔六〕、雲母〔七〕粉、麋鹿角〔八〕，常有少容。然其性沈重，終不自言有道，亦不作詭惑變化鬼怪之事，窈然〔九〕無爲。時乃遊行〔一〇〕，人莫知其所詣，伺候之〔一一〕，竟不見也。有車馬而不常乘，或數百日或數十日不持資糧，還家則衣食與人無異。常閉氣内息〔一二〕，從平旦至日中，乃危坐〔一三〕拭目〔一四〕，摩搦身體，舐脣咽唾〔一五〕，服氣〔一六〕數十乃起行，言笑如故〔一七〕。其體中或有疲倦不安，便導引閉氣，以攻其患。心存其身〔一八〕，頭面〔一九〕九竅〔二〇〕，五藏〔二一〕四肢，至於毛髮，皆令其存〔二二〕。覺其氣行〔二三〕體中，起〔二四〕於鼻口中，達十指末，尋即平和〔二五〕也。王自詣問訊，不告之。致遺珍玩，前後數萬，彭祖皆受之〔二六〕，以恤貧賤，略無所留〔二七〕。

又有采女〔二八〕者，亦少得道，知養形〔二九〕之方，年二百七十歲，視之年如十五六〔三〇〕。王〔三一〕奉事之於掖庭〔三二〕，爲立華屋紫閣〔三三〕，飾以金玉，乃令采女乘輕軿〔三四〕而往，問道於彭祖。采女再拜〔三五〕，請問延年益壽之法，彭祖曰：「欲舉形登天〔三六〕，上補仙官〔三七〕者，當用金丹〔三八〕，此元君太一〔三九〕所服〔四〇〕，白日昇天〔四一〕也。然此道至大，非君王所爲〔四二〕。其次當愛精養神〔四三〕，服餌至藥〔四四〕，可以長生，但不能役使鬼神〔四五〕，乘虛飛行耳。不知交接之道〔四六〕，雖服藥無益也。采女能養陰陽者也，陰陽之意可推而得，但不思之耳，何足枉問耶〔四七〕？僕遺腹而生，三歲失母，遇犬戎之亂〔四八〕，流離西域百有餘年，加以少怙〔四九〕，喪四十九妻，失五十四子，數遭憂患，和氣折傷，令〔五〇〕肌膚不澤，榮衛〔五一〕焦枯，恐不得度世〔五二〕。所聞素又淺薄〔五三〕，不足宣傳，今大宛山〔五四〕中有青精先生者，傳言千歲，色如童子，行步一日三百里，能終歲不食，亦能一日九餐〔五五〕，真可問也。」

采女曰：「敢問青精先生所謂何仙人也？」彭祖曰：「得道者耳，非仙人也。仙人者，或竦身入雲，無翅而飛。或駕龍乘雲，上造太階〔五六〕。或化爲鳥獸，浮遊青雲。或潛行江海，翱翔名山。或食元氣〔五七〕，或茹芝草。或出入人間，則不可識〔五八〕，或隱其身草野之間〔五九〕。面生異骨，體有奇毛，戀〔六〇〕好深僻，不交流俗〔六一〕。然有〔六二〕此等雖有不亡之壽，皆去人情，離〔六三〕榮樂，有若雀之化蛤〔六四〕，雉之爲蜃〔六五〕，失其本真，更守異器。今〔六六〕之愚心，未之願也〔六七〕。人〔六八〕道當食甘旨，服輕麗，通陰陽〔六九〕，處官秩耳。目聰明〔七〇〕，骨節堅强，顔色和澤，老而不衰，延年久視〔七一〕，長在世間，寒温風濕不能傷，鬼神衆精莫敢犯，五兵〔七二〕百蟲不能近，憂〔七三〕喜毀譽不爲累，乃可貴耳〔七四〕。人之受氣，雖不知方術，但養之得宜，當〔七五〕至百二十歲，不及此者，皆傷之也〔七六〕。小復曉道，可得二百四十歲，能加之〔七七〕，可至四百八十歲。盡其理者，可以不死，但不成仙人耳。養壽之道，但莫傷之而已。夫冬温夏涼，不失四時之和，所以適身也。美色淑姿，幽閒娛樂〔七八〕，不致〔七九〕思欲之惑，所以通神也。車服威儀，知足無求，所以一其志〔八〇〕也。八音〔八一〕五色〔八二〕以玩視聽〔八三〕，所以導心也。凡此皆以養壽，而不能斟酌之者，反以速患。古之至人〔八四〕，恐下才之子，未識事宜，流遁不還，故絶其源也。故有上士別床，中士異被〔八五〕，服藥千裹〔八六〕，不如獨卧〔八七〕。五色令人目盲，五味令人口爽〔八八〕，苟能節宣其宜適，抑揚其通塞者，不減年筭〔八九〕而得其益。凡此之類，譬猶水火，用之過當〔九〇〕，反爲害耳。人〔九一〕不知其經脈損傷，血氣不足，内理空疏，髓腦不實，體已先病，故爲外物所犯，因風寒〔九二〕酒色以發之耳。若本充實，豈當病耶〔九三〕！凡遠思强記〔九四〕傷人，憂恚〔九五〕悲哀傷人，情樂過差傷人〔九六〕，忿怒不解傷人，汲汲所願傷人，戚戚所患傷人，寒暖失節傷人〔九七〕，陰陽不交〔九八〕傷人。所傷人者甚衆〔九九〕，而獨責〔一〇〇〕於房室〔一〇一〕，不亦惑哉！男女相成，猶天地相生也，所以導養神氣〔一〇二〕，使人不失其和。天地得交接之道，故無終竟之限。人失交接之道，故有殘折〔一〇三〕之期。能避衆傷之事，得陰陽之術〔一〇四〕，則不死之道也。天地晝離而夜合，一歲三百六十交，而精氣和合者有四〔一〇五〕，故能生育萬物，不知窮極〔一〇六〕，人能則之，可以長存。次有服氣得其道，則邪氣不得入，治身之本要也。其餘吐納〔一〇七〕導引〔一〇八〕之術，及念體中萬神〔一〇九〕，有含影守形〔一一〇〕之事〔一一一〕，一千七百餘條，及四時首向，責己謝過〔一一二〕，臥起早晏之法〔一一三〕，皆非真道。可以教初學者，以正其心耳〔一一四〕。愛精養體〔一一五〕，服氣鍊形〔一一六〕，萬神自守。其不然者〔一一七〕，則榮衛枯瘁〔一一八〕，萬神自逝，非思念所留者也〔一一九〕。愚人〔一二〇〕爲道，不務其本而逐其末，告以至言，又不能信，見約要之書，謂之輕淺，而晝夕伏誦〔一二一〕，觀夫太清北神中經〔一二二〕之屬，以此疲勞〔一二三〕，至死無益也，不亦悲哉！又人苦多事，又少能棄世，獨住〔一二四〕山居穴處者，以順道〔一二五〕教之，終不能行，是非仁人之意也。但知房中之道，閉氣之術〔一二六〕，節思慮，適飲食，則得道矣。吾先師初著九都、節解、韜形、隱遁、無爲、開明、四極、九室諸經〔一二七〕，萬三千首，爲以示始涉門庭者耳。」

采女具受諸要以教王，王試爲之，有驗，欲祕之〔一二八〕，乃令國中有傳彭祖道者誅之。又欲害彭祖以絶之，彭祖知之，乃去，不知所在〔一二九〕。其後七十餘年，聞人〔一三〇〕於流沙之西〔一三一〕見之。王能常行彭祖之道〔一三二〕，得壽三百歲，力轉丁壯〔一三三〕，如五十時。鄭女妖淫〔一三四〕，王失其道而殂。俗間〔一三五〕相傳言彭祖之道殺人者，由於王禁之故也〔一三六〕。彭祖去殷時，年七百七十〔一三七〕歲，非壽終也。

校釋

〔一〕列仙傳有「彭祖」條，只八十字。太平廣記卷二「彭祖」條云出神仙傳，與此條基本同。漢魏本彭祖與太平廣記本全同。雲笈七籤卷三二養性延命録引述彭祖之言，亦摘録此條文字，可供參證。

〔二〕顓頊：史記卷一五帝本紀云：「帝顓頊高陽者，黄帝之孫。」

〔三〕七百六十歲：漢魏本、法苑珠林卷四一潛遁篇引神仙傳作「七百六十七」。藝文類聚卷七八仙道引神仙傳作「七百餘歲」。列子卷六力命稱：「彭祖之智，不出堯舜之上，而壽八百。」彭祖之事，本是傳説，其年齡不必有確數。

〔四〕殷王聞之：漢魏本缺「殷」字。

〔五〕善於補養導引：漢魏本作「善於補導」。導引，導氣令和，引體令柔也。導氣令和，今謂之氣功。引體令柔，即自行按摩。慧琳一切經音義卷一八「按摩」云：「自摩自捏，申縮手足，除勞去煩，名爲導引。」參雲笈七籤卷五七導引論。隋書卷三四經籍志三著録導引圖三卷。

〔六〕水桂：藝文類聚卷七八仙道引神仙傳作「水精」。水精、水桂，均是道家延年之藥。

〔七〕雲母：見神仙傳序注。又，太平御覽卷四三雲母山引壽春圖經曰：「雲母山一名濠上山，在（濠）州（治今安徽鳳陽東）東南四十里。按神仙傳云『彭祖服食雲母』，時人共傳採於此山。」

〔八〕麋鹿角：或稱鹿茸。説文解字第十上「麋」曰：「鹿屬。……冬至解其角。」太平御覽卷九八八鹿茸引本草經曰：「鹿茸强志不老。」

〔九〕窈然：幽閒也。

〔一〇〕時乃遊行：漢魏本作「少周遊，時還獨行」。

〔一一〕伺候之：漢魏本無「之」字。

〔一二〕閉氣内息：吸氣入體内而存之。

〔一三〕危坐：兩膝着地，直身起謂之危坐，即今跪也。

〔一四〕拭目：道家养生之法。巢氏諸病源候總論卷二八目暗不明候引養生方導引法云：「東向坐不息，再通以兩手中指，口唾之二七，相摩拭目，令人目明。」

〔一五〕舔唇咽唾：以上均是道家以爲的養生之術。

〔一六〕服氣：道家方術之士以呼吸鍛鍊身體及治病之法，謂之「服氣」，詳參雲笈七籤卷五七服氣精義論。

〔一七〕如故：漢魏本無此二字。

〔一八〕心存其身：漢魏本作「心存其體」。此段所言，皆氣功之術，以爲心居身，可觀一體之象，而知防治疾病之法，詳參雲笈七籤卷一一上清黄庭内景經。

〔一九〕頭面：漢魏本作「面」。

〔二〇〕九竅：指人體九孔，陽竅七，陰竅二。陽竅即眼、耳、鼻各二孔，口一孔，七者在頭露見，故爲陽也，陰竅即下體前陰、後陰，二者在下不見，故爲陰。

〔二一〕五藏：漢魏本作「五臟」，謂肺、心、肝、脾、腎，古代醫家認爲皆氣之所藏。

〔二二〕其存：雲笈七籤卷三三服氣療病作「所在」。法苑珠林卷四一潛遁篇引神仙傳作「其在」。漢魏本作「具至」。

〔二三〕其氣行：漢魏本、雲笈七籤卷三三服氣療病引彭祖言、法苑珠林卷四一潛遁篇引神仙傳作「其氣雲行」。四庫本脱「雲」字。雲行，如雲行於空中。

〔二四〕起：漢魏本作「故」。

〔二五〕平和：漢魏本作「體和」。

〔二六〕前後數萬，彭祖皆受之：漢魏本作「前後數萬金而皆受之」。

〔二七〕略無所留：漢魏本作「無所留」。

〔二八〕采女：原指宮女，此處指仙界之仙女。

〔二九〕養形：漢魏本作「養性」，法苑珠林卷四一潛遁篇引神仙傳作「養形神」。淮南子泰族訓云：「治身，太上養神，其次養形。」養形，猶言鍛鍊身體也。

〔三〇〕視之年如十五六：漢魏本作「視之如五六十歲」。法苑珠林卷四一潛遁篇引神仙傳作「視之如十五六」。漢魏本誤。

〔三一〕王：漢魏本作「奉事之」。

〔三二〕掖庭：後宮也。

〔三三〕紫閣：豪華住所。太平御覽卷六七四理所引龜元籙曰：「紫閣，西華玉女居之。」

〔三四〕輕軿：漢魏本、法苑珠林卷四一潛遁篇引神仙傳作「輜軿」。輜軿，四面有屏車之車。古代婦人平時深居閨閫，出則乘輜軿擁蔽其面。「輕軿」應作「輜軿」。

〔三五〕采女再拜：漢魏本作「既而再拜」。

〔三六〕舉形登天：猶言使形體輕舉登天，昇仙也。

〔三七〕仙官：仙界之官。説郛卷五八下引沈汾續神仙傳云：「神仙之事，靈異罕測，初之修也，守一鍊氣，拘謹法度，孜孜辛勤，恐失於半塗，往海儲山，積功之高者便爲仙官，卑者猶爲仙民。」又云：「仙官分理仙民及人間仙凡也。」

〔三八〕金丹：道家方術之士以丹砂等合成之藥，又稱神丹。抱朴子内篇金丹云：「太清神丹，其法出於元君。」又云：「黄帝九鼎神丹經曰：『黄帝服之，遂以昇仙。』」抱朴子内篇登涉云：「若服金丹大藥，雖未昇虚輕舉，然體不受疾，雖當風卧濕，不能傷也。」

〔三九〕元君太一：元君，漢魏本作「九召」。抱朴子内篇金丹云：「元君者，大神仙之人也。」太一，又稱太乙。史記卷二八封禪書曰：「天神貴者太一。」索隱引宋均云：「天一、太一，北極神之別名。」抱朴子内篇極言云：「按神仙經皆云黄帝及老子奉事太乙元君以受要訣。」雲笈七籤卷一八老子中經上「第一神仙」云：「上上太一者，道之父也，天地之先也。」

〔四〇〕當用金丹，此元君太一所服：「所服」，漢魏本作「所以」。太平御覽卷六六八養生引集仙録中彭祖言作「當服元君太一金丹」，雲笈七籤卷九八「太真夫人贈馬明生詩二首序」云：「有安期先生，曉金液丹法，其方祕要，是元君太一之道，白日昇天者矣。」元君太一金丹即是元君太一金液丹。

〔四一〕白日昇天：昇仙也。抱朴子内篇至理云：「有卜成者，學道經久，乃與家人辭去，見其行步稍高，遂入雲中不復見。此所謂舉形輕飛，白日昇天，仙之上者也。」

〔四二〕所爲：漢魏本作「所能爲」。

〔四三〕愛精養神：漢魏本作「愛養精神」，即所謂養氣自守，閉明塞聽，愛精自輔，服藥導引修鍊身體之法。

〔四四〕服餌至藥：漢魏本作「服藥草」，太平御覽卷六六八養生引集仙録，其中彭祖言延年益壽之道作「草藥」。草藥指草本藥物。「至藥」應作「草藥」。

〔四五〕役使鬼神：道家方術，以爲用法術符咒可以指使鬼神。

〔四六〕不知交接之道：漢魏本作「身不知交接之道」。交接之道，指房中術。

〔四七〕雖服藥無益……何足枉問耶：漢魏本作「能養陰陽之意，可推之而得，但不思言耳，何足怪問也」。

〔四八〕犬戎之亂：史記卷四周本紀：「（幽王十一年，公元前七七一年）西夷犬戎攻幽王。幽王舉燧火徵兵，兵莫至。遂殺幽王驪山下。」

〔四九〕少怙：年少喪父。漢魏本作「少枯」，誤。

〔五〇〕令：漢魏本作「冷熱」，誤。

〔五一〕榮衛：又作「營衛」，指動静脈之血。太平御覽卷六六八養生引集仙録此句作「血脈枯竭」。雲笈七籤卷五七導引論云：「榮氣者，所以通津血，强筋骨，利開竅也。衛氣者，所以温肌肉，充皮膚，肥腠理，司開闔也。」

〔五二〕度世：長生也。

〔五三〕所聞素又淺薄：漢魏本作「所聞淺薄」。

〔五四〕大宛山：所謂大宛山是虚構的地名。

〔五五〕青精先生者……亦能一日九餐：三洞群仙録卷二時荷一食青精九飡引神仙傳作「青精先生年千歲，色如童子，行步日過五百里。能終歲不食，亦能一日九飡」。「行步一日三百里」，漢魏本作「步行日過五百里」。

〔五六〕太階：或作「泰階」，漢魏本作「天階」。漢書卷六五東方朔傳注引應劭曰：「黄帝泰階六符經曰：『泰階者，天之三階也。上階爲天子，中階爲諸侯、公卿大夫，下階爲士、庶人。』」

〔五七〕元氣：元始之氣。或稱天氣，所以養萬物者。

〔五八〕則不可識：漢魏本作「而人不識」。

〔五九〕或隱其身草野之間：漢魏本作「或隱其身而莫之見」。
〔六〇〕戀：漢魏本作「率」。
〔六一〕流俗：流移之俗。漢魏本作「俗流」。
〔六二〕有：漢魏本無此字，恐是衍文。
〔六三〕離：漢魏本作「遠」。
〔六四〕蛤：指蛤蟆。禮記月令云，季秋之月，「爵（雀）入大水爲蛤」。
〔六五〕雉之爲蜃：漢魏本作「雉化爲蜃」。蜃，指蛤蜊。禮記月令云，孟冬之月，「雉入大水爲蜃」。
〔六六〕今：漢魏本作「余」，是。
〔六七〕未之願也：漢魏本作「未願此已」。
〔六八〕人：漢魏本作「入」，誤。
〔六九〕通陰陽：謂男女交接。
〔七〇〕目聰明：漢魏本無，應如抱朴子内篇對俗引彭祖言作「耳目聰明」。
〔七一〕久視：久活也。
〔七二〕五兵：指古代五種兵器。太平御覽卷三三九叙兵器引司馬法云：「弓矢圍，殳（撞擊兵器）矛守，戈戟助，凡五兵。」
〔七三〕憂：漢魏本作「嗔」。

〔七四〕仙人者……乃可貴耳：此節可參抱朴子内篇對俗引彭祖言：「古之得仙者，或身生羽翼，變化飛行，失人之本，更受異形，有似雀之爲蛤，雉之爲蜃，非人道也。人道當食甘旨，服輕暖，通陰陽，處官秩，耳目聰明，骨節堅强，顔色悦懌，老而不衰，延年久視，出處任意，寒温不能傷，鬼神衆精不能犯，五兵百毒不能中，憂喜毁譽不爲累，乃爲貴耳。」

〔七五〕當：漢魏本作「常」。

〔七六〕不及此者，皆傷之也：漢魏本作「不及此者，傷也」。

〔七七〕能加之：漢魏本無「能」字。雲笈七籤卷三二養性延命録引彭祖言作「復微加藥物」，其意始明，四庫本有脱訛。

〔七八〕幽閒娱樂：太平御覽卷七二〇養生引神仙傳作「安閒性樂」。

〔七九〕不致：太平御覽卷七二〇養生引神仙傳作「不欣」。

〔八〇〕一其志：漢魏本作「一志」。

〔八一〕八音：尚書正義卷三舜典孔穎達疏云：「金、石、土、革、絲、木、匏、竹。鄭云：金，鍾鎛也；石，磬也；土，塤也；革，鼓也；絲，琴瑟也；木，柷敔（古代木質樂器，擊之以示樂曲起止）也；匏，笙也；竹，管簫也。」

〔八二〕五色：青、黄、赤、白、黑也。

〔八三〕以玩視聽：漢魏本作「以悦視聽」。太平御覽卷七二〇養生引神仙傳作「以養視聽之歡」。

〔八四〕至人：太平御覽卷七二〇養生引神仙傳作「智人」。

〔八五〕故有上士別牀，中士異被：三洞群仙録卷一八蒯京練精籛鏗閉氣引神仙傳云：「上士別牀，中士異被，下士服藥。」語較完整，四庫本似脱「下士服藥」句。

〔八六〕千裹：漢魏本、三洞群仙録卷一八蒯京練精籛鏗閉氣引神仙傳作「百裹」。太平御覽卷七二〇養生引神仙傳作「百過」。裹，囊也，古代服藥有以裹爲單位。「過」音同「裹」而誤。

〔八七〕不如獨卧：類説卷三引神仙傳「彭祖經」條云：「嘗云：『上士別牀，中士異被，服藥百裹（裹）不如獨卧。』後人集其採納之術，號彭祖經。」

〔八八〕五色令人目盲，五味令人口爽：按，河上公注老子道德經儉欲稱：「五色令人目盲，五音令人耳聾，五味令人口爽。」色、音、味並舉。漢魏本作「五音使人耳聾，五味使人口爽」，只舉音、味，與四庫本只舉色、味，似皆有脱漏。太平御覽卷七二〇養生引神仙傳作「色使目盲，聲使耳聾，味令口爽」。五音，宫、商、角、徵、羽五調。五味，酸、苦、甘、辛、鹹。淮南子精神訓云：「五色亂目，使目不明；五聲譁耳，使耳不聰；五味亂口，使口爽傷。」

〔八九〕不減年筭：漢魏本作「不以減年」。年筭，年齡也。雲笈七籤卷三六攝生月令引彭祖攝生論曰：「目不視不正之色，耳不聽不正之聲，口不嘗毒糲之味，心不起欺詐之謀，此之數種，乃亡魂喪精，減折筭壽者也。」

〔九〇〕用之過當：太平御覽卷七二〇養生引神仙傳作「可否失適」。

〔九一〕人：漢魏本無。

〔九二〕風寒：漢魏本作「氣寒」。

〔九三〕人不知其經脈損傷……豈當病耶：此數句雲笈七籤卷三二養性延命録云：「彭祖曰，人不知脈經，服藥損傷，血氣不足，内理空疏，髓腦不實，内已先病，故爲外物所犯，風寒酒色以發之耳。若本充實，豈有病乎。」可參讀。太平御覽卷七二〇養生引神仙傳作「肉骨」。「肉骨」可與上文「血氣」、下文「髓腦」對應。風寒，漢魏本作「氣寒」，均可通，而「風寒」似更合。

〔九四〕强記：太平御覽卷七二〇養生引神仙傳作「强健」，誤。

〔九五〕恚：漢魏本作「喜」，因字形近致誤。

〔九六〕情樂過差傷人：太平御覽卷七二〇養生引神仙傳作「喜樂過量傷人」。抱朴子内篇極言亦稱：「喜樂過差，傷也。」漢魏本作「喜樂過差」，下文缺「傷人」二字。「情樂」似應作「喜樂」。

〔九七〕戚戚所患傷人，寒暖失節傷人：漢魏本無。

〔九八〕陰陽不交：漢魏本作「陰陽不順」。淮南子氾論訓稱：「天地之炁莫大於和，和者陰陽調，日夜分。」陰陽不交，不能成和也。

〔九九〕所傷人者甚衆：太平御覽卷七二〇養生引神仙傳作「人所傷者甚衆」，漢魏本作「所傷者數種」。

〔一〇〇〕獨責：漢魏本作「獨戒」。

〔一〇一〕房室：漢魏本作「房中」，謂男女交接也。

〔一〇二〕導養神氣：漢魏本作「神氣導養」。

〔一〇三〕殘折：漢魏本作「傷殘」。

〔一〇四〕陰陽之術：指房中術。

〔一〇五〕而精氣和合者有四：太平御覽卷七二〇養生引神仙傳同，四庫本作「而精氣和合者有四時」。漢魏本、太平廣記卷二「彭祖」條作「而精氣和合」。太平御覽卷六六八養生引集仙録述其意爲「四時均」，即四時（春夏秋冬）和合也。與「精氣和合」義同，「而精氣和合者有四」文句有訛誤。

〔一〇六〕故能生育萬物，不知窮極：漢魏本作「故能生産萬物而不窮」。

〔一〇七〕吐納：吐故氣，納新氣也，道家行氣稱吐故納新。抱朴子内篇微旨云：「明吐納之道者，則曰唯行氣可以延年矣。」太平御覽卷七二〇養生引神仙傳作「歷藏」。歷藏，閉目内視而思五臟之精華，道家修鍊術也。抱朴子内篇遐覽記有歷藏延年經。

〔一〇八〕導引：導引，見前注。抱朴子内篇微旨云：「知屈伸之法者，則曰唯導引可以難老矣。」隋書卷三四經籍志三著録道引圖三卷。

〔一〇九〕萬神：道家以爲人體五臟六腑、百關九節以至毛髮，皆有神，故有萬種。雲笈七籤卷一三太清中黄真經「百竅關連」曰：「百關九節皆神宅也。臟腑無邪氣，所生即萬神。」

〔二〇〕含影守形：太平御覽卷七二〇養生引神仙傳作「含影中形」。道家方術以爲含影守形，可以辟邪惡，度不祥，而不能延壽命，消體疾。抱朴子内篇地真云：「抱朴子曰：『吾聞之于師云，道術諸經，所思存念作，可以却惡防身者，乃有數千法。如含影藏形，及守形無生，九變十二化二十四生等，思見身中諸神，而内視令見之法，不可勝計，亦各有效也。』」

〔二一〕之事：太平御覽卷七二〇養生引神仙傳下有「不然干心志也」句，而不引「一千七百餘條」至「以正其心耳」。

〔二二〕四時首向，責己謝過：修身潔己謂之首向。後漢書卷七六劉焉傳云，張魯行五斗米道，「有病但令首過而已」。「首過」即首向謝過。

〔二三〕卧起早晏之法：醫説卷九養性云「春欲晏卧早起，夏秋欲夜寢早起，冬欲早卧晏起」，皆益人。

〔二四〕以正其心耳：漢魏本作「以正其身」。

〔二五〕愛精養體：太平御覽卷七二〇養生引神仙傳作「人能愛精養體」，漢魏本作「人受精養體」。前文已有「愛精養神」之語。

〔二六〕形：太平御覽卷七二〇養生引神仙傳作「神」。

〔二七〕萬神自守。其不然者：漢魏本作「萬神自守。其真不然者」，或斷句爲「萬神自守其真，不然者」。

〔二八〕榮衛枯瘁：「榮衛」見前注。太平御覽卷七二〇養生引神仙傳作「營衛」，義同。「枯瘁」，太平御覽卷七二〇養生引神仙傳作「枯疲」，誤。

〔二九〕非思念所留者也：漢魏本作「悲思所留者也」，「非」訛爲「悲」。此句太平御覽卷六六八養生引集仙録作「豈思神念真而能守之，固未知其益也」，其意與「非思念所留者也」義合。此數句可參雲笈七籤卷五六元氣論，據稱：「夫元氣者，乃生氣之源……聖人喻引樹爲證也，此氣是人之根本，根本若絶，則藏腑筋脈如枝葉，根朽枝枯，亦以明矣。問：『何謂腎間動氣？』答曰：『右腎謂之命門，命門之氣動出其間……乃元氣之係也，精神之舍也。以命門有真精之神善能固守，守御之至，邪氣不得妄入，故名守邪之神矣。若不守邪，邪遂得入，入即人當死也。』人所以得全生命者，以元氣屬陽，陽爲榮，以血脈屬陰，陰爲衛，榮衛常流，所以常生也，亦曰榮衛。榮衛即榮華氣脈，如樹木芳榮也。榮衛藏腑，愛護神氣，得以經營，保於生路。……使榮衛周流，神氣不竭可與天地同壽矣。」

〔三〇〕愚人：漢魏本作「人」。

〔三一〕晝夕伏誦：漢魏本作「不盡服誦」。按，上文既以爲輕淺，當不會「晝夕服誦」，應從漢魏本。

〔三二〕太清北神中經：未見著録，疑爲太清中經，或隋書卷三四經籍志三著録之太清神丹中經。

〔三三〕疲勞：漢魏本作「自疲」。

〔三四〕獨往：漢魏本作「獨往」。

〔三五〕順道：漢魏本作「道」。

〔二六〕但知房中之道，閉氣之術：漢魏本作「但知房中、閉氣」。

〔二七〕九都、節解、韜形、隱遁、無爲、開明、四極、九室諸經：漢魏本作「九節都解指韜形隱遁尤爲開明四極九室諸經」，太平廣記卷二「彭祖」條點校者注云：「抱朴子内篇遐覽篇有九都經、蹈形記、隱守記、節解經。又仙藥篇引開明經。御覽六六七引有四極明科經、指教經。本文（指太平廣記，漢魏本同）有訛脱顛倒處，疑當作九都、節解、指教、韜形、隱守、無爲、開明、四極、九靈諸經。」是也。

〔二八〕欲祕之：漢魏本作「殷王傳彭祖之術，屢欲祕之」。

〔二九〕采女具受諸要以教王……不知所在：抱朴子内篇極言引彭祖經云：「其自帝嚳佐堯，歷夏至殷爲大夫，殷王遣綵女從受房中之術，行之有效，欲殺彭祖，以絶其道，彭祖覺焉而逃去。去時年七八百餘，非爲死也。」可參考。

〔三〇〕聞人：抱朴子内篇極言引黄石公記云：「彭祖去後七十餘年，門人於流沙之西見之，非死明矣。」又法苑珠林卷四一潛道篇引神仙傳云：「其後七十餘年，門人於流沙之西見之。」「聞」應作「門」。

〔三一〕流沙之西：古代指敦煌以西地區。漢魏本作「流沙之國西」，「國」是衍文。

〔三二〕王能常行彭祖之道：漢魏本、法苑珠林卷四一潛道篇引神仙傳作「王不常行彭祖之術」，四庫本「能」乃「不」字之誤。

〔二三〕力轉丁壯：漢魏本、法苑珠林卷四一潛道篇引神仙傳作「氣力丁壯」，「氣力丁壯」較合乎文意。

〔二四〕鄭女妖淫：漢魏本作「得鄭女妖淫」。法苑珠林卷四一潛道篇引神仙傳作「後得鄭女妖淫」，應從法苑珠林。鄭女，文選卷七司馬相如子虛賦「鄭女曼姬」，如淳曰：「鄭女，夏姬也。」亦指王之侍從。

〔二五〕俗間：法苑珠林卷四一潛道篇引神仙傳作「洛間」，誤。

〔二六〕王禁之故也：漢魏本下有「黄山君者，修彭祖之術，數百歲，猶有少容。彭祖既去，乃追論其言，爲彭祖經」等語結束本條。

〔二七〕七百七十：法苑珠林卷四一潛道篇引神仙傳作「七百」。

白石生〔一〕

白石生〔二〕者，中黄丈人〔三〕弟子也。至彭祖之時，已年二千餘歲矣〔四〕，不肯修昇仙〔五〕之道，但取於不死而已，不失人間之樂。其所據行者，正以交接之道〔六〕爲主，而金液〔七〕之藥爲上也。初患家貧身賤，不能得藥〔八〕，乃養豬牧羊十數年〔九〕，約衣節用，致〔一〇〕貨萬金，乃買藥服之〔一一〕。常煮白石爲糧〔一二〕，因就白石山〔一三〕居，時人號曰白石生〔一四〕。亦時食脯飲酒，亦時〔一五〕食穀，日能行三四百里，視之色如三十許人〔一六〕。性好朝拜存神〔一七〕，又好讀仙經〔一八〕及太素傳〔一九〕。彭祖問之：「何以不服藥昇天乎〔二〇〕？」答曰：「天上無復能樂於此間耶〔二一〕！但莫能使老死耳。天上多有至尊相奉事，更苦人間耳。」〔二二〕故時人號白石生爲隱遁仙人〔二三〕，以其不汲汲〔二四〕於昇天爲仙官，而不求聞達故也〔二五〕。

校釋

〔一〕太平廣記卷七、漢魏本、仙苑編珠引神仙傳作「白石先生」。太平廣記此條云出神仙傳，文字與本條基本同。漢魏本全同於太平廣記本。

〔二〕白石生：真誥卷五甄命授第一云：「昔白石子者，以石爲糧，故號曰白石生。此至人也，今爲東府左卿。」雲笈七籤卷四道教相承次第録云：「第四代若士。士授五十二人，唯三人系代：李元君、白石先生、李常存。」

〔三〕中黄丈人：仙苑編珠卷上黄山數百白石三千引神仙傳作「中黄大夫」。中黄丈人，道家傳説之仙人。雲笈七籤卷一〇〇軒轅本紀云，黄帝「至青城山禮謁中黄丈人」。酉陽雜俎前集卷二玉格記録有中黄丈人經。

〔四〕已年二千餘歲矣：漢魏本作「已二千歲餘矣」。

〔五〕昇仙：漢魏本作「昇天」。

〔六〕交接之道：指房中術。

〔七〕金液：抱朴子内篇金丹云：「合之，用古秤黄金一斤，并用玄明龍膏、太乙旬首中石、冰石、紫遊女、玄水液、金化石、丹砂，封之成水。……老子受之於元君。」據云，百日成，服一兩便仙。

〔八〕初患家貧身賤，不能得藥：漢魏本作「初以居貧，不能得藥」。

〔九〕乃養豬牧羊十數年：漢魏本作「乃養羊牧豬，十數年間」。

〔一〇〕致：漢魏本作「置」。

〔一一〕乃買藥服之：漢魏本作「乃大買藥服之」。

〔一二〕常煮白石爲糧：真誥卷五甄命授第一云：「煮白石自有方也。白石之方，白石生所造也。」太平御覽卷六六九服餌上引仙經云：「煮石方，東府左卿白石先生造也，皆真人所授，但未見真本，世有兩本，以省少者爲佳。」

〔一三〕白石山：太平御覽卷四七會稽東越諸山引孔曄會稽記曰：「剡縣（今浙江嵊州）西七十里有白石山。」

〔一四〕時人號曰白石生：藝文類聚卷六石引神仙傳曰：「白石生者，恒煮白石爲糧，就白石山居，故號白石先生。」漢魏本作「時人故號曰白石先生」。太平御覽卷五一石上引神仙傳曰：「白生者，常煮白石爲糧，就白石山居，故號曰白石先生。」

〔一五〕時：漢魏本無此字。

〔一六〕三十許人：漢魏本作「四十許人」。

〔一七〕朝拜存神：漢魏本作「朝拜事神」，「事神」較通。

〔一八〕仙經：漢魏本作「幽經」，幽經，仙術之經。

〔一九〕太素傳：真誥卷五甄命授第一稱：「太素傳者，道書也。學此應奉太上老君、上清皇人。」

〔二〇〕何以不服藥昇天乎：漢魏本作「何不服昇天之藥」。

〔二一〕天上無復能樂於此間耶：漢魏本作「天上復能樂比人間乎」。

〔二二〕天上多有至尊相奉事，更苦人間耳：三洞群仙録卷一四隱仙白石盧生黄糧引神仙傳作「天上多至尊相奉，苦於人間」。抱朴子内篇對俗云：「彭祖言，天上多尊官大神，新仙者位卑，所奉事者非一，但更勞苦，故不足役役於登天，而止人間八百餘年也。」其意相同，此處却成了白石生答彭祖之問。

〔二三〕故時人號白石生爲隱遁仙人：「號」，漢魏本作「呼」。三洞群仙録卷一四隱仙白石盧生黄糧引神仙傳作「時呼爲隱仙」。

〔二四〕汲汲：欲速之義。

〔二五〕而不求聞達故也：漢魏本作「亦猶不求聞達者也」。

黄山君〔一〕

黄山君者，修彭祖〔二〕之術，年數百歲，猶有少容。亦治地仙〔三〕，不取飛昇。彭祖既去，乃追論其言，爲彭祖經〔四〕。得彭祖經者，便爲木中之松柏也。

校釋

〔一〕太平廣記無「黄山君」條，而卷二「彭祖」條末段文字與本條大體同。漢魏本全録太平廣記「彭祖」條後，又另立「黄山君」條，文字與本條同。

〔二〕彭祖：參「彭祖」條。

〔三〕地仙：抱朴子内篇論仙云：「按仙經云：上士舉形昇虚，謂之天仙；中士遊於名山，謂之地仙；下士先死後蜕，謂之尸解仙。」

〔四〕彭祖經：類説卷三引神仙傳「彭祖經」條云：「籛鏗即彭祖也，有導引之術，每有疾，則閉氣以攻所患，其氣雲行體中，下達指末，尋即體和。嘗云：『上士别床，中士異被，服藥百裹（裹），不如獨卧。』後人集其採納之術，號彭祖經。」

鳳綱〔一〕

鳳綱者，漁陽〔二〕人也。常採百草花〔三〕，以水漬泥封之〔四〕，自正月始，盡九月末，埋之百日〔五〕，煎丸之〔六〕。卒死者，以此藥内口中，皆立生。綱長服〔七〕此藥，得壽數百歲不老。後入地肺山〔八〕中仙去。

校釋

〔一〕太平廣記卷四「鳳綱」條與本條基本同。漢魏本鳳綱全同於太平廣記本。

〔二〕漁陽：今北京密雲西南。各本引文均同，唯仙苑編珠卷上初平松脂鳳綱花卉引神仙傳作「元陽」。

〔三〕百草花：太平御覽卷七二四醫四引神仙傳作「百藥華」。百草花，據説當取群草中之芳烈者。

〔四〕以水漬泥封之：漢魏本、太平御覽卷七二四醫四引神仙傳作「以水漬封泥之」。仙苑編珠卷上初平松脂鳳綱花卉引神仙傳作「水漬泥封埋之」。重修政和證類本草卷六引異類作「水漬封泥埋之」。漬，浸泡也。

〔五〕自正月始，盡九月末，埋之百日：「盡九月末」，各本引文同，唯太平御覽卷七二四醫四引神仙傳作「盡五月末」。下文云「埋之百日」，正月至九月末約二百餘日，至五月末約百餘日，似應作「盡五月末」。

〔六〕煎丸之：太平御覽卷七二四醫四引神仙傳同。漢魏本作「煎九火」，「九火」乃形近「丸之」之誤。真仙通鑑卷三四鳳綱作「煎而丸之」。重修政和證類本草卷六引異類作「煎爲丸」，其意較明。

〔七〕長服：漢魏本作「常服」。

〔八〕地肺山：雲笈七籤卷二七天地宮府圖「七十二福地」云：「太上曰：其次七十二福地，在大地名山之間，上帝命真人治之。其間多得道之所。第一地肺山，在江寧府句容縣（在今江蘇）界，昔陶隱居幽棲之處，真人謝允治之。」

神仙傳卷二

皇初平〔一〕

皇初平者，丹谿〔二〕人也。年十五，而家使牧羊，有道士見其良謹，使將至金華山〔三〕石室中四十餘年，忽然〔四〕不復念家。其兄初起入山索初平〔五〕，歷年不能得見，後在市中有道士，善卜〔六〕，乃問之〔七〕，曰：「吾有弟名初平，因令牧羊，失之，今四十餘年，不知死生所在，願道君爲占之。」道士曰：「金華山中有一牧羊兒，姓皇名初平〔八〕，是卿弟非耶〔九〕？」初起聞之驚喜〔一〇〕，即隨道士去尋求〔一一〕，果得相見，兄弟悲喜〔一二〕，因問弟曰：「羊皆何在？」初平曰：「羊近在山東。」初起往視，了不見羊〔一三〕，但見白石無數〔一四〕，還謂初平曰：「山東無羊也。」初平曰：「羊在耳，但兄自不見之。」初平便乃〔一五〕俱往看之，乃叱曰〔一六〕：「羊起！」於是白石皆變爲羊數萬頭。初起曰：「弟獨得神通〔一七〕如此，吾可學否？」初平曰：「唯好道便得耳。」初起便棄妻子，留就初平〔一八〕，共服松脂茯苓，至五千日〔一九〕，能坐在立亡〔二〇〕，行於日中無影，而有童子之色。後乃俱還鄉里，諸親死亡略盡〔二一〕，乃復還去。臨去，以方授南伯逢〔二二〕。

易姓爲赤，初平改字爲赤松子〔二三〕，初起改字爲魯班〔二四〕。其後傳服此藥而得仙者，數十人焉〔二五〕。

校釋

〔一〕太平廣記卷七「皇初平」條云出神仙傳，文字與本條略有不同。漢魏本作「黄初平」，内容與太平廣記全同。雲笈七籤卷一〇九引神仙傳有「皇初平」條，文字差異更大。

〔二〕丹谿：今浙江義烏。

〔三〕使將至金華山：「使」，漢魏本作「便」。金華山在今浙江金華。太平寰宇記卷九七江南東道九婺州「金華縣」云：「名山略記云：『有長山在東北，縣因之爲名。』隋改長山爲金華。按金華即長山别名，今爲金華縣焉。長山，在縣南二十里，一名金華山，即黄初平、初起遇道士教以仙方處。」

〔四〕忽然：漢魏本、太平御覽卷六六三地仙引真誥無此二字。雲笈七籤卷一〇九引神仙傳「皇初平」條作「儵然」。

〔五〕其兄初起入山索初平：漢魏本作「其兄初起行山尋索初平」。

〔六〕歷年不能得見，後在市中有道士，善卜：漢魏本作「歷年不得，後見市中有一道士」，無「善卜」二字，雲笈七籤卷一〇九引神仙傳「皇初平」條作「善易」。

〔七〕乃問之：漢魏本作「初起召問之」。

〔八〕姓皇名初平：漢魏本作「姓黄字初平」。

〔九〕非耶：漢魏本作「非疑」。

〔一〇〕驚喜：漢魏本無此二字。

〔一一〕尋求：漢魏本作「求弟」。

〔一二〕兄弟悲喜：漢魏本、藝文類聚卷九四羊引神仙傳、太平御覽卷九〇二羊引神仙傳作「悲喜，語畢」。

〔一三〕初起往視，了不見羊：漢魏本作「初起往視之，不見」。

〔一四〕無數：漢魏本無此二字。

〔一五〕便乃：漢魏本作「與初起」。

〔一六〕乃叱曰：漢魏本作「初平乃叱曰」。

〔一七〕神通：漢魏本、太平御覽卷九〇三羊引神仙傳作「仙道」。真仙通鑑卷五皇初平作「神仙之道」。雲笈七籤卷一〇九引神仙傳「皇初平」條作「神仙道」，「仙道」或「神仙道」似爲原文。

〔一八〕留就初平：漢魏本作「留住就初平學」，語較完整。

〔一九〕五千日：漢魏本作「五百歲」。太平御覽卷六六三地仙引真誥亦作「五百歲」，卷九〇二羊引神仙傳作「五萬日」。仙苑編珠卷上初平松脂鳳綱花卉引神仙傳作「萬日」。

〔二〇〕坐在立亡：道家隱遁變化之術，如叱石爲羊，亦屬坐在立亡之術。

〔二一〕諸親死亡略盡：漢魏本作「親族死終略盡」。

〔二二〕臨去，以方授南伯逢：雲笈七籤卷一〇九引神仙傳「皇初平」條作「臨行，以方授南伯逢」。漢魏本無此二句。

〔二三〕易姓爲赤，初平改字爲赤松子　漢魏本作「初平改字爲赤松子」。太平御覽卷九〇二羊引神仙傳作「易姓爲赤松子」，有脱文。雲笈七籤卷一〇九引神仙傳「皇初平」條作「易姓爲赤松子也」，句後却插入「初起改字爲魯班」，接着又有「初平改字爲松子」句。應如仙苑編珠卷上初平松脂鳳綱花卉引神仙傳作「初平改姓赤氏，號松子」。

〔二四〕初起改字爲魯班：仙苑編珠卷上初平松脂鳳綱花卉引神仙傳云「初起號赤須子」，誤。

〔二五〕宋倪守約撰赤松山志將此條改編爲另一故事，茲録全文以供參考：「二皇君，丹谿皇氏，婺之隱姓也。皇氏顯於東晉，上祖皆隱德不仕，明帝太寧三年四月八日，皇氏生長子諱初起，是爲大皇君。成帝咸和三年八月十三日，生次子諱初平，是爲小皇君。二君生而頴悟，俊拔秀聳，有異相。小君年十五，家使牧羊，遇一道士，愛其良謹，引入於金華山之石室，蓋赤松子幻相而引之。小君即鍊質其中，絶棄世塵，追求象罔，且謂朱髓之訣，指掌而可明，上帝之庭，鞠躬而自致，積世累功，踰四十稔。大君念小君之不返，巡歷山水，尋覓蹤迹而不得見。後於市中復遇一道士，善卜，就占之，道士曰：『金華山中有牧羊兒，非卿弟耶？』遂同至石室，此亦赤松子幻相而引之。兄弟相見，且悲且喜，大君問曰：『羊何在？』小君曰：『近在山東。』及大君往視，了無所見，惟見白石無數。還謂小君曰：『無羊。』小君曰：『羊在耳，但兄自不見。』便俱往山東，小君言叱吒，於是白石皆起，成羊數萬頭，今卧羊山即是其所。大君曰：『我弟得神通如此，吾可學否？』小君曰：『惟好道便得。』大君便棄妻子，留就小君，共服松脂茯苓至五千日，能坐在立亡，日中無影，有童子之色。修道既成，還鄉省親，則故老皆無者。今石室之下，有洞焉，蓋二君深隱之祕宫也。二君以服脂苓方，教授弟子南伯逢等，其後傳授又數十人得仙。神仙傳曰：二君得道之後，大君號魯班，小君亦號赤松子。此蓋二君不眩名驚世，故詭姓遁身以求不顯，此乃祖述赤松子稱黄石公之遺意也。二君道備於松山絶頂，爲鍊丹計。丹成，大君則鹿騎，小君則鶴駕，乘雲上昇，今大蕢山即是也。二君既仙，同邦之人相與謀，而置棲神之所，遂建赤松宫，偕其師赤松子而奉事焉。召學其道者而主之，自晉而我朝，香火綿滋，道士常盈百，敬奉之心，未有涯也。按山録，南嶽衡山，太虚真人得道處，玉帝命小皇君主之，賜神姓崇，名嵩，號司天，主世界分野。孝廟淳熙十六年，封大君爲沖應真人，小君爲養素真人。理廟景定三年，加封大君沖應浄感真人，封小君養素浄正真人。猗歟休哉，大道流行，正教恢闡，福庇於婺，垂千萬年。」

呂　恭〔一〕

呂恭，字文敬，少好服食〔二〕，將一奴一婢於太行山中採藥，忽有三人在谷中，因問恭曰：「子好長生乎？而乃勤苦艱險如是耶？」恭曰：「實好長生，而不遇良方，故採服此物〔三〕，冀有微益也。」一人曰：「我姓呂，字文起。」一人〔四〕曰：「我姓孫，字文陽。」一人〔五〕曰：「我姓李〔六〕，字文上。」皆太清太和府仙人〔七〕也〔八〕，「時來採藥，當以成授〔九〕新學者，公既與吾同姓，又字得吾半〔一〇〕，是公命當應長生也。若能隨我採藥，語公不死之方。」恭即拜曰：「有幸得遇神人〔一一〕，但恐闇塞多罪，不足教授。若見採救〔一二〕，是更生之願也。」即隨仙人去。二日，乃授恭祕方一通〔一三〕，因遣恭還，曰：「可歸省〔一四〕鄉里。」恭即拜辭，仙人〔一五〕語恭曰：「公來雖二日，今人間已二百年。」

恭歸到家，但見空野〔一六〕，無復子孫〔一七〕，乃見鄉里數世後人趙光輔〔一八〕，遂問呂恭家何在〔一九〕，人轉怪之〔二〇〕，曰〔二一〕：「君自何來，乃問此久遠之人。吾聞先世傳有呂恭，將一奴一婢入山採藥，不復歸還，以爲虎狼所傷耳，經今已二百餘年。君何問乎？呂恭有後世孫呂習者，在城東北十里作道士，人多奉事之，推求易得耳。」〔二二〕恭承輔言，往到習家，叩門而呼之〔二三〕，奴出問曰：「公何來？」恭曰：「此是吾家也。我昔採藥〔二四〕，隨仙人去，至今二百餘年，今復歸矣〔二五〕。」習舉家驚喜，徒跣而出〔二六〕，拜曰「仙人來歸」，流涕〔二七〕不能自勝。居久之〔二八〕，乃以神方授習而去。時習已年八十，服之轉轉還少〔二九〕，至二百歲，乃入山去。其子孫世世服此藥，無復老死，皆得仙也〔三〇〕。

校釋

〔一〕太平廣記卷九「吕文敬」條云出神仙傳，與本條基本同。漢魏本吕文敬全同於太平廣記。

〔二〕服食：指道家服食藥物，求輕身益氣，延年益壽。

〔三〕此物：漢魏本作「此藥」。

〔四〕一人：漢魏本作「次一人」。

〔五〕一人：漢魏本亦作「次一人」。

〔六〕李：漢魏本作「王」。

〔七〕皆太清太和府仙人：漢魏本作「三人皆太清太和府仙人」。「太清太和府仙人」，太清中太和府之仙人也。雲笈七籤卷四四太一帝君太丹隱書稱：「九天九宫中有九神，是謂天皇九魂，變成九氣，化爲九神，各治一宫，故曰九宫。太清中有太素、太和。」

〔八〕以下乃吕文起對吕恭之語，此處疑缺「吕文起曰」等字。

〔九〕授：漢魏本無。

〔一〇〕吾半：漢魏本作「吾半支」。

〔一一〕神人：漢魏本作「仙人」。

〔一二〕採救：漢魏本作「採收」。真仙通鑑卷一二呂恭作「來救」。

〔一三〕一通：漢魏本作「一首」。

〔一四〕歸省：漢魏本作「視」。

〔一五〕仙人：漢魏本作「三人」。

〔一六〕空野：漢魏本作「空宅」。

〔一七〕無復子孫：漢魏本作「子孫無復一人也」。

〔一八〕趙光輔：漢魏本作「趙輔」。

〔一九〕呂恭家何在：漢魏本作「呂恭家人皆何在」。

〔二〇〕人轉怪之：漢魏本無此句。

〔二一〕曰：漢魏本作「輔曰」。

〔二二〕君自何來……推求易得耳：漢魏本輔之答語曰：「君從何來，乃問此久遠人也。吾昔聞先人説云，昔有呂恭者，持奴婢入太行山採藥，遂不復還，以爲虎狼所食，已二百餘年矣。恭有數世子孫呂習者，居在城東十數里作道士，民多奉事之，推求易得耳。」

〔二三〕而呼之：漢魏本作「問訊」。

〔二四〕採藥：漢魏本無此二字。

〔二五〕今復歸矣：漢魏本無此句。

〔二六〕習舉家驚喜，徒跣而出：漢魏本作「習聞之，驚喜跣出」。徒跣，赤足也。

〔二七〕流涕：漢魏本作「悲喜」。

〔二八〕居久之：漢魏本無此句。

〔二九〕服之轉轉還少：漢魏本作「服之即還少壯」。太平御覽卷六六三地仙引真誥作「服之還少」。

〔三〇〕其子孫世世服此藥，無復老死，皆得仙也：漢魏本作「子孫世世不復老死」。

沈建〔一〕

沈建者，丹陽〔二〕人也。世爲長史〔三〕，而建獨好道，不肯仕宦，學導引服食之術〔四〕，遠年〔五〕却老之法。又能治病，病無輕重，遇建則差〔六〕，舉事之者千餘家〔七〕。一日，建當遠行〔八〕，留寄一奴一婢〔九〕，并驢一頭，羊十口〔一〇〕，各與藥一丸，語主人曰：「但累舍居〔一一〕，不煩主人〔一二〕飲食也。」便決去〔一三〕。主人怪之〔一四〕，曰：「此君所寄口有十三〔一五〕，不留寸資，當若之何？」建去之後，主人飲啖〔一六〕奴婢，奴婢聞食〔一七〕皆吐逆〔一八〕。以草與〔一九〕驢羊，驢羊皆避而不食〔二〇〕，便欲舐人〔二一〕，主人乃驚〔二二〕。後百餘日，奴婢面體〔二三〕光澤，轉勝於初時〔二四〕。驢羊悉肥如飼〔二五〕。建去三年乃還，又各以一丸藥與奴婢驢羊，乃却〔二六〕飲食如故。建遂斷穀不食，能輕舉飛行往還〔二七〕，如此三百餘年，乃絶迹，不知所之也。

校　釋

〔一〕太平廣記卷九「沈建」條云出神仙傳，與本條基本同。漢魏本沈建與太平廣記本全同。雲笈七籤卷一〇九引神仙傳「沈建」條與本條略有差異。

〔二〕丹陽：今江蘇句容。

〔三〕長史：漢魏本、雲笈七籤卷一〇九引神仙傳「沈建」條作「長吏」。太平御覽卷三九四行引列仙傳作「長史」，卷六六三地仙引真誥作「長吏」。長吏，官吏也；長史，州長官下屬官，官職專稱，沈家不可能世世爲之，應作「長吏」。

〔四〕導引服食之術：導引謂摇筋骨、動肢節以行氣血也。論衡道虚篇稱：「道家或以導氣養性，度世而不死。以爲血脈在形體之中，不動摇屈伸則閉塞不通，不通積聚則爲病而死。」「服食」，見「吕恭」條注。

〔五〕遠年：漢魏本、雲笈七籤卷一〇九引神仙傳「沈建」條作「還年」。還年，意爲返老還少，「遠」爲「還」之訛。

〔六〕遇建則差：漢魏本作「治之即愈」。雲笈七籤卷一〇九引神仙傳「沈建」條作「見建者愈」。

〔七〕舉事之者千餘家：漢魏本作「奉事之者數百家」。雲笈七籤卷一〇九引神仙傳「沈建」條作「奉之者數千家」。「舉」爲「奉」之訛。

〔八〕一日，建當遠行：漢魏本作「建嘗欲遠行」。雲笈七籤卷一〇九引神仙傳「沈建」條作「每遠行」。

〔九〕留寄一奴二婢：漢魏本作「寄一婢三奴」。雲笈七籤卷一〇九引神仙傳「沈建」條作「寄奴侍三五人」。

〔一〇〕羊十口：雲笈七籤卷一〇九引神仙傳「沈建」條作「羊數十口」，與下文「所寄口有十三」不合。

〔一一〕舍居：漢魏本作「屋」。雲笈七籤卷一〇九引神仙傳「沈建」條作「屋舍」。

〔一二〕主人：漢魏本、雲笈七籤卷一〇九引神仙傳「沈建」條均無此二字。

〔一三〕便決去：漢魏本作「便去」。雲笈七籤卷一〇九引神仙傳「沈建」條作「便辭去」。

〔一四〕怪之：漢魏本、雲笈七籤卷一〇九引神仙傳「沈建」條作「大怪之」。

〔一五〕此君所寄口有十三：漢魏本作「此客所寄十五口」。雲笈七籤卷一〇九引神仙傳「沈建」條作「此君所寄奴畜十五餘口」。

〔一六〕啖：漢魏本無此字。

〔一七〕聞食：漢魏本、雲笈七籤卷一〇九引神仙傳「沈建」條作「食氣」。食氣，食物之氣味，意較貼合，四庫本脱「氣」字。

〔一八〕皆吐逆：漢魏本作「皆逆吐不用」。雲笈七籤卷一〇九引神仙傳「沈建」條作「皆吐逆不視人」。

〔一九〕與：漢魏本作「飼」。

〔二〇〕驢羊皆避而不食：漢魏本作「驢羊避去不食」。雲笈七籤卷一〇九引神仙傳「沈建」條作「亦避去不食」。

〔二一〕便欲觝人：漢魏本作「或欲抵觸」。雲笈七籤卷一〇九引神仙傳「沈建」條作「更欲抵觸人」。

〔二二〕主人乃驚：漢魏本作「主人大驚愕」。雲笈七籤卷一〇九引神仙傳「沈建」條作「主人乃驚異之」。

〔二三〕奴婢面體：漢魏本作「奴婢體貌」。雲笈七籤卷一〇九引神仙傳「沈建」條作「奴侍身體」。

〔二四〕轉勝於初時：漢魏本作「勝食之時」。雲笈七籤卷一〇九引神仙傳「沈建」條作「異於食時」。

〔二五〕驢羊悉肥如飼：漢魏本作「驢羊皆肥如飼」。雲笈七籤卷一〇九引神仙傳「沈建」條作「驢羊俱肥」。

〔二六〕却：漢魏本、雲笈七籤卷一〇九引神仙傳「沈建」條均無此字。

〔二七〕往還：漢魏本、雲笈七籤卷一〇九引神仙傳「沈建」條作「或去或還」，意較明白。

華子期〔一〕

華子期者，淮南人〔二〕也。師禄里先生〔三〕，受隱仙靈寶方〔四〕，一曰伊洛飛龜秩，二曰伯禹正機，三曰平衡方〔五〕，按合服之〔六〕，日以還少〔七〕，一日能行五百里，力舉千斤，一歲十二易其形〔八〕。後乃仙去。

校釋

〔一〕太平廣記、漢魏本無此條。雲笈七籤卷一〇九引神仙傳「華子期」與本條基本同。

〔二〕淮南人：江南通志卷一七五稱之爲九江人。漢高祖年間，淮南國領有九江郡，其地包括今江西全境。

〔三〕禄里先生：雲笈七籤卷一〇九引神仙傳「華子期」條作「角（甪）里先生」。甪，音鹿，故又稱禄里先生，秦漢時隱居於商山之逸民，即所謂四皓之一。文選卷二六謝靈運入華子崗是麻源第三谷五言李善注曰：「謝靈運山居圖曰：華子崗，麻山第三谷，故老相傳，華子期者，甪里先生弟子，翔集此頂，故華子爲稱也。」

〔四〕隱仙靈寶方：雲笈七籤卷一〇九引神仙傳「華子期」條、真仙通鑑卷五華子期作「山隱靈寶方」，仙苑編珠卷上華生易皮樂長童子引神仙傳作「靈寶隱方」。

〔五〕一曰伊洛飛龜秩，二曰伯禹正機，三曰平衡方：抱朴子内篇辨問云：「靈寶經有正機、平衡、飛龜授袟（同書遐覽作「飛龜振經」），凡三篇，皆仙術也。」「伯禹正機」，雲笈七籤卷一〇九引神仙傳「華子期」條作「白禹正機」。又酉陽雜俎卷二玉格「圖籍有符圖七千章」中有飛龜帙，經名記録各有不同。

〔六〕按合服之：仙苑編珠卷上華生易皮樂長童子引神仙傳云「合而服之」，其意較明。

〔七〕日以還少：意爲返老還少。

〔八〕一歲十二易其形：雲笈七籤卷一〇九引神仙傳「華子期」條、真仙通鑑卷五華子期作「一歲十易皮」，仙苑編珠卷上華生易皮樂長童子引神仙傳作「每一岁十度易皮」，「形」是「皮」之訛。

樂子長〔一〕

樂子長者，齊〔二〕人也。少好道，因到霍林山〔三〕，遇仙人〔四〕，授以服巨勝赤松散方〔五〕。仙人告之曰：「蛇服此藥化爲龍，人服此藥老成童。又能昇雲上下，改人形容，崇氣益精，起死養生。子能行之，可以度世。」〔六〕子長服之，年一百八十歲，色如少女，妻子九人，皆服其藥，老者返少，小者不老。乃入海登勞盛山〔七〕而仙去也。〔八〕

校釋

〔一〕太平廣記、漢魏本無此條。

〔二〕齊：今山東淄博一帶。

〔三〕霍林山：雲笈七籤卷二七天地宮府圖「三十六小洞天」云：「第一霍桐山洞，周回三千里，名霍林洞天，在福州長溪縣（今福建霞浦北），屬仙人王緯玄治之。」

〔四〕遇仙人：太平御覽卷六七二仙經上引太上太霄琅書曰：「齊人樂子長受之於霍林山人韓衆，乃敷演服御之方，藏於東海北陰之室。」同書卷九八四藥引列仙傳曰：「樂子長……直到霍林山，遭（遇）仙人，受服巨勝赤松散方。」記纂淵海卷八六「三十六小洞天」云：「霍桐山……名霍林之天，即鄭思遠、韓衆、許映真人爲司命府君所理。」此仙人乃韓衆。

〔五〕巨勝赤松散方：太平寰宇記卷二〇河南道二十萊州「即墨縣」引神仙傳作「神勝赤散方」，誤。雲笈七籤卷六七金液法附威喜巨勝法云：「威喜巨勝法。取金液及水銀、左味合煮之，三十日出，以黄玉甌盛，以六一泥封置，猛火炊之，卒時皆化爲丹，服如小豆大，便仙。」抱朴子内篇金丹云：「樂子長丹法，以曾青鉛丹合汞及丹砂，著銅筩中，乾瓦白滑石封之，於白砂中蒸之，八十日，服如小豆，三年仙矣。」與雲笈七籤所説類似，巨勝赤松散方或即此方。

〔六〕蛇服此藥化爲龍……可以度世：此段太平御覽卷九八四藥引列仙傳作「蛇服此藥化爲龍，人服此藥老翁成童。能昇雲上下，改易形容，崇氣益精，起死養生。子能服之，可以度世」。

〔七〕勞盛山：太平寰宇記卷二〇河南道二十萊州「即墨縣」引神仙傳作「勞山」，並説：「山高十五里，周八里，在縣（今山東即墨）東南三十八里。」

〔八〕太平御覽卷六六二天仙引風俗通云：「樂子長，齊人也。少好道，到霍林山服巨勝赤松散方，去仙。」可知樂子長傳説，東漢之時已有之。太平廣記卷二一七「劉白雲」條引仙傳拾遺，記唐朝人劉白雲於江都遇一道士，自稱爲樂子長，則知樂子長故事流傳數百年。

衞叔卿〔一〕

衞叔卿者，中山〔二〕人也。服雲母〔三〕得仙。漢元鳳〔四〕二年八月壬辰，武帝閒居殿上，忽有一人乘浮雲〔五〕駕白鹿，集於殿前，帝驚問之爲誰，曰：「我中山衞叔卿也。」帝曰：「中山非我臣乎？」叔卿不應，即失所在。帝甚悔恨，即使使者梁伯之〔六〕往中山推求，遂得叔卿子，名度世，即將還見。帝問焉，度世答曰：「臣父少好仙道，服藥治身八十餘年，體轉少壯，一旦委臣去，言當入華山〔七〕耳，今四十餘年，未嘗還也。」帝即遣梁伯之與度世往華山覓之。度世與梁伯之俱上山，輒雨〔八〕，積數日〔九〕，度世乃曰：「吾父豈不欲吾與人俱往乎？」更齋戒〔一〇〕獨上，望見其父與數人於石上嬉戲〔一一〕。度世既到，見父上有紫雲，覆蔭鬱鬱，白玉爲床，有數仙童執幢節〔一二〕立其後。度世望而再拜，叔卿問曰：「汝來何爲？」度世具説天子悔恨不得與父共語，故遣使者與度世共來。叔卿曰：「吾前爲太上〔一三〕所遣，欲戒帝以災厄之期，及救危厄之法，國祚可延，而帝强梁〔一四〕自貴，不識道真，反欲臣我，不足告語，是以棄去。今當與中黄太一〔一五〕共定天元〔一六〕九五〔一七〕之紀，吾不得復往也。」度世因曰：「向與父博者爲誰？」叔卿曰：「洪崖先生〔一八〕、許由〔一九〕、巢父〔二〇〕、王子晉〔二一〕、薛容〔二二〕也。今世向大亂，天下無聊，後數百年間，土滅金亡〔二三〕，天君來出，乃在壬辰耳〔二四〕。我有仙方，在家西北柱下，歸取，按之合藥服餌，令人長生不死，能乘雲而行〔二五〕，道成，來就吾於此，不須復爲漢臣也。」度世拜辭而歸，掘得玉函，封以飛仙之香〔二六〕，取而按之餌服，乃五色雲母〔二七〕，并以教梁伯之，遂俱仙去，不以告武帝也。

校釋

〔一〕太平廣記卷四「衛叔卿」條云出神仙傳，文字與本條多不同，其中差異之處，不一一比勘。漢魏本衛叔卿同於太平廣記本。

〔二〕中山：今河北定州。

〔三〕雲母：參神仙傳序注。

〔四〕元鳳：漢無元鳳年號；太平廣記卷四「衛叔卿」條作「儀鳳」，乃唐高宗年號，漢魏本則作「元封」，「鳳」、「封」同音，或應作「元封」，元封二年即公元前一〇九年；而真仙通鑑卷七衛叔卿作「天漢二年」。

〔五〕乘浮雲：漢魏本及其他各家引文均作「乘雲車」。抱朴子内篇仙藥稱，衛叔卿服五色雲母，「積久能乘雲而行」。本條下文衛叔卿告度世，取其留下之藥方，合服之，「能乘雲而行」，則四庫本作「乘浮雲」爲是。

〔六〕梁伯之：漢魏本作「梁伯」。

〔七〕華山：在今陝西華陰。

〔八〕輒雨：漢魏本作「輒火」。

〔九〕積數日：漢魏本作「積數十日」。

〔一〇〕齋戒：洗心曰齋。齋戒，去心中雜念也。

〔一一〕於石上嬉戲：漢魏本作「博戲於石上」。水經注卷一九渭水引神仙傳作「博於石上」。真仙通鑑卷七衛叔卿作「博戲於巖上」。太平御覽卷七五四博引神仙傳亦作「博戲」。下文度世問：「向與父博者爲誰？」「嬉戲」應作「博戲」。

〔一二〕幢節：指道家之旗幡。

〔一三〕太上：太上老君，道家之天神。

〔一四〕强梁：跋扈謂之强梁。

〔一五〕中黄太一　漢魏本作「中黄太乙」，同。道家仙人。

〔一六〕天元：史記卷二六曆書第四云：「王者易姓受命，必慎始初，改正朔，易服色，推本天元，順承厥意。」索隱：「言王者易姓而興，必當推本天之元氣行運所在，以定正朔，以承天意，故云承順厥意也。」定天元，推定曆法也。

〔一七〕九五：易以九五天子之爻，指王者。

〔一八〕洪崖先生：「崖」又作「涯」。真仙通鑑卷四洪崖先生云：「洪崖先生者，或曰黄帝之臣伶倫也，得道仙去，姓張氏。」真誥卷一四稽神樞第四云：「洪涯先生今爲青城真人。」雲笈七籤卷一八老子中經上「第十五神仙」又稱：「東方之神名曰句芒子，號曰文始洪崖先生，東方蒼帝東海君也。」

〔一九〕許由：皇甫謐高士傳卷上「許由」條云：「許由字武仲。陽城槐里人也。爲人據義履方，邪席不坐，邪饍不食，後隱於沛澤之中。堯讓天下於許由……不受而逃去。……堯又召爲九州長，由不欲聞之，洗耳於潁水濱。」

〔二〇〕巢父：皇甫謐高士傳卷上「巢父」條云：「巢父者，堯時隱人也。山居不營世利，年老以樹爲巢而寢其上，故時人號曰『巢父』。堯之讓許由也，由以告巢父，巢父曰：『汝何不隱汝形，藏汝光，若非吾友也。』」

〔二一〕王子晉：列仙傳卷上「王子喬」云：「王子喬者，周靈王太子晉也。好吹笙，作鳳凰鳴，遊伊洛之間。」

〔二二〕薛容：未識是何許人。文選卷二八陸機前緩聲歌曰：「太容揮高絃，洪崖發清歌。」李善注曰：「太容，黄帝樂師。」吕向注曰：「洪崖，三皇時樂人，（與太容）後皆登仙。」薛容或是太容。除此數人外，漢魏本、真仙通鑑卷七衞叔卿還有火低公、飛黄子二仙。

〔二三〕土滅金亡：按五德終始説，漢爲土德，晉爲金德，土、金指漢晉兩朝。

〔二四〕天君來出，乃在壬辰耳：漢魏本無此二句。壬辰，指壬辰年。

〔二五〕我有仙方……能乘雲而行：漢魏本作「汝歸，當取吾齋室西北隅大柱下玉函，函中有神素書，取而按方合服之，一年可乘雲而行」。

〔二六〕飛仙之香：漢魏本同，太平御覽卷六七六簡章引神仙傳及其他引文均作「飛仙之印」，「香」是「印」之訛。

〔二七〕五色雲母：指五種雲母，其區別各説不一，抱朴子内篇仙藥稱：「雲母有五種，而人多不能分別也。法當舉以向日，看其色，詳占視之，乃可知耳。正爾於陰地視之，不見其雜色也。五色並具而多青者名雲英，宜以春服之。五色並具而多赤者名雲珠，宜以夏服之。五色並具而多白者名雲液，宜以秋服之。五色並具而多黑者名雲母，宜以冬服之。但有青黄二色者名雲沙，宜以季夏服之。皛皛純白名磷石，可以四時長服之也。」隋書卷三四經籍志三記有衛叔卿服食雜方一卷。

魏伯阳〔一〕

魏伯陽者，吴人〔二〕也。本高門之子，而性好道術，不肯仕宦，閒居養性，時人莫知之〔三〕。後與弟子三人入山作神丹，丹成，知弟子心不盡〔四〕，乃試〔五〕之曰：「此丹今雖成，當先試之，今試飴犬〔六〕，犬即飛者可服之〔七〕，若犬死者，則不可服也。」伯陽入山，特將一白犬自隨，又有毒〔八〕丹，轉數未足〔九〕，合和〔一〇〕未至，服之暫死〔一一〕。故伯陽便以毒丹與白犬食之，即死。伯陽乃問〔一二〕弟子曰：「作丹惟恐不成，丹既成，而犬食之即死，恐未合神明之意〔一三〕，服之恐復如犬，爲之奈何？」弟子曰：「先生當服之否？」伯陽曰：「吾背違世俗〔一四〕，委家入山，不得仙道〔一五〕，亦不復歸〔一六〕，死之與生，吾當服之耳。」伯陽乃服丹，丹入口即死〔一七〕。弟子顧相謂曰：「作丹欲長生〔一八〕，而服之即死，當奈何？」獨有一弟子曰：「吾師非凡〔一九〕人也，服丹而死，將無有意耶〔二〇〕？」亦乃服丹，即復死〔二一〕。餘二弟子乃相謂曰：「所以作丹〔二二〕者，欲求長生，今服即死，焉用此爲！若不服此〔二三〕，自可數十年在世間活也〔二四〕。」遂不服，乃共出山，欲爲伯陽及死弟子求市棺木〔二五〕。二人去後，伯陽即起，將所服丹内〔二六〕死弟子及白犬口中，皆起。弟子姓虞，遂皆仙去〔二七〕。因逢人入山伐木〔二八〕，乃作書〔二九〕與鄉里〔三〇〕，寄謝二弟子，弟子方乃懊恨〔三一〕。伯陽作參同契〔三二〕、五行相類〔三三〕，凡三卷，其説似〔三四〕解周易，其實假借爻象以論作丹之意，而儒者不知神仙之事，反作陰陽注之，殊失其大旨〔三五〕也。

校　釋

〔一〕太平廣記卷二「魏伯陽」條云出神仙傳，漢魏本魏伯陽與太平廣記本全同。太平廣記本、雲笈七籤卷一〇九引神仙傳「魏伯陽」條與本條文字多處有差異。

〔二〕吴人：會稽志卷一五「神仙」稱「魏伯陽，會稽上虞人」。上虞在今浙江省，也可稱吴人。

〔三〕而性好道術，不肯仕宦，閒居養性，時人莫知之：此四句漢魏本無。「時人莫知之」，雲笈七籤卷一〇九引神仙傳「魏伯陽」條作「時人莫知其所從來，謂之治民養身而已」。

〔四〕知弟子心不盡：漢魏本作「知弟子心懷未盡」。雲笈七籤卷一〇九引神仙傳「魏伯陽」條作「知兩弟子心不盡誠」。

〔五〕試：雲笈七籤卷一〇九引神仙傳「魏伯陽」條作「誠」。

〔六〕當先試之，今試飴犬：漢魏本作「然先宜與犬試之」。雲笈七籤卷一〇九引神仙傳「魏伯陽」條作「當先試之飼於白犬」。

〔七〕犬即飛者可服之：漢魏本作「若犬飛，然後人可服耳」。雲笈七籤卷一〇九引神仙傳「魏伯陽」條作「犬即能飛者，人可服之」。

〔八〕毒：雲笈七籤卷一〇九引神仙傳「魏伯陽」條無「毒」字。

〔九〕轉數未足：此指九轉鍊丹。抱朴子内篇金丹云：「其轉數少，則用日多，其藥力不足，故服之用日多，得仙遲也。其轉數多，藥力盛，故服之用日少，而得仙速也。」

〔一〇〕合和：此指合成藥也。

〔一一〕伯陽入山……服之暫死：漢魏本缺，致使下文不連貫。又太平寰宇記卷一二六淮南道四廬州「巢縣」引郡國志云，巢縣（今安徽巢湖）四鼎山，「魏伯陽以白犬試丹處」。

〔一二〕問：雲笈七籤卷一〇九引神仙傳「魏伯陽」條作「復問」。漢魏本作「謂」。

〔一三〕作丹惟恐不成，丹既成，而犬食之即死，恐未合神明之意：雲笈七籤卷一〇九引神仙傳「魏伯陽」條作「作丹恐不成，今成，而與犬食，犬又死，恐是未得神明之意」。

〔一四〕世俗：漢魏本、雲笈七籤卷一〇九引神仙傳「魏伯陽」條作「世路」，義同。

〔一五〕仙道：漢魏本缺「仙」字。

〔一六〕亦不復歸：漢魏本作「亦耻復還」。雲笈七籤卷一〇九引神仙傳「魏伯陽」條作「吾亦耻復歸」。「不」應作「耻」。

〔一七〕伯陽乃服丹，丹入口即死：漢魏本作「乃服丹，入口即死」。

〔一八〕作丹欲長生：漢魏本作「作丹以求長生」。雲笈七籤卷一〇九引神仙傳「魏伯陽」條作「所以作丹者，以求長生耳」。

〔一九〕非凡：漢魏本作「非常」。

〔二〇〕服丹而死，將無有意耶：雲笈七籤卷一〇九引神仙傳「魏伯陽」條作「服丹而死，得無有意邪」。漢魏本作「服此而死，得無意也」，脱「有」字。

〔二一〕亦乃服丹，即復死：漢魏本作「因乃取丹服之，亦死」。雲笈七籤卷一〇九引神仙傳「魏伯陽」條作「又服之，丹入口，復死」。

〔二二〕作丹：漢魏本作「得丹」。

〔二三〕若不服此：漢魏本作「若不服此藥」。

〔二四〕自可數十年在世間活也：漢魏本作「自可更得數十歲在世間也」。

〔二五〕市棺木：雲笈七籤卷一〇九引神仙傳「魏伯陽」條作「求棺木殯具」。

〔二六〕内：漢魏本作「納」。

〔二七〕將所服丹……皆仙去：雲笈七籤卷一〇九引神仙傳「魏伯陽」條作「將服丹弟子姓虞及白犬而去」。

〔二八〕因逢人入山伐木：漢魏本作「道逢入山伐木人」。雲笈七籤卷一〇九引神仙傳「魏伯陽」條作「逢入山伐薪人」。

〔二九〕作書：漢魏本、雲笈七籤卷一〇九引神仙傳「魏伯陽」條作「作手書」。

〔三〇〕鄉里：漢魏本、雲笈七籤卷一〇九引神仙傳「魏伯陽」條作「鄉里人」。

〔三一〕弟子方乃懊恨：漢魏本作「乃始懊恨」。雲笈七籤卷一〇九引神仙傳「魏伯陽」條作「弟子見書，始大懊惱」。

〔三二〕伯陽作參同契：新唐書卷五九藝文志三著録魏伯陽周易參同契二卷，舊唐書卷四七經籍志下同。

〔三三〕五行相類：雲笈七籤卷一〇九引神仙傳「魏伯陽」條、仙苑編珠卷上叔卿不臣伯陽示死引神仙傳作「五相類」。舊唐書卷四七經籍志下著録魏伯陽撰周易五相類一卷，新唐書卷五九藝文志三同。五行相類應作五相類。

〔三四〕似：漢魏本作「是」。

〔三五〕大旨：漢魏本無「大」字。雲笈七籤卷一〇九引神仙傳「魏伯陽」條作「奥旨」。

神仙傳卷三

沈　羲〔一〕

沈羲者，吴郡〔二〕人也。學道於蜀中，但能消災治病，救濟百姓，而不知服食藥物，功德感於天，天神識之。羲與妻賈氏〔三〕共載，詣子婦卓孔寧家，道次，忽逢〔四〕白鹿車一乘，青龍車一乘，白虎車一乘。從數十騎〔五〕，皆是朱衣仗節，方飾帶劍〔六〕，輝赫滿道。問羲曰：「君見沈道士乎〔七〕？」羲愕然曰：「不知何人耶？」〔八〕又曰：「沈羲〔九〕。」答曰：「是某也〔一〇〕。何爲問之？」騎吏〔一一〕曰：「羲有功於民，心不忘道，從少已來〔一二〕，履行無過，壽命〔一三〕不長，算禄〔一四〕將盡，黄老愍之〔一五〕，今遣仙官來下迎之。侍郎薄延〔一六〕者，白鹿車是也。度世君司馬生者，青龍車是也。送迎使者〔一七〕徐福者，白虎車是也。」須臾，忽有三仙人在前，羽衣持節，以白玉版青玉介丹玉字授與羲〔一八〕，羲跪受，未能讀，云：「拜羲爲碧落侍郎，主吴越生死之籍〔一九〕。」遂載羲昇天，時〔二〇〕道間鋤耘人皆共見之，不知何等〔二一〕。須臾大霧，霧解，失其所在，但見羲所乘車牛入田食苗，或有識是羲牛〔二二〕者，以語其家。弟子數百人恐是邪魅將羲藏於山谷間〔二三〕，乃分布於百里之內求之，不得。而後〔二四〕四百餘年，忽來還鄉〔二五〕，推求得其數世孫名懷喜〔二六〕。懷喜告曰：「聞先人相傳説，家祖有仙人，今仙人果歸也〔二七〕。」留數十日，羲因話〔二八〕初上天時，不得見天尊〔二九〕，但見老君〔三〇〕，東向坐，有左右勑。羲不得謝，但默〔三一〕坐而已。見宮殿鬱鬱，有如雲氣，五色玄黄〔三二〕，不可名字。侍者數百人，多女子及少男〔三三〕。庭中有珠玉之樹，蒙茸〔三四〕叢生，龍虎辟邪〔三五〕，遊戲其間。但聞琅琅有如銅鐵之聲，不知何物〔三六〕。四壁熠熠〔三七〕，有符書著之。老君形體略高一丈，披髮垂衣，頂項有光〔三八〕，須臾數髮〔三九〕，有玉女持金盤玉盃盛藥賜羲〔四〇〕，曰：「此是神丹，服之者不死矣。」妻各得一刀圭〔四一〕，告言飲畢而謝之〔四二〕。服藥後，賜棗二枚，大如雞子，脯五寸，遣羲去〔四三〕，曰：「汝還人間〔四四〕，救治百姓之疾病者〔四五〕。君欲來上天〔四六〕，書此符懸於竿杪，吾當迎汝。」乃以一符及仙方一首賜羲。羲奄忽如睡，已在地上。後人多得其方術者也〔四七〕。

校　釋

〔一〕太平廣記卷五「沈羲」條云出神仙傳，内容與本條基本同，而文字多異。漢魏本沈羲與太平廣記本基本同。雲笈七籤卷一〇九引神仙傳「沈羲」條，文字又有不同。

〔二〕吳郡：今江苏苏州。北堂書鈔卷一三三案「金案」條注引神仙傳、太平御覽卷七一〇案引神仙傳作「吳興」。其餘各本引文均作「吳郡」。

〔三〕賈氏：漢魏本無「氏」字。

〔四〕道次，忽逢：漢魏本、雲笈七籤卷一〇九引神仙傳「沈羲」條作「還逢」。

〔五〕從數十騎：漢魏本作「從者皆數十騎」。雲笈七籤卷一〇九引神仙傳「沈羲」條作「從騎數十人」。

〔六〕朱衣仗節，方飾帶劍：漢魏本、雲笈七籤卷一〇九引神仙傳「沈羲」條作「皆朱衣仗矛帶劍」。

〔七〕君見沈道士乎：漢魏本作「君是沈羲否」。雲笈七籤卷一〇九引神仙傳「沈羲」條作「君是道士沈羲否」。

〔八〕羲愕然曰「不知何人耶」：漢魏本、雲笈七籤卷一〇九引神仙傳「沈羲」條作「羲愕然不知何等」。

〔九〕又曰：「沈羲」：漢魏本、雲笈七籤卷一〇九引神仙傳「沈羲」條無此句。

〔一〇〕是某也：漢魏本、雲笈七籤卷一〇九引神仙傳「沈羲」條無「某」字。

〔一一〕吏：漢魏本作「人」。雲笈七籤卷一〇九引神仙傳「沈羲」條無此字。

〔一二〕從少已來：漢魏本作「自少小已來」。雲笈七籤卷一〇九引神仙傳「沈羲」條作「從生以來」。

〔一三〕壽命：雲笈七籤卷一〇九引神仙傳「沈羲」條作「受命」，誤。

〔一四〕算禄：漢魏本作「年壽」。雲笈七籤卷一〇九引神仙傳「沈羲」條作「壽」，義同。

〔一五〕黄老愍之：漢魏本、雲笈七籤卷一〇九引神仙傳「沈羲」條無「愍之」二字。

〔一六〕薄延：漢魏本、雲笈七籤卷一〇九引神仙傳「沈羲」條及其他引文多作「薄延之」。

〔一七〕送迎使者：雲笈七籤卷一〇九引神仙傳「沈羲」條同。漢魏本作「迎使者」，無「送」字。

〔一八〕忽有三仙人在前，羽衣持節，以白玉版青玉介丹玉字授與羲：「忽有三仙人在前」，漢魏本、雲笈七籤卷一〇九引神仙傳「沈羲」條作「有三仙人」。「玉版」，漢魏本作「玉簡」，真仙通鑑卷四沈羲作「玉册」。「玉介」，雲笈七籤卷一〇九引神仙傳「沈羲」條作「玉界」。吴郡志卷四〇仙事引神仙傳作「有三仙人羽衣持節，以白玊簡、青玉册、丹玉字授羲」。玊簡、玉册、玉字，古代常用以形容神書。疑「介」、「界」乃「册」字之訛。

〔一九〕羲跪受……主吴越生死之籍：漢魏本、雲笈七籤卷一〇九引神仙傳「沈羲」條無。

〔二〇〕時：漢魏本作「昇天之時」。雲笈七籤卷一〇九引神仙傳「沈羲」條作「爾時」。

〔二一〕太平寰宇記卷九四江南東道六湖州「武康縣」記沈羲昇天之地云：「仙人渚，在縣西四十里，昔沈羲得道之所。見神仙傳。」武康在今浙江余杭。

〔二二〕牛：漢魏本、雲笈七籤卷一〇九引神仙傳「沈羲」條作「車牛」，四庫本無「車」字。

〔二三〕弟子數百人恐是邪魅將羲藏於山谷間：漢魏本作「弟子恐是邪鬼將羲藏山谷間」。雲笈七籤卷一〇九引神仙傳「沈羲」條作「弟子數百人恐是邪魅將羲入山谷間」。

〔二四〕而後：雲笈七籤卷一〇九引神仙傳「沈羲」條作「後」。漢魏本無此二字。

〔二五〕忽來還鄉：漢魏本作「忽還鄉里」。雲笈七籤卷一〇九引神仙傳「沈羲」條作「求還鄉里」。

〔二六〕推求得其數世孫名懷喜：雲笈七籤卷一〇九引神仙傳「沈羲」條作「推求得數十世孫名懷」，無「喜」字。

〔二七〕懷喜告曰……今仙人果歸也：漢魏本作「聞先人說，家有仙人仙去，久不歸也」。雲笈七籤卷一〇九引神仙傳「沈羲」條作「聞先人相傳，有祖仙人，仙人今來」。

〔二八〕羲因話：漢魏本、雲笈七籤卷一〇九引神仙傳「沈羲」條作「說」。

〔二九〕不得見天尊：漢魏本作「云不得見帝」。雲笈七籤卷一〇九引神仙傳「沈羲」條作「云不見天帝」。天尊指元始天尊，道家最高之神，初學記卷二三道釋部引太玄真一本際經曰：「無宗無上，而獨能爲萬物之始，故名元始；運道一切，爲極尊而常處三清，出諸天上，故稱天尊。」

〔三〇〕老君：指太上老君。雲笈七籤卷一〇二混元皇帝聖紀云：「太上老君者，混元皇帝也。乃生於無始，起於無因，爲萬道之先，元氣之祖也。」

〔三一〕默：雲笈七籤卷一〇九引神仙傳「沈羲」條作「嘿」。

〔三二〕玄黄：天色爲玄，地色爲黄。說郛卷六六引中荒經云：「西方有宫，白石爲牆，五色玄黄，門有金牓而銀鏤。」

〔三三〕多女子及少男：漢魏本、雲笈七籤卷一〇九引神仙傳「沈羲」條作「多女少男」。

〔三四〕蒙茸：言草木茂盛。漢魏本、雲笈七籤卷一〇九引神仙傳「沈羲」條作「衆芝」。

〔三五〕辟邪：獸名。漢書卷九六上西域傳上稱，烏弋地有桃拔、師子、犀牛。孟康注曰：「桃拔一名符拔，似鹿，長尾，一角者或爲天鹿，兩角者或爲辟邪。」漢魏本作「成群」。

〔三六〕不知何物：雲笈七籤卷一〇九引神仙傳「沈羲」條作「不可知測」。

〔三七〕熠熠：形容光彩。雲笈七籤卷一〇九引神仙傳「沈羲」條作「習習」，其義不同，似應從四庫本。

〔三八〕老君形體……頂項有光：漢魏本作「老君身形略長一丈，被髮文衣，身體有光耀」。雲笈七籤卷一〇九引神仙傳「沈羲」條作「老君身形長一丈，被髮文衣，身體有光」。

〔三九〕數髮：漢魏本無此二字。雲笈七籤卷一〇九引神仙傳「沈羲」條作「數變」，「髮」形近「變」而誤。

〔四〇〕有玉女持金盤玉盃盛藥賜羲：雲笈七籤卷一〇九引神仙傳「沈羲」條作「玉女持金案玉杯盛藥賜羲」。漢魏本作「數玉女持金按玉杯來賜羲」，敦煌文书（伯二五二四）類書殘卷語對引神仙傳「沈羲」條作「與金案玉盤賜羲」，而實是賜藥，缺「盛藥」二字。

〔四一〕妻各得一刀圭：漢魏本作「夫妻各一杯，壽萬歲」。雲笈七籤卷一〇九引神仙傳「沈羲」條作「夫妻各得一刀圭」，四庫本無「夫」字。刀圭原爲藥量名稱，十分方寸匕之一，準如梧桐子大，此处指仙藥量。

〔四二〕告言飲畢而謝之：漢魏本作「乃告言飲服畢，拜而勿謝」。雲笈七籤卷一〇九引神仙傳「沈羲」

條作「告言飲畢，拜而不謝」。四庫本無「拜」、「不」二字。

〔四三〕脯五寸，遺羲去：漢魏本作「脯五寸遺羲」。

〔四四〕汝還人間：漢魏本作「暫還人間」。雲笈七籤卷一〇九引神仙傳「沈羲」條作「汝還民間」。

〔四五〕救治百姓之疾病者：漢魏本作「治百姓疾病」。

〔四六〕君欲來上天：漢魏本作「如欲上來」。雲笈七籤卷一〇九引神仙傳「沈羲」條作「若欲來上界」。

〔四七〕後人多得其方術者也：漢魏本作「多得其符驗也」，無「後人」二字，語義不完整。雲笈七籤卷一〇九引神仙傳「沈羲」條作「今多得符者矣」。

陳安世[一]

陳安世者，京兆[二]人也，爲灌叔平[三]客[四]。稟性慈仁，行見鳥獸[五]，下道避之[六]，不欲驚動[七]，不踐生蟲，未嘗殺物。年三十[八]，而叔平好道思神，忽有二仙人託爲書生，從叔平行遊[九]，以觀試之，叔平不覺其是仙人也。久而轉懈怠[一〇]，叔平在內方作美食，二仙人復來，詣門問安世曰：「叔平在否？」答曰：「在。」因入白叔平，叔平即欲出，其妻止之[一一]，曰：「餓書生輩，復欲求腹飽耳，勿與食[一二]。」於是叔平使安世出，告言[一三]不在。二人曰：「汝向言在，今言不在[一四]，何也[一五]？」「大家勑我去耳[一六]。」二人益善之以實對[一七]，乃相謂曰：「叔平勤苦有年[一八]，今日值吾二人而反懈怠[一九]，是其不遇我[二〇]，幾成而敗之。」乃問安世曰：「汝好遨戲[二一]耶？」答曰：「不好也。」又曰：「汝好道希仙[二二]耶？」答曰：「好道，然無緣知耳[二三]。」二人曰：「汝審好道，明日早會道北大樹下。」安世早往期處[二四]，到日西而不見二人[二五]，乃起將去，曰：「書生定欺我耳[二六]。」二人已在其耳邊[二七]，呼之曰：「安世，汝來何晚耶？」答曰：「早旦[二八]來，但不見君耳。」二人曰：「我端坐在汝邊耳。」頻三期之[二九]，而安世輒早至，知其可教，乃以藥兩丸與之，誡曰：「汝歸家[三〇]，勿復飲食，別止一處。」安世依誡[三一]，二人常往[三二]其處。叔平怪之，曰：「安世處空室，何得有人語？」往輒不見，何也〔三三〕？」答曰：「我獨語耳。」叔平見安世不服食〔三四〕，但飲水，止息別位，疑非常人，自知失賢，乃歎曰：「夫道尊德貴，不在年齒，父母生我，然非師則莫能使我長生也，先聞道者則爲師矣。」乃自執〔三五〕弟子之禮，朝夕拜事安世〔三六〕，爲之洒掃。安世道成，白日昇天，臨去，遂以要道〔三七〕傳叔平，叔平後亦得仙也〔三八〕。

校釋

〔一〕太平廣記卷五「陳安世」條與本條基本同。漢魏本與太平廣記本全同。

〔二〕京兆：今陝西西安。

〔三〕灌叔平：漢魏本作「權叔本」。應如太平御覽卷六六二天仙引神仙傳作「灌叔本」。元和姓纂卷九「灌」亦云「神仙傳灌叔本」。「平」爲「本」之訛。下文同樣誤字不再校。

〔四〕客：漢魏本作「傭賃」，其義同。

〔五〕鳥獸：漢魏本作「禽獸」。

〔六〕下道避之：漢魏本作「常下道避之」。

〔七〕不欲驚動：漢魏本作「不欲驚之」。

〔八〕年三十：漢魏本作「年十三四」。仙苑編珠卷上沈羲三車安世二十引神仙傳作「年十三」。抱朴子内篇勤求云：「陳安世者，年十三歲，蓋灌叔本之客子耳。」「年三十」應作「年十三」。

〔九〕行遊：漢魏本無「行」字。
〔一〇〕久而轉懈怠：漢魏本作「久而意轉怠」。
〔一一〕其妻止之：漢魏本作「其婦引還而止」。
〔一二〕勿與食：漢魏本無此三字。
〔一三〕告言：漢魏本作「答言」。
〔一四〕汝向言在，今言不在：漢魏本作「前者云在，旋言不在」。
〔一五〕何也：此句後漢魏本有「答曰」二字，四庫本脱漏，致下文答言失依據。
〔一六〕大家勑我去耳：漢魏本作「大家君教我云耳」。「大家」乃古代下人對主人之尊稱。「去」形近「云」而訛。
〔一七〕二人益善之以實對：漢魏本作「二人善其誠實」。
〔一八〕乃相謂曰叔平勤苦有年：漢魏本作「乃謂叔本勤苦有年」。
〔一九〕今日值吾二人而反懈怠：漢魏本作「今適值我二人而乃懈怠」。
〔二〇〕是其不遇我：漢魏本作「是其不遇」。
〔二一〕遨戲：漢魏本作「遊戲」。
〔二二〕好道希仙：漢魏本無「希仙」二字。
〔二三〕好道，然無緣知耳：漢魏本作「好，而無由知之」。

〔二四〕安世早往期處：漢魏本作「安世承言早往期處」。太平御覽卷六六二天仙引神仙傳作「安世承言早往」。

〔二五〕二人：漢魏本作「一人」，下文説的是二人。

〔二六〕書生定欺我耳：太平御覽卷六六二天仙引神仙傳作「書生詐我哉」。

〔二七〕耳邊：漢魏本作「側」。

〔二八〕早旦：漢魏本無「旦」字。

〔二九〕頻三期之：其意不明。太平御覽卷六六二天仙引神仙傳作「三期」，恐是。「三期」謂三次約會也。

〔三〇〕歸家：漢魏本無「家」字。

〔三一〕依誡：漢魏本作「承誡」。

〔三二〕常往：漢魏本作「常來往」。

〔三三〕往輒不見何也：漢魏本作「往輒不見」，而下文又有「叔本曰：『向聞多人語聲，今不見一人，何也？』」

〔三四〕不服食：漢魏本作「不復食」。上文稱仙人囑安世勿復飲食，此處應作「復食」。

〔三五〕自執：漢魏本無「自」字。

〔三六〕朝夕拜事安世：漢魏本作「朝夕拜事之」。可參抱朴子内篇勤求，云：「叔本年七十皓首，朝夕拜安世，曰：『道尊德貴，先得道者則爲師矣，吾不敢倦執弟子之禮也。』由是安世告之要方，遂復仙去矣。」

〔三七〕要道：漢魏本作「要道術」。

〔三八〕叔平後亦得仙也：漢魏本作「叔本後亦仙去矣」。

李八伯〔一〕

李八伯〔二〕者，蜀人也。莫知其名〔三〕，歷世見之，時人計之已年八百歲，因以號之。或隱山林，或在鄽市〔四〕。知漢中唐公昉〔五〕求道〔六〕而不遇明師，欲教以至道〔七〕，乃先往試之，爲作傭客〔八〕，公昉不知也〔九〕。八伯驅使用意，過於他人〔一〇〕，公昉甚愛待之〔一一〕。後八伯乃僞作病〔一二〕，危困欲死〔一三〕，公昉爲迎醫合藥，費數十萬〔一四〕，不以爲損，憂念之意，形於顏色。八伯又轉作惡瘡，周身匝體〔一五〕，膿血臭惡〔一六〕，不可近視，人皆不忍近之〔一七〕。公昉爲之流涕，曰：「卿爲吾家〔一八〕勤苦累年而得篤病〔一九〕，吾趣欲令卿得愈〔二〇〕，無所悋〔二一〕惜，而猶不愈〔二二〕，當如卿何〔二三〕！」八伯曰：「吾瘡可愈〔二四〕，然須得人舐之〔二五〕。」公昉乃使三婢〔二六〕爲舐之，八伯曰〔二七〕：「婢舐之不能使愈，若得君舐之乃當愈耳〔二八〕。」公昉即爲舐之。八伯又言：「君舐之復不能使吾愈，得君婦爲舐之當愈也。」〔二九〕公昉乃使婦舐之〔三〇〕。八伯曰：「瘡乃欲差，然須得三十斛美酒以浴之，乃都愈耳。」〔三一〕公昉即爲具酒三十斛著大器中〔三二〕，八伯乃起入酒中洗浴，瘡則盡愈〔三三〕，體如凝脂，亦無餘痕，乃告公昉曰：「吾是仙人，君有至心〔三四〕，故來相試〔三五〕，子定可教〔三六〕。今當相授度世之訣矣。」乃使公昉夫妻及舐瘡三婢以浴餘酒自洗〔三七〕，即皆更少，顏色悦美。以丹經一卷授公昉，公昉入雲臺山〔三八〕中合丹〔三九〕，丹成便登仙去〔四〇〕。今拔宅之處在漢中也〔四一〕。

校釋

〔一〕太平廣記卷七「李八百」條與本條基本同。漢魏本李八百全同於太平廣記本。雲笈七籤卷一〇九引神仙傳「李八百」條文字與兩本略有差異。

〔二〕李八伯：漢魏本作「李八百」，各本引文同。下文説「計之已年八百歲，因以號之」，「伯」可通「百」。

〔三〕莫知其名：太平廣記卷六一「李真多」條稱：「（李）脱居蜀金堂山龍橋峰下修道，蜀人歷代見之，約其往來八百餘年，因號曰『李八百』焉。」有以爲李八百名脱。按晉書卷五八周札傳云：「時有道士李脱者，妖術惑衆，自言八百歲，故號李八百。」是晉人李脱假名李八百而已，其後稱「李八百」的道士屢見。

〔四〕或在鄽市：漢魏本作「或出市廛」。

〔五〕唐公昉：「昉」，雲笈七籤卷一〇九引神仙傳條作「房」。宋洪适隸釋卷三仙人唐公房碑稱：「君字公房，成固（在今陝西）人。」釋云：「公房爲王莽時人，東漢漢中太守郭芝爲之立碑於興元。又云：『蓋隸法，『房』字其『户』在側，故人多不曉，或作『防』或作『昉』，皆誤也。」華陽國志卷二漢中志記褒中縣（今陝西漢中褒城）有唐公房祠。又太平寰宇記卷一三八山南西道六洋州「西鄉縣」引神仙傳云：「唐公房昔事李八百，公房患無酒，八百因以杖指崖，酒泉湧出，故後人敬之立祠，甚靈，號曰唐公房。」今本神仙傳不記此事，而「公房」之名乃當時人所常用。

〔六〕求道：漢魏本作「有志」。

〔七〕教以至道：漢魏本、雲笈七籤卷一〇九引神仙傳「李八百」條作「教授之」。

〔八〕爲作傭客：漢魏本作「爲作客傭賃者」。

〔九〕不知也：雲笈七籤卷一〇九引神仙傳「李八百」條作「不知仙人也」。

〔一〇〕過於他人：漢魏本作「異於他客」。

〔一一〕公昉甚愛待之：漢魏本作「公昉愛異之」。雲笈七籤卷一〇九引神仙傳「李八百」條作「公房甚愛之」。

〔一二〕後八伯乃僞作病：漢魏本作「八百乃僞病」。雲笈七籤卷一〇九引神仙傳「李八百」條作「八百詐爲病」。

〔一三〕危困欲死：漢魏本作「困當欲死」。雲笈七籤卷一〇九引神仙傳「李八百」條作「困劣欲卒」。

〔一四〕數十萬：漢魏本、雲笈七籤卷一〇九引神仙傳「李八百」條作「數十萬錢」。

〔一五〕周身匝體：漢魏本、雲笈七籤卷一〇九引神仙傳「李八百」條作「周遍身體」。

〔一六〕膿血臭惡：雲笈七籤卷一〇九引神仙傳「李八百」條作「潰爛臭濁」。

〔一七〕不可近視，人皆不忍近之：漢魏本作「不可忍近」。雲笈七籤卷一〇九引神仙傳「李八百」條作

「不可近也」。

〔一八〕吾家：漢魏本作「吾家使者」。

〔一九〕而得篤病：漢魏本作「常得篤疾」。

〔二〇〕吾趣欲令卿得愈：漢魏本作「吾取醫欲令卿愈」。雲笈七籤卷一〇九引神仙傳「李八百」條作「吾甚要汝得愈」。趣，急欲之意。

〔二一〕悋：同「吝」。

〔二二〕而猶不愈：雲笈七籤卷一〇九引神仙傳「李八百」條作「而今正爾」。

〔二三〕當如卿何：雲笈七籤卷一〇九引神仙傳「李八百」條作「當奈汝何」。

〔二四〕可愈：漢魏本作「不愈」。

〔二五〕然須得人舐之：漢魏本作「須人舐之當可」。

〔二六〕三婢：漢魏本重複「三婢」二字。

〔二七〕八伯曰：漢魏本、雲笈七籤卷一〇九引神仙傳「李八百」條作「八百又曰」。

〔二八〕婢舐之不能使愈，若得君舐之乃當愈耳：漢魏本作「婢舐不愈，若得君爲舐之，即當愈耳」。雲笈七籤卷一〇九引神仙傳「李八百」條作「婢舐不能使疾愈，若得君舐，應愈耳」。

〔二九〕公昉即爲舐之。八伯又言「君舐之復不能使吾愈，得君婦爲舐之當愈也」：漢魏本作「公昉即舐，復言無益，欲公昉婦舐之最佳」。雲笈七籤卷一〇九引神仙傳「李八百」條「婦」作「妻」，

「當愈耳」作「當差」。

〔三〇〕公昉乃使婦舐之　漢魏本作「又復令婦舐之」。雲笈七籤卷一〇九引神仙傳「李八百」條「婦」作「妻」。

〔三一〕八伯曰「瘡乃欲差，然須得三十斛美酒以浴之，乃都愈耳」　漢魏本作「八百又告曰：『吾瘡乃欲差，當得三十斛美酒浴身，當愈。』」雲笈七籤卷一〇九引神仙傳「李八百」條作「八百曰：『吾瘡已差，欲得三十斛旨酒以沐浴，乃當都愈耳』」。

〔三二〕即爲具酒三十斛著大器中：漢魏本作「即爲酒具著大器中」。三洞群仙録卷一三公房舐瘡張蒼吮乳引神仙傳云「公房乃为具酒浴」。具酒，供酒也。

〔三三〕瘡則盡愈：漢魏本、雲笈七籤卷一〇九引神仙傳「李八百」條作「瘡即愈」。

〔三四〕君有至心：漢魏本作「子有志」。雲笈七籤卷一〇九引神仙傳「李八百」條作「子有志心」。至心，志心，誠心也。

〔三五〕故來相試：漢魏本作「故此相試」。

〔三六〕子定可教：漢魏本作「子真可教也」。

〔三七〕以浴餘酒自洗：漢魏本作「以其浴酒自浴」。雲笈七籤卷一〇九引神仙傳「李八百」條作「以其浴餘酒澡洗」。

〔三八〕雲臺山：在今四川蒼溪。雲笈七籤卷二八二十八治「第一雲臺山治」稱：「（雲臺山）在巴西郡閬州蒼溪縣東二十里。」

〔三九〕合丹：漢魏本作「作藥」。雲笈七籤卷一〇九引神仙傳「李八百」條作「合作丹」。

〔四〇〕丹成便登仙去：漢魏本作「藥成服之仙去」。雲笈七籤卷一〇九引神仙傳「李八百」條作「丹成乃服之仙去也」。

〔四一〕今拔宅之處在漢中也：漢魏本、雲笈七籤卷一〇九引神仙傳「李八百」條均無。相傳唐公房妻飲藥昇仙，還求欲得家俱去，乃以藥塗屋柱，飲牛馬六畜。須臾，有大風玄雲來迎公房，妻子屋宅六畜翛然與之俱去（參隸釋卷三仙人唐公房碑及南朝宋劉敬叔撰異苑卷三「唐鼠」條）。宋董逌撰廣川書跋卷五君子公昉碑云：「（葛洪神仙傳）不聞其（指唐公房）與六畜俱逝，然碑立於漢，而洪爲書在後，洪不取此，知其謬也。」其所見之神仙傳本無此句。李八百傳通篇皆神奇事迹，而葛洪不取屋宅六畜昇天之事，可知此句乃後人所添加。

李　阿〔一〕

李阿〔二〕者，蜀人也。蜀人〔三〕傳世見之，不老如故〔四〕。常乞〔五〕於成都市，而所得隨復以拯貧窮者〔六〕，夜去朝還，市人莫知其所宿也〔七〕。或問往事〔八〕，阿無所言，但占阿顏色。若顏色欣然，則事皆吉。若容貌慘戚，則事皆凶。若阿含笑者，則有大慶，微歎者，則有深憂。如此之候〔九〕，未曾不審也〔一〇〕。有古强者，疑阿是異人，常親事之，試隨阿還所宿，乃在〔一一〕青城山〔一二〕中。强後復欲隨阿去，然身未知道〔一三〕，恐有虎狼，故持其父長刀以自衛〔一四〕。阿見之，怒〔一五〕曰：「汝隨我行，何畏虎耶〔一六〕？」取强刀擊石，折敗〔一七〕，强竊憂刀敗〔一八〕，至旦，復出隨之〔一九〕。阿問曰〔二〇〕：「汝愁刀敗耶？」强言實恐父怒〔二一〕，阿即取刀，以左右手擊地〔二二〕，刀復如故以還强〔二三〕。强逐〔二四〕阿還成都，未至，道次逢奔車〔二五〕，阿以脚置車下，轢其脚，脛皆折〔二六〕，阿即死。强驚視之〔二七〕，須臾，阿起，以手抑按〔二八〕，脚復如故〔二九〕。强年〔三〇〕十八，見阿色如五十許人〔三一〕，至强年八十餘，而阿猶如故〔三二〕。後語人云〔三三〕「被崑崙山召〔三四〕，當去」，遂不復還耳。

校釋

〔一〕太平廣記卷七「李阿」條與本條基本同。漢魏本李阿與太平廣記本全同。雲笈七籤卷一〇九引神仙傳「李阿」條内容較簡略。

〔二〕李阿：抱朴子内篇道意稱：「或問李氏之道起於何時，余答曰：『吴大帝時，蜀中有李阿者，穴居不食，傳世見之，號爲八百歲公。……後有一人姓李名寬，到吴而蜀語，能祝水治病頗愈，於是遠近翕然，謂寬爲李阿，因共呼之爲李八百，而實非也。……』」可知李阿乃三國時人。魏晉之時，李家道以李八百爲號召，冒稱李八百者不止一人。

〔三〕蜀人：漢魏本、雲笈七籤卷一〇九引神仙傳「李阿」條均無，此二字似重出。

〔四〕不老如故：漢魏本無「如故」二字。

〔五〕乞：雲笈七籤卷一〇九引神仙傳「李阿」條作「乞食」。

〔六〕而所得隨復以拯貧窮者：漢魏本作「所得復散賜與貧窮者」。雲笈七籤卷一〇九引神仙傳「李阿」條作「所得隨多少與貧窮者」。

〔七〕市人莫知其所宿也：漢魏本作「市人莫知所止」。

〔八〕或問往事：漢魏本作「或往問事」。太平御覽卷六六六道士引抱朴子作「人往問事」（今本抱朴子内篇道意作「人往往問事」，重一「往」字）。四庫本「問」、「往」兩字倒置。此句以下至「未曾不審也」，雲笈七籤卷一〇九引神仙傳「李阿」條缺。

〔九〕之候：抱朴子内篇道意同。漢魏本作「候之」。

〔一〇〕未曾不審也：抱朴子内篇道意作「未曾一失也」。

〔一一〕乃在：「在」，雲笈七籤卷一〇九引神仙傳「李阿」條作「去」。太平御覽卷三四五刀上引神仙傳作「隨阿入青城山」。「去」、「入」義同，「在」是「去」之誤。

〔一二〕青城山：在今四川都江堰西南。

〔一三〕然身未知道：雲笈七籤卷一〇九引神仙傳「李阿」條作「然未知道」，未曾得道也。

〔一四〕故持其父長刀以自衛：漢魏本、雲笈七籤卷一〇九引神仙傳「李阿」條作「私持其父大刀」。

〔一五〕阿見之，怒：漢魏本、雲笈七籤卷一〇九引神仙傳「李阿」條作「阿見而怒强」。

〔一六〕何畏虎耶：漢魏本、雲笈七籤卷一〇九引神仙傳「李阿」條作「那畏虎也」。

〔一七〕折敗：漢魏本作「折壞」。

〔一八〕强竊憂刀敗：太平御覽卷三四五刀上引神仙傳同。漢魏本、北堂書鈔卷一二三刀「取刀擊石」條注引神仙傳作「强憂刀敗」。雲笈七籤卷一〇九引神仙傳「李阿」條作「强竊憂刀折」。

〔一九〕至旦，復出隨之：漢魏本作「至旦隨出」。雲笈七籤卷一〇九引神仙傳「李阿」條作「至旦復出」。

〔二〇〕阿問曰：漢魏本、雲笈七籤卷一〇九引神仙傳「李阿」條作「阿問强曰」。

〔二一〕强言實恐父怒：漢魏本作「强言實恐父怪怒」。雲笈七籤卷一〇九引神仙傳「李阿」條作「曰實愁父怒」。

〔二二〕阿即取刀，以左右手擊地：漢魏本作「阿則取刀，左手擊地」。雲笈七籤卷一〇九引神仙傳「李阿」條作「阿即取刀，以左右擊地」。皆不甚明，應如北堂書鈔卷一二三刀「取刀擊石」條注引神仙傳、太平御覽卷三四五刀上引神仙傳作「阿復取刀，左右擊地」。

〔二三〕以還強：漢魏本無此三字。太平御覽卷三四五刀上引神仙傳作「還強也」。

〔二四〕逐：雲笈七籤卷一〇九引神仙傳條同。漢魏本作「隨」，義同。

〔二五〕道次逢奔車：漢魏本、雲笈七籤卷一〇九引神仙傳「李阿」條作「道逢人奔車」。

〔二六〕轢其脚，脛皆折：漢魏本作「轢脚皆折」。雲笈七籤卷一〇九引神仙傳「李阿」條作「轢其骨，皆折」。

〔二七〕強驚視之：漢魏本作「強怖守視之」。雲笈七籤卷一〇九引神仙傳「李阿」條作「強守視之」。

〔二八〕以手抑按：漢魏本作「以手撫脚」。雲笈七籤卷一〇九引神仙傳「李阿」條作「以手抑脚」，語意更明白。

〔二九〕脚復如故：漢魏本、雲笈七籤卷一〇九引神仙傳「李阿」條作「而復如常」。

〔三〇〕強年：雲笈七籤卷一〇九引神仙傳條作「強時年」。

〔三一〕見阿色如五十許人：漢魏本作「見阿年五十許」。雲笈七籤卷一〇九引神仙傳「李阿」條作「見阿如五十許人」。

〔三二〕而阿猶如故：漢魏本作「而阿猶然不異」。

〔三三〕後語人云：漢魏本無「云」字。雲笈七籤卷一○九引神仙傳「李阿」條無「後」字。

〔三四〕被崑崙山召：雲笈七籤卷一○九引神仙傳「李阿」條作「被崑崙召」。仙苑編珠卷上八百歷代李阿丐市引神仙傳作「崑崙召吾」。崑崙山，見「沈文泰」條注。

王遠〔一〕

王遠，字方平，東海〔二〕人也。舉孝廉〔三〕，除郎中〔四〕，稍加至中散大夫〔五〕。博學五經〔六〕，尤明〔七〕天文圖讖〔八〕、河洛〔九〕之要，逆知天下盛衰之期，九州吉凶〔一〇〕，觀諸掌握〔一一〕。後棄官入山修道，道成，漢孝桓帝〔一二〕聞之，連徵不出，使郡牧〔一三〕逼載以詣京師。遠低頭閉口，不肯答詔，乃題宫門扇板〔一四〕四百餘字，皆説方來之事〔一五〕。帝惡之，使人削之〔一六〕，外字始去，内字復見，字墨皆徹入板裏〔一七〕。

方平無復，子孫〔一八〕鄉里人累世相傳共事之〔一九〕。同郡故太尉公〔二〇〕陳耽爲方平架〔二一〕道室，旦夕朝拜之，但乞福消災〔二二〕，不從學道〔二三〕。方平在耽家四十〔二四〕餘年，耽家無疾病死喪，奴婢皆然〔二五〕，六畜繁息，田蠶萬倍〔二六〕，仕宦高遷〔二七〕。後語耽云〔二八〕：「吾期運將盡〔二九〕，當去，不得復停〔三〇〕，明日日中當發也。」至時，方平死，耽知其化去〔三一〕，不敢下著地，但悲涕歎息，曰：「先生捨我去耶？我將何如〔三二〕！」具棺器燒香，就床上〔三三〕衣裝之，至三日三夜〔三四〕，忽失其尸〔三五〕，衣帶〔三六〕不解，如蛇蜕耳。方平去〔三七〕後百餘日，耽亦死〔三八〕。或謂耽得方平之道化去，或謂方平〔三九〕知耽將終，委之而去也。

其後〔四〇〕方平欲東之括蒼山〔四一〕，過吴〔四二〕往胥門蔡經家〔四三〕。經者，小民也，骨相當仙，方平知之，故住其家。遂語經曰：「汝生命應得度世〔四四〕，故欲取汝以補仙官〔四五〕。然汝〔四六〕少不知道，今氣〔四七〕少肉多，不得上昇〔四八〕，當爲尸解〔四九〕耳。尸解一劇〔五〇〕，須臾〔五一〕如從狗竇中過耳。」告以要言，乃委經去。後經忽身體發熱如火，欲得水〔五二〕灌，舉家汲水以灌之，如沃燋石〔五三〕，似此三日中〔五四〕，消耗骨立〔五五〕，乃入室，以被自覆，忽然失其所在〔五六〕，視其被中，惟有皮頭足具〔五七〕，如今蟬蛻也〔五八〕。去十餘年，忽然還家，去時已老〔五九〕，還更少壯〔六〇〕，頭髮還黑〔六一〕。語其家〔六二〕云：「七月七日王君當來過，到其日〔六三〕，可多作數百斛〔六四〕飲食〔六五〕以供從官。」乃去〔六六〕。

到期日，其家假借盆甕〔六七〕，作飲食數百斛〔六八〕，羅列覆置庭中〔六九〕。其日〔七〇〕，方平果來，未至經家〔七一〕，則聞〔七二〕金鼓簫管人馬之聲，比近皆驚，不知何所在〔七三〕。及至經家〔七四〕，舉家皆見，方平著遠遊冠〔七五〕，朱服，虎頭鞶囊〔七六〕，五色綬〔七七〕，帶劍，少鬚黃色〔七八〕，長短中形人也〔七九〕。乘羽車〔八〇〕，駕五龍，龍各異色，麾節幡旗，前後導從〔八一〕，威儀奕奕〔八二〕，如大將軍也〔八三〕。有十二玉壺，皆以臘蜜封其口〔八四〕。鼓吹皆乘麟〔八五〕，從天上下懸集〔八六〕，不從道行也〔八七〕。既至，從官皆隱〔八八〕，不知所在，惟見〔八九〕方平坐耳〔九〇〕。須臾，引見經父母兄弟〔九一〕。因遣人召〔九二〕麻姑相問〔九三〕，亦莫知麻姑是何神〔九四〕也。言〔九五〕：「王方平敬報，久不在〔九六〕民間，今集在此〔九七〕，想姑能暫來語否？」有頃〔九八〕，信還，但聞其語，不見所使人也〔九九〕。答言〔一〇〇〕：

「麻姑再拜〔一〇一〕，比〔一〇二〕不相見，忽已五百餘年，尊卑有序，脩敬〔一〇三〕無階〔一〇四〕，思念〔一〇五〕。煩信承來〔一〇六〕，在彼，登當傾倒，而先被記〔一〇七〕，當案行蓬萊〔一〇八〕，今便暫往，如是當還。還便親覲，願未即去。」如此兩時間〔一〇九〕，麻姑來，來時亦先聞人馬之聲〔一一〇〕，既至，從官當〔一一一〕半於方平也。

麻姑至，蔡經亦舉家見之，是好女子，年十八九許〔一一二〕，於頂中〔一一三〕作髻，餘髮散垂至腰。其衣有文章〔一一四〕而非〔一一五〕錦綺，光彩耀日〔一一六〕，不可名字〔一一七〕，皆世所無有〔一一八〕也。入拜方平，方平爲之起立。坐定，召進〔一一九〕行厨〔一二〇〕，皆金玉盃盤〔一二一〕，無限也。餚膳多是諸花菓〔一二二〕，而香氣達於內外。擘脯而行之〔一二三〕，如松柏炙〔一二四〕，云是麟脯也〔一二五〕。麻姑自說：「接待〔一二六〕以來，已見東海三爲桑田。向到蓬萊，水又淺於往昔〔一二七〕，會時略半也，豈將復還爲陵陸乎〔一二八〕？」方平笑〔一二九〕曰：「聖人皆言，海中行復〔一三〇〕揚塵也。」

麻姑欲見蔡經母及婦姪〔一三一〕，時經弟婦新產數十日〔一三二〕，麻姑望見，乃知之〔一三三〕，曰：「噫！且止勿前。」即求少許米〔一三四〕，至得米，便以擲地〔一三五〕，謂以米祛其穢也，視米皆成真珠〔一三六〕。方平笑曰：「姑故少年也〔一三七〕，吾老矣，不喜復作此曹輩〔一三八〕狡獪〔一三九〕變化也。」方平語經家人曰：「吾欲賜汝輩酒〔一四〇〕，此酒乃出天厨〔一四一〕，其味醇醲〔一四二〕，非俗人〔一四三〕所宜飲，飲之或能爛腸〔一四四〕。今當以水和之〔一四五〕，汝輩勿怪也。」乃以一升酒，合水一斗〔一四六〕攪之，以賜經家人，人飲一升許，皆醉。良久酒盡。方平語〔一四七〕左右曰：「不足復還取也。」以千錢〔一四八〕與餘杭姥〔一四九〕，相聞求其酤酒〔一五〇〕。須臾信還，得一油囊酒，五斗許，信〔一五一〕傳餘杭姥答言：「恐地上酒不中尊者飲耳〔一五二〕。」

又麻姑手爪不如人爪，形皆似鳥爪〔一五三〕，蔡經中心私言〔一五四〕：「若背大癢時〔一五五〕，得此爪以爬背，當佳也。」方平已知經心中所言，即使人牽經鞭之，曰：「麻姑神人也，汝何忽謂〔一五六〕其爪可以爬背耶！」便見鞭著經背，亦不見有人持鞭者。方平告經曰：「吾鞭不可妄得也。」

經比舍有姓陳〔一五七〕，失其名字，嘗罷尉〔一五八〕，聞經家有神人，乃詣門扣頭，求乞拜見。於是方平引前〔一五九〕與語，此人便乞得驅使〔一六〇〕，比於蔡經。方平曰：「君且起，可向日立〔一六一〕。」方平從後視之，曰：「噫！君心不正〔一六二〕，影不端〔一六三〕，終不可教以仙道也〔一六四〕，當授君地上主者之職〔一六五〕。」臨去，以一符并一傳〔一六六〕，著小箱中以與陳尉，告言：「此不能令君度世，止能令君竟本壽，壽自出百歲也〔一六七〕。可以消災治病〔一六八〕，病者命未終及無罪犯者〔一六九〕，以符〔一七〇〕到其家便愈矣。若有邪鬼血食作禍者〔一七一〕，帶此傳以勅社吏〔一七二〕，當收送其鬼〔一七三〕。君心中亦當知其輕重，臨時以意治之。」陳尉〔一七四〕以此符治病，有效，事之者數百家。陳尉壽一百一十一歲〔一七五〕而死。死後，其子孫〔一七六〕行其符，不復效〔一七七〕矣。方平去後，經家所作飲食數百斛在庭中者，悉盡〔一七八〕，亦不見人飲食之也。經父母私問經曰：「王君是何神人？復居何處〔一七九〕？」經答曰：「常治〔一八〇〕崑崙山，往來羅浮山〔一八一〕、括蒼山〔一八二〕。此三山上，皆有宮殿〔一八三〕，宮殿一如王宮〔一八四〕。王君常任天曹〔一八五〕事，一日之中，與天上相反覆者數遍〔一八六〕。地上五嶽〔一八七〕生死之事，悉關王君〔一八八〕。王君出時〔一八九〕，或不盡將百官〔一九〇〕，惟乘一黃麟〔一九一〕，將士數十人侍〔一九二〕。每行〔一九三〕，常見山林在下，去地常數百丈。所到，山海之神皆來奉迎拜謁，或有千道者〔一九四〕。」

後數年〔一九五〕，經復暫歸家〔一九六〕，方平有書與陳尉，真書廓落，大而不工〔一九七〕。先是無人知方平名遠者，起此，乃因陳尉書知之〔一九八〕。其家〔一九九〕於今，世世存録〔二〇〇〕王君手書及其符傳於小箱中，祕之也〔二〇一〕。

校釋

〔一〕太平廣記卷七「王遠」條云出神仙傳，與本條基本同。漢魏本王遠與太平廣記本全同。太平廣記卷六〇女仙五另立「麻姑」條，亦引自神仙傳，所記從王方平到蔡經家至末尾，文字與「王遠」條有關部分稍有不同。漢魏本也有「麻姑」條，照抄太平廣記卷六〇「麻姑」條文，屬重出。雲笈七籤卷一〇九引神仙傳則分爲「王遠」條及「蔡經」條，又卷八五「王方平」條實重複卷一〇九「王遠」條。雲笈七籤卷一〇九引神仙傳「王遠」、「蔡經」之文，與本條基本同。引用此條較詳者尚有顏魯公文集卷一三撫州南城縣麻姑山仙壇記、説郛卷一一三下葛洪麻姑傳、宋范成大吴郡志卷四〇仙事引葛洪神仙傳等。説郛本文字與四庫本相近，吴郡志本則與漢魏本相近。

〔二〕東海：今山東臨沂。

〔三〕舉孝廉：漢代州郡推選入仕之人。漢書卷六武帝紀顏師古注曰：「孝謂善事父母者，廉謂清潔有廉隅者。」

〔四〕郎中：官名近侍之臣，司宿衞執戟。

〔五〕稍加至中散大夫：漢魏本作「稍加中散大夫」。中散大夫，東漢官名，掌論議，秩六百石。

〔六〕博學五經：漢魏本作「學通五經」。五經指易、詩、書、禮、春秋五種儒家經典。

〔七〕尤明：雲笈七籤卷一〇九引神仙傳「王遠」條作「兼明」。

〔八〕圖讖：圖指「河圖」，傳説伏羲受龍馬圖於河，八卦是也；讖，符命之徵驗。古代用以預測未來之書。

〔九〕河洛：指河圖洛書，其來源各説不同。易繫辭：「河出圖，洛出書，聖人則之。」孔安國以爲，河圖八卦是也，洛書則九疇（上天所示之九種法則）是也。儒家以爲圖以示天道，書以示人道。其後該説爲術士穿鑿附會，用作解釋時事之依據。

〔一〇〕九州吉凶：雲笈七籤卷一〇九引神仙傳「王遠」條作「九州吉凶之事」。據尚書禹貢，禹平水土，畫中國爲九州。

〔一一〕觀諸掌握：漢魏本作「如觀諸掌握」，較準確。雲笈七籤卷一〇九引神仙傳「王遠」條此句至「道成」缺。

〔一二〕漢孝桓帝：公元一四六——一六七年在位。

〔一三〕郡牧：漢魏本、雲笈七籤卷一〇九引神仙傳「王遠」條、真仙通鑑卷五王遠作「郡國」。東漢州長官稱刺史，靈帝時新置牧，郡長官稱太守，或稱郡守。此處「郡牧」或爲「郡國」之誤。東漢桓帝建和元年四月，詔大將軍、公卿、郡國舉至孝篤行之士各一人，是其例。

〔一四〕扇板：門板也。雲笈七籤卷一〇九引神仙傳「王遠」條缺「板」字。

〔一五〕皆説方來之事：雲笈七籤卷一〇九引神仙傳「王遠」條作「皆紀方來」。方來，未來也。

〔一六〕使人削之：漢魏本作「使削去」。

〔一七〕字墨皆徹入板裏：漢魏本作「墨皆徹板裏，削之愈分明」。雲笈七籤卷一〇九引神仙傳「王遠」條作「墨皆徹入木裏」。

〔一八〕方平無復，子孫：漢魏本作「遠無子孫」。真仙通鑑卷五王遠作「無復還」，指方平棄官不再還鄉，則「子孫」連「鄉里人累世傳事之」，文意較通順。

〔一九〕相傳共事之：漢魏本作「相傳供養之」。雲笈七籤卷一〇九引神仙傳「王遠」條作「相傳事之」。真仙通鑑卷五王遠作「傳事之」。

〔二〇〕故太尉公：漢魏本、雲笈七籤卷一〇九引神仙傳「王遠」條無「故」及「公」字。太尉，漢代最高之官銜，通典卷二〇職官二云，東漢「太尉公主天」。按，後漢書卷八靈帝紀記陳耽於東漢靈帝熹平三年（一七四）二月官太尉，五年五月罷免，在位時間約兩年。

〔二一〕架：漢魏本作「營」。

〔二二〕但乞福消災：漢魏本、雲笈七籤卷一〇九引神仙傳「王遠」條無「消災」二字。

〔二三〕不從學道：漢魏本作「未言學道」。雲笈七籤卷一〇九引神仙傳「王遠」條、真仙通鑑卷五王遠作「願從學道」。

〔二四〕四十：雲笈七籤卷一〇九引神仙傳「王遠」條作「三十」。各本多作「四十」。

〔二五〕皆然：雲笈七籤卷一〇九引神仙傳「王遠」條作「皆安然」。

〔二六〕田蠶萬倍：漢魏本作「田桑倍獲」，真仙通鑑卷五王遠作「田蠶數倍」。萬倍太誇大，「萬」或是「數」之誤。

〔二七〕仕宦高遷：漢魏本無此四字。

〔二八〕後語耽云：漢魏本作「遠忽語陳耽曰」。

〔二九〕期運將盡：漢魏本無「將盡」二字。所謂期運乃以爲物各有其運數。

〔三〇〕復停：漢魏本作「久停」。

〔三一〕化去：漢魏本作「仙去」。

〔三三〕先生捨我去耶？我將何如：漢魏本、雲笈七籤卷一〇九引神仙傳「王遠」條作「先生捨我，我將何怙」。

〔三四〕床上：漢魏本無「上」字。

〔三五〕三日三夜：漢魏本作「三日夜」。

〔三六〕忽失其尸：雲笈七籤卷一〇九引神仙傳「王遠」條作「忽然失其所在」。

〔三七〕衣帶：漢魏本作「衣冠」。

〔三八〕去：漢魏本作「卒」。

〔三九〕死：雲笈七籤卷一〇九引神仙傳「王遠」條作「薨」。

〔四〇〕或謂方平：漢魏本無「方平」名字。

〔四一〕其後：漢魏本作「初」，王方平過蔡經家應在其後，「初」字誤。

〔四二〕括蒼山：在今浙江麗水東南。太平寰宇記卷九八江南東道十台州「臨海縣」稱，括蒼山「高一萬六千丈，神仙傳：王方平居崑崙，往來羅浮、括蒼山」。太平御覽卷四七括蒼山引五嶽圖序曰：「括蒼山，東嶽之佐命。」

〔四三〕吴：今江蘇蘇州。

〔四四〕往胥門蔡經家：漢魏本、雲笈七籤卷八五「王方平」條作「住胥門蔡經家」。既稱王方平往括蒼山，經過吴地而已，不應又云「往蔡經家」，應作「住」，下文云「故住其家」，可證。日知録集釋卷三一胥門云：「今蘇州之西南門曰胥門。」

〔四四〕度世：道家謂長生爲度世。

〔四五〕仙官：漢魏本、雲笈七籤卷一〇九引神仙傳「蔡經」條作「官僚」，非是。雲笈七籤卷一一三下續仙傳序云：「積功已高便爲仙官，卑者猶爲仙民。」

〔四六〕汝：漢魏本無。

〔四七〕氣：道家謂氣爲支持生命之元素。抱朴子内篇至理云：「夫人在氣中，氣在人中，自天地至於萬物，無不須氣以生者也。」又云：「氣竭則命終。」

〔四八〕上昇：漢魏本作「上去」。雲笈七籤卷一〇九引神仙傳「蔡經」條作「上天去」。

〔四九〕尸解：道家所謂尸解以爲人死譬猶蟬蜕，蟬飛而蜕在也。真誥卷四運象篇第四云：「人死，必視其形，如生人，皆尸解也。視足不青，皮不皺者，亦尸解也。要目光不毁，無異生人，亦尸解也。頭髮盡脱，而失形骨者，皆尸解也。白日尸解自是仙，非尸解之例也。」説略卷一八冥契上亦云：「尸解有數端，足不青，皮不皺，目光不毁，頭髮不脱，不失其形骨者，皆尸解也。有未斂而失尸者，有人形猶在而無復骨者，有衣在形去者，有髮脱而形去者。白日去謂之上尸解，夜半去謂之下尸解。」

〔五〇〕尸解一劇：漢魏本、雲笈七籤卷一〇九引神仙傳「蔡經」條無此句。三洞群仙録卷一六蔡經狗竇宋卿雞窠引王氏神仙傳云：「（方平）謂經曰：『汝應得度世以補仙官，但汝少不知道，氣少肉多，唯可尸解，此法須臾如過狗竇中耳。』」一劇，意爲瞬間。

〔五一〕須臾：漢魏本無此二字。

〔五二〕水：漢魏本作「冷水」。

〔五三〕燋石：雲笈七籤卷一〇九引神仙傳「蔡經」條作「燋狀」。「燋」通「焦」。

〔五四〕似此三日中：漢魏本作「如此三日」，語較明白。

〔五五〕骨立：雲笈七籤卷一〇九引神仙傳「蔡經」條作「骨盡」。骨立，皮包骨之謂也。

〔五六〕失其所在：漢魏本作「失之」。

〔五七〕惟有皮頭足具：雲笈七籤卷一〇九引神仙傳「蔡經」條作「皮頭足俱存」。此爲道家尸解「形猶在而無復骨者」之例。

〔五八〕如今蟬蛻也：漢魏本、雲笈七籤卷一〇九引神仙傳「蔡經」條無「今」字，是。雲笈七籤卷二七七十二福地云：「第十丹霞洞。在麻姑山，是蔡經真人得道之處，至今雨夜多聞鐘磬之聲，屬蔡真人治之。」

〔五九〕去時已老：漢魏本無此句。

〔六〇〕還更少壯：初學記卷四歲時部下「七月七日第九」注引神仙傳、太平御覽卷三一七月七日引列仙傳同，漢魏本作「容色少壯」。

〔六一〕頭髮還黑：漢魏本作「鬢髮鬒黑」。初學記卷四歲時部下「七月七日第九」注引神仙傳、太平御覽卷三一七月七日引列仙傳作「頭髮皆黑」。

〔六二〕語其家：漢魏本作「語家人」。雲笈七籤卷一〇九引神仙傳「蔡經」條作「語家」。初學記卷四歲時部下「七月七日第九」注引神仙傳、太平御覽卷三一七月七日引列仙傳作「語家中」。

〔六三〕當來過，到其日：雲笈七籤卷一〇九引神仙傳「蔡經」條、太平御覽卷八六一飲引神仙傳、顔魯公文集卷一三撫州南城縣麻姑山仙壇記同，漢魏本作「當來，其日」。

〔六四〕數百斛：漢魏本作「百餘斛」。下文述王方平去後，蔡經家所作飲食數百斛悉盡，似應作「數百斛」。

〔六五〕飲食：雲笈七籤卷一〇九引神仙傳「蔡經」條無「食」字。

〔六六〕乃去：漢魏本無此二字。

〔六七〕盆甕：漢魏本、雲笈七籤卷一〇九引神仙傳「蔡經」條作「甕器」。

〔六八〕作飲食數百斛：漢魏本作「作飲食百餘斛」。真仙通鑑卷五蔡經作「作酒數百斛」。

〔六九〕羅列覆置庭中：漢魏本作「羅列布置庭下」。

〔七〇〕其日：漢魏本作「是日」。雲笈七籤卷一〇九引神仙傳「蔡經」條作「至其日」。

〔七一〕未至經家：漢魏本無「經家」二字。

〔七二〕則聞：漢魏本作「先聞」。雲笈七籤卷一〇九引神仙傳「蔡經」條作「一時間但聞」。

〔七三〕不知何所在：漢魏本作「莫知所在」。雲笈七籤卷一〇九引神仙傳「蔡經」條作「不知何等」。

見」。

〔七四〕家：漢魏本作「舍」。雲笈七籤卷一〇九引神仙傳「蔡經」條無此字，便讀如「及至，經舉家皆

〔七五〕遠遊冠：南齊書卷一七輿服云：「遠遊冠，太子諸王所冠。太子朱纓，翠羽緌珠節（飾），諸王玄纓，公侯皆同。」道家仙人往往亦用爲冠。

〔七六〕虎頭鞶裳：漢魏本、雲笈七籤卷一〇九引神仙傳「蔡經」條作「鞶囊」，「裳」爲「囊」之誤。虎頭鞶囊，以虎頭裝飾之小囊。文獻通考卷一一二君臣冠冕服章曰：「漢世著鞶囊者，側在腰間，或謂之傍囊，或謂之綬囊。」鞶囊側在腰間，以爲盛物之用。道家描寫仙人，常用此類詞語，如雲笈七籤卷一〇六馬明生真人傳云：「安期先生至，乘駮驎，著緋衣，戴遠遊冠，帶玉珮及虎頭鞶囊。」

〔七七〕五色綬：雲笈七籤卷一〇九引神仙傳「蔡經」條、説郛卷一一三下引葛洪麻姑傳均作「五色之綬帶」，太平御覽卷六八二綬引應劭漢官儀云：「綬者有所受，以別尊卑，彰有德也。」五色以顯其高貴也。

〔七八〕少鬚黄色：漢魏本作「黄色少髭」。雲笈七籤卷一〇九引神仙傳「蔡經」條作「黄色少鬢」。真仙通鑑卷五蔡經作「黄色少鬚」。

〔七九〕長短中形人也：雲笈七籤卷一〇九引神仙傳「蔡經」條無「形」字。太平廣記卷六〇「麻姑」條無「長短」二字。

〔八〇〕羽車：雲笈七籤卷一〇九引神仙傳「蔡經」條作「羽蓋之車」。羽車，以羽毛裝飾之車，道家常稱仙人乘之車爲羽車。

〔八一〕麾節幡旗，前後導從：漢魏本作「前後麾節，幡旗導從」。雲笈七籤卷一〇九引神仙傳「蔡經」條作「前後麾節，旌旗導從」。麾，指揮用之旗幟；節，表明官位之符節。幡旗，旗幟也；此處指儀仗之旗幟。

〔八二〕威儀奕奕：雲笈七籤卷一〇九引神仙傳「蔡經」條無「奕奕」二字。

〔八三〕如大將軍也：雲笈七籤卷一〇九引神仙傳「蔡經」作「如大將軍出也」。

〔八四〕有十二玉壺，皆以臘蜜封其口：漢魏本作「有十二伍伯，皆以蠟封其口」。太平廣記卷七「蔡經」條作「有十二隊五伯士，皆以蠟封其口」。雲笈七籤卷一〇九引神仙傳「蔡經」條作「有十二隊五伯士，皆以蠟密封其口」。真仙通鑑卷五蔡經條作「有十二隊五伯士，皆以蜜蠟封其口」。海録碎事卷二三上仙門「玉壺十二」引神仙傳作「持玉壺十二，皆以蠟封其口」。漢代役卒謂之伍伯，多爲前驅導從。下文之「鼓吹」，均儀仗之屬。「玉壺」乃「伍伯」之誤。雲笈七籤卷一〇九引神仙傳「蔡經」條「蜜」作「密」，是。海録碎事或因「有十二玉壺」而不明其意，便改爲「持玉壺十二」。

〔八五〕麟：漢魏本作「龍」，誤。蓋導從不應乘龍。

〔八六〕從天上下懸集：漢魏本作「從天而下懸集於庭」，太平廣記卷六〇「麻姑」條引神仙傳同。雲笈七籤卷一〇九引神仙傳「蔡經」條作「從天上來下懸集」。説郛卷一一三下引葛洪麻姑傳亦作「從天而下懸集於庭」，應如是。此句之後，漢魏本、太平廣記卷六〇「麻姑」條、説郛卷一一三下引葛洪麻姑傳有「從官皆長丈餘」等字。

〔八七〕不從道行也：漢魏本作「不從道衢」。雲笈七籤卷一〇九引神仙傳「蔡經」條作「不從人道行也」，意較明確。

〔八八〕皆隱：雲笈七籤卷一〇九引神仙傳「蔡經」條作「皆不復見」。

〔八九〕見：漢魏本作「獨見」。雲笈七籤卷一〇九引神仙傳「蔡經」條作「尚見」。

〔九〇〕坐耳：雲笈七籤卷一〇九引神仙傳「蔡經」條作「身坐」。

〔九一〕父母兄弟：雲笈七籤卷一〇九引神仙傳「蔡經」條作「父兄」。

〔九二〕召：雲笈七籤卷一〇九引神仙傳「蔡經」條作「與」，誤。

〔九三〕相問：漢魏本無此二字。

〔九四〕神：漢魏本作「人」。

〔九五〕言：漢魏本作「言曰」。

〔九六〕不在：漢魏本作「不到」。雲笈七籤卷一〇九引神仙傳「蔡經」條作「不行」。

〔九七〕今集在此：「集」，説郛卷一一三下引神仙傳同。漢魏本、雲笈七籤卷一〇九引神仙傳「蔡經」條、顔真卿撫州南城縣麻姑山仙壇記、范成大吴郡志卷四〇仙事引神仙傳均作「來」。

〔九八〕有頃：漢魏本作「須臾」。

〔九九〕但聞其語，不見所使人也：漢魏本作「不見其使，但聞信語」。

〔一〇〇〕答言：漢魏本作「曰」。

〔一〇一〕再拜：漢魏本作「載拜」。「載」通「再」。

〔一〇二〕比：漢魏本無此字。雲笈七籤卷一〇九引神仙傳「蔡經」條作「但」。比，近來也。

〔一〇三〕脩敬：漢魏本作「拜敬」。脩敬，致敬也。

〔一〇四〕無階：階指等級。

〔一〇五〕思念：漢魏本無此二字。雲笈七籤卷一〇九引神仙傳「蔡經」條、顏真卿撫州南城縣麻姑山仙壇記作「思念久」，四庫本脱「久」字。

〔一〇六〕煩信承來：意爲煩來信邀請。雲笈七籤卷一〇九引神仙傳「蔡經」條無「信」字。太平廣記卷六〇「麻姑」條作「煩信來承」。顏真卿撫州南城縣麻姑山仙壇記作「煩信承」，可供參讀。

〔一〇七〕登當傾倒，而先被記：意不明。太平廣記卷六〇「麻姑」條作「登山顛倒，而先受命」。顏真卿撫州南城縣麻姑山仙壇記作「登山顛倒，而先被記」，文字與四庫本接近。漢魏本作「先受命」。雲笈七籤卷一〇九引神仙傳「蔡經」條、真仙通鑑卷五蔡經作「故當躬到，而先彼詔」，其意始明。「登當傾倒」原是「故當躬到」，「彼」應作「被」，「記」應是「詔」。意爲應親自到臨，而先受他詔，故下文云此行完成詔命後，便親往謁見，四庫本幾處因字形近而訛誤。

〔一〇八〕蓬萊：山海經卷一三海内北經云：「蓬萊山在海中。」郭璞注云：「上有仙人宫室，皆以金玉爲之，鳥獸盡白，望之如雲，在渤海中也。」

〔一〇九〕兩時間：指去蓬萊爲一時間，來見王方平爲一時間。漢魏本「間」作「聞」，讀如「如此兩時，聞麻姑來」，恐誤。

〔一一〇〕亦先聞人馬之聲：太平廣記卷六〇「麻姑」條作「亦先聞人馬簫鼓聲」，與王方平來時情狀相對應。

〔一一一〕當：漢魏本無此字。

〔一一二〕年十八九許：漢魏本作「年可十八九許」。

〔一一三〕中：漢魏本作「上」。

〔一一四〕文章：漢魏本作「文彩」。文章，五采斑斕也。春秋繁露卷八度制第二十七稱：「凡衣裳之生也，爲蓋形煖身也。然而染五采飾文章者……將以貴貴尊賢而明别上下之倫。」

〔一一五〕而非：漢魏本作「又非」。

〔一一六〕耀日：漢魏本、太平廣記卷六〇「麻姑」條作「耀目」。

〔一一七〕名字：漢魏本、太平廣記卷六〇「麻姑」條作「名狀」。

〔一一八〕所無有：漢魏本作「之所無」。

〔一一九〕召進：漢魏本、雲笈七籤卷一〇九引神仙傳「蔡經」條作「各進」。

〔三〇〕行厨：指進送酒食。抱朴子内篇金丹説行厨之法，云：「欲致行厨，取黑丹和水，以塗左手，其所求如口所道，皆自至，可致天下萬物也。」道家以爲修道功深者，能享行厨，凡有所需，舉意即至。

〔三一〕金玉盃盤：太平廣記卷六〇「麻姑」條、漢魏本、雲笈七籤卷一〇九引神仙傳「蔡經」條作「金盤玉杯」，較貼切。

〔三二〕餚膳多是諸花菓：漢魏本、顔真卿撫州南城縣麻姑山仙壇記、雲笈七籤卷一〇九引神仙傳「蔡經」條、真仙通鑑卷五蔡經無「菓」字。

〔三三〕擘脯而行之：雲笈七籤卷一〇九引神仙傳「蔡經」條、太平廣記卷六〇「麻姑」條同。漢魏本、北堂書鈔卷一四五脯注引神仙傳作「擘脯而食之」。擘，撕開。行，送遞。

〔三四〕如松柏炙：漢魏本、太平御覽卷八六二脯引神仙傳無此四字。雲笈七籤卷一〇九引神仙傳「蔡經」條作「如行柏炙」，真仙通鑑卷五蔡經作「如有柏炙」。説郛卷一一三下引葛洪麻姑傳作「如柏靈」，皆意義不明。原文應如初學記卷二六器物部「脯第十六」引神仙傳作「如巧狛炙」，只是「巧」形近於「行」而訛，「狛炙」或作「貊炙」。劉熙釋名卷四云：「貊炙，（豬）全體炙之，各自以刀割，出於胡貊之爲也。」王先謙疏證補曰：「即今之燒豬。」宋書卷三〇五行志云：「晉武帝泰始後，中國相尚用胡牀、貊盤，及爲羌煮、貊炙。貴人富室，必置其器，吉享嘉会，皆此爲先。」

〔三五〕云是麟脯也：諸本引文多同。漢魏本作「云麟脯」。

〔二六〕接待：漢魏本、藝文類聚卷八海水引神仙傳、顏真卿太平御覽卷六〇海引神仙傳、撫州南城縣麻姑山仙壇記均作「接侍」。「待」通「侍」，接待意爲接任職務。

〔二七〕水又淺於往昔：漢魏本作「又水淺於往日」，雲笈七籤卷一〇九引神仙傳「蔡經」條作「水乃淺於往昔者」。

〔二八〕會時略半也，豈將復還爲陵陸乎：漢魏本作「會時略半耳，豈將復爲陵陸乎」。雲笈七籤卷一〇九引神仙傳「蔡經」條作「會將略半也，豈時復爲陵陸乎」。

〔二九〕笑：諸本引文同。漢魏本作「歎」。

〔三〇〕行復：漢魏本作「將復」。雲笈七籤卷一〇九引神仙傳「蔡經」條作「復行」。

〔三一〕婦姪：漢魏本作「婦等」。雲笈七籤卷一〇九引神仙傳「蔡經」條作「經婦」。太平御覽卷八〇三珠下引神仙傳作「經弟婦」。似應作「婦等」，或作「經弟婦」，方能與下文相呼應。

〔三二〕數十日：諸本引文多同。漢魏本作「數日」。太平御覽卷八〇三珠下引神仙傳作「十數日」，似較合理，山堂肆考卷一八六珍寶「麻姑擲米」條便稱：「蔡經弟婦新產方十數日。」

〔三三〕麻姑望見，乃知之：此兩句漢魏本作「姑見知之」。

〔三四〕即求少許米：漢魏本作「即求少許米來」。雲笈七籤卷一〇九引神仙傳「蔡經」條作「索少許米來」。

〔三五〕至得米，便以撒地：漢魏本作「得米擲之墮地」。雲笈七籤卷一〇九引神仙傳「蔡經」條作「便以擲之」。太平御覽卷八〇三珠下引神仙傳作「便以擲地」。

〔三六〕謂以米祛其穢也，視米皆成真珠：漢魏本作「謂以米祛其穢也，視其米，皆成丹砂」。雲笈七籤卷一〇九引神仙傳「蔡經」條作「視以墮地，皆成真珠」。太平御覽卷八〇三珠下引神仙傳作「視米墮地皆成珠」。真仙通鑑卷五蔡經作「視米墮地，皆成丹砂」。皆缺「謂以米祛其穢也」等語。顏真卿撫州南城縣麻姑山仙壇記亦作「丹砂」。米變珠，形色相似，變丹砂則相去遠，作「丹砂」恐非原文。

〔三七〕姑故少年也：太平廣記卷六〇「麻姑」條引神仙傳、太平御覽卷八〇三珠下引神仙傳作「姑故年少」。雲笈七籤卷一〇九引神仙傳「蔡經」條作「麻姑故作少年戲也」，更合乎文意。

〔三八〕此曹輩：漢魏本作「如此」。雲笈七籤卷一〇九引神仙傳「蔡經」條無「曹輩」二字。太平御覽卷八〇三珠下引神仙傳無「曹輩狡獪」四字。

〔三九〕狡獪：陸游老學庵續筆記云：「麻姑傳：王方平曰：『吾子不喜作狡獪事。』蓋古謂戲爲狡獪。」

〔四〇〕酒：漢魏本作「美酒」。

〔四一〕此酒乃出天厨：太平廣記卷七「王遠」條、北堂書鈔卷一四八酒「味醇醲」條注引神仙傳作「此酒方出天厨」。又太平廣記卷三「漢武帝」條引漢武内傳云：「(西)王母自設天厨，真妙非常，豐珍上果，芳華百味，紫芝萎蕤，芬芳填樏，清香之酒，非地上所有，香氣殊絶。」以之描述天厨。

〔四二〕醲：太平廣記卷六〇「麻姑」條、漢魏本、雲笈七籤卷一〇九引神仙傳「蔡經」條作「醲」。太平御覽卷七六五升引神仙傳云「其味醲」。醲，濃也，「釀」應作「醲」。

〔四三〕俗人：太平廣記卷六〇「麻姑」條作「世人」。

〔四四〕或能爛腸：雲笈七籤卷一〇九引神仙傳「蔡經」條作「或能爛人腸胃」。太平御覽卷七六五升引神仙傳作「或能爛人腸」。四庫本似脱「人」字。

〔四五〕和之：雲笈七籤卷一〇九引神仙傳「蔡經」條作「添之」。

〔四六〕乃以一升酒，合水一斗攪之：漢魏本作「乃以斗水合升酒」。雲笈七籤卷一〇九引神仙傳「蔡經」條作「乃以水一斗合酒一升攪之」。太平御覽卷七六五升引神仙傳作「乃以一升酒以一斛水攪之」。

〔四七〕語：漢魏本作「遣」。

〔四八〕千錢：雲笈七籤卷一〇九引神仙傳「蔡經」條作「一貫錢」。

〔四九〕餘杭姥：道家仙人。山堂肆考卷一五〇仙人「賣酒」條引神仙傳云：「餘杭姥嫁於西湖農家，善採百花釀酒。王方平嘗以千錢過蔡經家與姥沽酒，飲而甘之。是後群仙時降，因授一丸藥以償酒價，姥服之仙去。後十餘年，有人經過洞庭湖邊，見賣百花酒者，即姥也。」此神仙傳當非葛洪所撰，或他書誤爲神仙傳。

〔五〇〕相聞求其酤酒：漢魏本作「乞酤酒」。雲笈七籤卷一〇九引神仙傳「蔡經」條作「相聞求酤酒」。

真仙通鑑卷五蔡經作「求沽酒」。相聞，互通信息也。

〔五二〕信：太平廣記卷七「王遠」條作「使」，與漢魏本異。

〔五三〕恐地上酒不中尊者飲耳：漢魏本、雲笈七籤卷一〇九引神仙傳「蔡經」條作「恐地上酒不中尊飲耳」，無「者」字。

〔五三〕又麻姑手爪不如人爪，形皆似鳥爪：漢魏本作「麻姑手爪似鳥」。雲笈七籤卷一〇九引神仙傳「蔡經」條作「麻姑手爪不似人形，皆似鳥爪」。

〔五四〕蔡經中心私言：漢魏本作「經見之，心中念曰」。雲笈七籤卷一〇九引神仙傳「蔡經」條作「蔡經心言」。

〔五五〕若背大癢時：漢魏本無「若」字。

〔五六〕汝何忽謂：真仙通鑑卷五蔡經作「汝謂」。顔真卿撫州南城縣麻姑山仙壇記作「汝何思」。太平廣記卷六〇「麻姑」條作「汝何思謂」。

〔五七〕經比舍有姓陳：太平御覽卷七三七禁引神仙傳作「北（比）舍有姓陳者」。漢魏本作「經比舍有姓陳者」，雲笈七籤卷一〇九引神仙傳「蔡經」條作「經家比舍有姓陳者」。四庫本無「者」字。

〔五八〕嘗罷尉：漢魏本作「嘗罷縣尉」，語較明確。

〔五九〕引前：漢魏本作「使引前」。

〔六〇〕此人便乞得驅使：漢魏本作「此人便欲從驅使」。雲笈七籤卷一〇九引神仙傳「蔡經」條作「此人便乞得隨從驅使」。

〔一六一〕君且起，可向日立：漢魏本作「君且向日而立」。雲笈七籤卷一〇九引神仙傳「蔡經」條作「君且起向日立」。

〔一六二〕君心不正：漢魏本作「君心邪不正」。雲笈七籤卷一〇九引神仙傳「蔡經」條、真仙通鑑卷五蔡經作「君心邪不正於經」。

〔一六三〕影不端：漢魏本、雲笈七籤卷一〇九引神仙傳「蔡經」條無此三字。按，方平命陳姓者向日立，從後視之，即是觀其影，然後判其「影不端」，此三字不應缺。

〔一六四〕終不可教以仙道也：漢魏本作「終未可教以仙道也」。雲笈七籤卷一〇九引神仙傳「蔡經」條作「不可教以仙道也」。

〔一六五〕職：漢魏本作「職司」。

〔一六六〕傳：傳召之信物。

〔一六七〕止能令君竟本壽，壽自出百歲也：漢魏本作「止能存君本壽，自出百歲」。雲笈七籤卷一〇九引神仙傳「蔡經」條作「能令君延壽，本壽自出百歲也」。

〔一六八〕可以消災治病：漢魏本作「可以禳災治病者」。雲笈七籤卷一〇九引神仙傳「蔡經」條作「可以禳災治病」。

〔一六九〕病者命未終及無罪犯者：漢魏本作「命未終及無罪者」。雲笈七籤卷一〇九引神仙傳「蔡經」

條作「病者命未終及無罪過者」。

〔七〇〕以符：漢魏本、雲笈七籤卷一〇九引神仙傳「蔡經」條、太平御覽卷七三七禁引神仙傳均作「君以符」，語較完整。

〔七一〕若有邪鬼血食作禍者：漢魏本作「若邪鬼血食作祟禍者」。雲笈七籤卷一〇九引神仙傳「蔡經」條、太平御覽卷七三七禁引神仙傳作「若有邪鬼血食作禍祟者」。

〔七二〕帶此傳以勑社吏：漢魏本作「便帶此符以傳勑吏」。雲笈七籤卷一〇九引神仙傳「蔡經」條作「君帶此符以敕社吏」。太平御覽卷七三七禁引神仙傳作「便以符帶此傳以勑社吏」。真仙通鑑卷五蔡經作「君使帶此傳以勑社吏」，語較清楚。社，后土之神，又稱土地神。

〔七三〕當收送其鬼：漢魏本作「遣其鬼」。

〔七四〕陳尉：漢魏本無「尉」字。

〔七五〕陳尉壽一百一十一歲：漢魏本、雲笈七籤卷一〇九引神仙傳「蔡經」條、太平御覽卷七三七禁引神仙傳均無「陳尉」二字，而「一百一十一歲」作「一百一十歲」，四庫本後「一」當是衍文。

〔七六〕子孫：漢魏本作「子弟」。下文云「世世存録王君手書」，應是其子孫。

〔七七〕效：漢魏本作「驗」。

〔七八〕經家所作飲食數百斛在庭中者，悉盡：漢魏本作「經家所作飲食數百斛，皆盡」。雲笈七籤卷一〇九引神仙傳「蔡經」條作「經家所作數百斛酒飲，皆盡」。真仙通鑑卷五蔡經作「經家所作數百斛酒在庭中者，皆盡」。

〔一七九〕王君是何神人？復居何處：雲笈七籤卷一〇九引神仙傳「蔡經」條作「王君常在何處」。

〔一八〇〕治：漢魏本作「在」。

〔一八一〕羅浮山：在今廣東博羅。

〔一八二〕括蒼山：在今浙江麗水東南。

〔一八三〕此三山上，皆有宮殿：漢魏本作「山上皆有宮室」。雲笈七籤卷一〇九引神仙傳「蔡經」條「宮殿」亦作「宮室」。

〔一八四〕宮殿一如王宮：漢魏本、真仙通鑑卷五蔡經無此句。雲笈七籤卷一〇九引神仙傳「蔡經」條此句只有「如一」二字，顯有脱訛。

〔一八五〕王君常任天曹：漢魏本作「主天曹事」，缺「王君」二字。雲笈七籤卷一〇九引神仙傳「蔡經」條、真仙通鑑卷五蔡經「常任」作「常平」。天曹，天官也，據説天曹記人善惡，每月一送地府。

〔一八六〕數遍：漢魏本、雲笈七籤卷一〇九引神仙傳「蔡經」條作「數十過」。

〔一八七〕五嶽：雲笈七籤卷三九説戒云：「老君曰：『五戒者，在天爲五緯，天道失戒，則見災祥；在地爲五嶽，地道失戒，則百穀不成。……』」五嶽之事，便指百谷豐歉之事。

〔一八八〕悉關王君：漢魏本作「皆先來告王君」。雲笈七籤卷一〇九引神仙傳「蔡經」條、真仙通鑑卷五蔡經條作「皆先來關王君」。

〔八九〕王君出時：「時」，漢魏本作「城」。雲笈七籤卷一〇九引神仙傳「蔡經」條無「時」字。真仙通鑑卷五蔡經作「王君出入」。

〔九〇〕或不盡將百官：漢魏本作「盡將百官從行」。真仙通鑑卷五蔡經無此句。下文稱「惟乘一黄麟」，即不盡將百官也。應如四庫本文。

〔九一〕黄麟：古代稱之爲瑞獸，與青龍、白虎、玄武並稱。

〔九二〕將士數十人侍：漢魏本作「將十數侍人」。雲笈七籤卷一〇九引神仙傳「蔡經」條作「將十數人」。范成大吴郡志卷四〇仙事引神仙傳亦作「將十數侍人」，原文或如此。

〔九三〕每行：雲笈七籤卷一〇九引神仙傳「蔡經」條無「行」字。

〔九四〕或有千道者：漢魏本無此句。雲笈七籤卷一〇九引神仙傳「蔡經」條作「或有干道白言者」，意爲於道路中上言。四庫本「干」訛爲「千」，又脱「白言」等字。

〔九五〕後數年：漢魏本作「其後數十年」。雲笈七籤卷一〇九引神仙傳「蔡經」條作「後數十年」。范成大吴郡志卷四〇仙事作「十數年」。未知孰是。

〔九六〕暫歸家：雲笈七籤卷一〇九引神仙傳「蔡經」條作「暫歸省家」。

〔九七〕真書廓落，大而不工：漢魏本作「其書廓落，大而不上」，「工」誤爲「上」。雲笈七籤卷一〇九引神仙傳「蔡經」條作「真書字廓落，大而不楷」。説郛卷一一三下引葛洪麻姑傳云：「王君亦有書與陳尉，多是篆文或真書。」太平廣記卷六〇「麻姑」條此兩句作「多是篆文或真書，字廓落而大」。真書，隸書也；廓落，内容空泛。

〔一九八〕起此，乃因陳尉書知之：漢魏本作「因此乃知之」。雲笈七籤卷一〇九引神仙傳「蔡經」條作「至此乃知之」。

〔一九九〕其家：漢魏本、雲笈七籤卷一〇九引神仙傳「蔡經」條作「陳尉家」。

〔二〇〇〕世世存録：真仙通鑑卷五蔡經條作「四世存録」。

〔二〇一〕祕之也：漢魏本、雲笈七籤卷一〇九引神仙傳「蔡經」條無此三字。

伯山甫〔一〕

伯山甫者，雍州〔二〕人也。在華山〔三〕中，精思服餌〔四〕，時時歸鄉里省親，如此二百餘年〔五〕不老。每入〔六〕人家，即知人家先世〔七〕已來善惡功過，有如臨見〔八〕。又知未來〔九〕吉凶，言無不效。見〔一〇〕其外生女年老多病，將〔一一〕藥與之。女服藥〔一二〕時年七十〔一三〕，稍稍〔一四〕還少，色如桃花。漢遣使者經見西河城東〔一五〕有一女子〔一六〕笞一老翁，其老翁頭髮皓白，長跪而受杖〔一七〕。使者怪而問之，女子曰：「此是妾兒〔一八〕。昔妾舅氏伯山甫，以神方〔一九〕教妾，妾教使服之，不肯，而致今日衰老〔二〇〕，不及於妾〔二一〕。妾恚怒〔二二〕，故與之杖耳〔二三〕。」使者問女及兒今各年幾〔二四〕，女子答云：「妾年二百三十歲〔二五〕矣，兒今年七十〔二六〕。」此女後入華山得仙而去〔二七〕。

校釋

〔一〕太平廣記卷七「伯山甫」條云出神仙傳，與本條基本同。漢魏本與太平廣記本文字略異。太平廣記卷五九又有「西河少女」條，云出女仙傳，文字與「伯山甫」條大體相同；太平廣記立於女仙部，云出女仙傳，可知女仙傳此條原出自神仙傳。而漢魏本亦立「西河少女」條，全抄太平廣記之文。太平廣記立此條於不同部類，有其道理；漢魏本立於同類傳記，乃屬重複。

〔二〕雍州：其境諸説不一，一説華山以北即今陝西、山西一帶；一説在黄河以西，黑河以東，即今陝西西部與甘肅武威間。

〔三〕華山：在今陝西華陰。

〔四〕服餌：漢魏本作「服食」，其義同。

〔五〕二百餘年：漢魏本作「二百年」。

〔六〕每入：漢魏本作「到」。

〔七〕即知人家先世：漢魏本作「即數人先世」。

〔八〕臨見：太平廣記卷七「伯山甫」條同。漢魏本作「目見」。

〔九〕未來：漢魏本作「方來」。

〔一〇〕見：漢魏本無此字。

〔一一〕將：漢魏本作「乃以」。

〔一二〕服藥：漢魏本無此二字。

〔一三〕七十：太平廣記卷七「伯山甫」條作「八十」。

〔一四〕稍稍：漢魏本作「轉」。

〔一五〕漢遣使者經見西河城東：漢魏本作「漢武遣使者行河東」。西河，據資治通鑑卷三四胡三省注，在漢乃指雍州武威、張掖、燉煌、酒泉等地，此處應爲武威之代稱。漢魏本作「行河東」混淆了「西河」與「城東」兩義，其「西河少女」條引自女仙傳便云：「漢遣使行經西河，於城東見一女子。」是原意。

〔一六〕有一女子：漢魏本作「忽見城西有一女子」，「城西」亦誤。

〔一七〕其老翁頭髮皓白，長跪而受杖：漢魏本作「俛首跪受杖」。

〔一八〕此是妾兒：漢魏本作「此翁乃妾子也」。

〔一九〕神方：漢魏本作「神藥」。

〔二〇〕而致今日衰老：漢魏本作「今遂衰老」。

〔二一〕不及於妾：漢魏本作「行不及妾」。

〔二二〕妾恚怒：漢魏本無此三字。

〔二三〕故與之杖耳：漢魏本作「故杖之」。

〔二四〕使者問女及兒今各年幾：漢魏本作「使者問女及子年幾」。

〔二五〕妾年二百三十歲：漢魏本作「妾有一百三十歲」，同其所抄女仙傳「西河少女」之文。類説卷三列仙傳「女答老翁」條同。紺珠集卷二引神仙傳「女子答老翁」條作「一百二十歲」。神仙歲數，傳説不一，但其兒七十，母二百三十歲，相差太遠，四庫本或誤「一」爲「二」。

〔二六〕兒今年七十：漢魏本作「兒七十一」，亦與女仙傳同。太平廣記卷七「伯山甫」條作「兒八十矣」。

〔二七〕此女後入華山得仙而去：漢魏本作「後入華山去」。

神仙傳卷四

墨子〔一〕

墨子者，名翟，宋人也。仕宋爲大夫，外治經典，内修道術，著書十篇，號爲墨子〔二〕。世多學之者。與儒家分塗，務尚儉約，頗毀孔子。尤善戰守之功〔三〕。

公輸班〔四〕爲楚將，作雲梯之械〔五〕，將以攻宋。墨子聞之，徒行詣楚〔六〕，足乃壞，裂裳以裹之，七日七夜到楚〔七〕，見公輸班，説之曰：「子爲雲梯將以攻宋，宋何罪之有耶？楚〔八〕餘於地而不足於民，殺所不足而争所有餘，不可謂智；宋無罪而攻之，不可謂仁；知而不争，不可謂忠；争而不得，不可謂强〔九〕。」公輸班曰：「吾不可以，言於王矣〔一〇〕。」墨子曰：「子令見我於王。」公輸班曰：「諾！」墨子見王曰：「今有人舍其文軒〔一一〕，隣有弊轝〔一二〕，而欲竊之。舍其錦繡，隣有短褐〔一三〕，而欲竊之。舍其粱〔一四〕肉，隣有糟糠，而欲竊之。此謂何若人也？」楚王曰〔一五〕：「若然者，必有狂疾〔一六〕。」翟曰：「楚有雲夢，麋鹿滿之〔一七〕，江漢魚鱉，爲天下富。宋無雉兔井鮒〔一八〕，此猶粱肉之與糟糠也。楚有柟、梓、松、橡〔一九〕，宋無數尺〔二〇〕之木，此猶有錦繡之與短褐也。臣聞大王吏議攻宋〔二一〕，與此同也。」王曰：「善哉！然公輸班已爲雲梯，謂必取宋。」於是見公輸班攻宋〔二二〕，墨子解帶爲城，以幞〔二三〕爲械，公輸班乃設攻城之機，九變，而墨子九拒之。公輸班之攻城械盡，而墨子之守有餘，公輸班屈〔二四〕，曰：「吾知所以攻子矣，吾不言。」墨子曰：「吾知子所以攻我，吾不言矣〔二五〕。」楚〔二六〕王問其故，墨子曰：「公輸班之意，不過欲殺臣，謂宋莫能守耳。然臣之弟子禽滑釐〔二七〕等三百人，早已操臣守禦之器，在宋城之上而待楚寇至矣，雖殺臣不能絶也。」楚乃止，不復攻宋焉。

墨子年八十有二，乃歎曰：「世事已可知矣，榮位非可長保〔二八〕，將委流俗以從赤松〔二九〕遊矣。」乃謝遣門人〔三〇〕，入山精思至道〔三一〕，想像神仙，於是夜常聞〔三二〕左右山間有誦書聲者。墨子卧後，又有人來以衣覆之〔三三〕，墨子乃伺之，忽有〔三四〕一人，乃起問之曰：「君豈〔三五〕山嶽之靈氣乎？將度世之神仙乎？願且少留，誨以道教〔三六〕。」神人曰：「子有至德好道〔三七〕，故來相候，子欲何求？」墨子曰：「願得長生，與天地同畢〔三八〕耳。」於是神人授以素書〔三九〕朱英丸〔四〇〕方、道靈教戒、五行變化，凡二十五卷〔四一〕，告墨子曰：「子既有仙分緣，又聰明，得此便成，不必須師也。」墨子拜受合作，遂得其效。乃撰集其要，以爲五行記五卷〔四二〕，乃得地仙〔四三〕，隱居以避戰國。至漢武帝時，遂遣使者楊遼〔四四〕，束帛加璧〔四五〕以聘墨子，墨子不出。視其顏色，常如五六十歲〔四六〕人。周遊五嶽，不止一處也。

校釋

〔一〕太平廣記卷五「墨子」條云出神仙傳，而文字與四庫本略異。漢魏本墨子與太平廣記本同。本條「墨子」到楚論攻守之事，源出墨子卷一三公輸篇，戰國策宋策亦記其事。墨子主張兼愛非攻，尚儉約，何以入道家神仙傳？胡應麟稱：「墨子絶不及神仙事，然道家率以爲得仙，太平廣記、御覽皆載之，抱朴子引墨子七變法諸幻化之術，總之方士依託也。」（少室山房筆叢卷四四玉壺遐覽三）張衡以圖緯虛妄，上疏陳事，亦曾提到春秋元命苞中有公輸班與墨翟事（後漢書卷五九張衡傳），春秋元命苞乃流傳頗廣之緯書，則方士列墨子爲伍，東漢時已然。

〔二〕墨子：四庫全書總目卷一一七墨子稱：「墨子十五卷。舊本題宋墨翟撰，考漢書藝文志，墨子七十一篇，注曰名翟，宋大夫。然其書中多稱『子墨子』，則門人之言，非所自著。……第五十二篇以下，皆兵家言。……疑因五十一篇言公輸般九攻、墨子九拒之事，其徒因採摭其術，附記其末。」書以貴儉、兼愛、尊賢、右鬼、非命、尚同爲説。

〔三〕尤善戰守之功：漢魏本無此句。

〔四〕公輸班：漢魏本作「公輸般」，墨子作「工輸盤」，班、般、盤，古字通。公輸班，魯國人，又名魯班，以巧工聞名於世。

〔五〕雲梯之械：史記卷七四孟子荀卿列傳索隱云：「按，梯者，構木瞰高也，言雲者，言其昇高入雲，故曰雲梯。械者，器也，謂攻城之樓櫓也。」又飛梯、撞車、飛石車、弩皆可稱械。

〔六〕徒行詣楚：漢魏本作「往詣楚」。

〔七〕七日七夜到楚：漢魏本無「楚」字。墨子卷一三公輸作「十日十夜而至於郢」。郢，楚國之都城，在今湖北荆州西北。

〔八〕楚：漢魏本無此字。

〔九〕不可謂强：以下墨子公輸還有「義不殺少而殺衆，不可謂知類」句。

〔一〇〕言於王矣：漢魏本作「已言於王矣」，是。王，鮑彪戰國策校注卷一〇以爲非楚昭王即楚惠王。

〔一一〕文軒：有裝飾之車。

〔一二〕弊轝：「轝」同「輿」，弊轝，破舊之車。

〔一三〕短褐：下等人穿之衣。

〔一四〕粱：國語晉語韋昭注云：「粱，食之精者。」精細之小米。

〔一五〕楚王曰：漢魏本無「楚」字。

〔一六〕狂疾：墨子公輸作「竊疾」。疾，猶癖也。

〔一七〕楚有雲夢，麋鹿滿之：漢魏本作「楚有雲夢之麋鹿」。雲、夢，分别爲古代二澤之名，傅寅禹貢説斷卷二稱：「在安陸（在今湖北）者，雲也，在漢水之東；在華容（在今湖北）者，夢也，在長江之南。二澤夾江、漢於其中，而各自聚水於江、漢之外者也。後世以其地望相近，故總稱雲夢，方圓八九百里。」

〔一八〕雉兔井鮒：漢魏本作「雉兔鮒魚」。「雉」，俗稱野雞。雄者文采而尾長，雌者文暗而尾短。「井鮒」，戰國策宋策亦作「鮒魚」。太平御覽卷九三七鮒魚引呂氏春秋曰：「魚之美者，有洞庭之鮒。」鮒，小魚也，即今之鯽魚。此句是墨子言宋國無楚国洞庭之鮒魚，勸楚勿攻宋。井鮒乃井中小魚，不合文意，「井鮒」應作「鮒魚」。

〔一九〕枏、梓、松、橡：漢魏本作「杞、梓、豫章」，皆山木也。左傳卷一八云：「杞、梓、皮革，自楚往也，雖楚有材，晉實用之。」杞、梓且被目爲楚之良材。

〔二〇〕數尺：漢魏本作「數丈」。

〔二一〕大王吏議攻宋：漢魏本作「大王更議攻宋」，戰國策宋策云：「以王吏之攻宋，爲與此同類也。」「更」字誤。

〔二二〕於是見公輸班攻宋：漢魏本無「攻宋」二字。墨子公輸作「於是見公輸盤子（班）」。「攻宋」是衍文。

〔二三〕幞：頭巾，古人以皁羅三尺裹頭，稱幞或襆。墨子公輸作「牒」，疊布也。

〔二四〕屈：漢魏本無此字。

〔二五〕吾不言矣：漢魏本作「我亦不言」。

〔二六〕楚：漢魏本無此字。

〔二七〕禽滑釐：姓禽，墨子之弟子，史記卷一二一儒林列傳謂田子方、段干木、吴起、禽滑釐之屬，皆受業於子夏之倫，則禽滑釐亦曾學於儒家之門。

〔二八〕非可長保：漢魏本作「非常保」。

〔二九〕赤松：漢魏本作「赤松子」。列仙傳「赤松子」條云：「赤松子者，神農時雨師也。」參見本書序注。

〔三〇〕乃謝遣門人：漢魏本無此句。

〔三一〕入山精思至道：漢魏本作「乃入周狄山精思道法」。三洞群仙録卷一六肩吾三住墨狄五行引神仙傳作「乃入周狄山精思」。

〔三二〕夜常聞：漢魏本作「數聞」。

〔三三〕覆之：漢魏本作「覆足」。

〔三四〕忽有：漢魏本作「忽見」。

〔三五〕豈：漢魏本作「豈非」。

〔三六〕道教：漢魏本作「道要」。

〔三七〕子有至德好道：漢魏本作「知子有志好道」。

〔三八〕同畢：漢魏本作「相畢」。

〔三九〕素書：用朱墨寫在白絹上之道書。

〔四〇〕朱英丸：道家視朱英为瑞草，據説朱英丸能延年益壽。

〔四一〕卷：漢魏本作「篇」。

〔四二〕以爲五行記五卷：漢魏本無「五卷」二字。抱朴子內篇遐覽記墨子枕中五行記五卷，又云：「其變化之術，大者唯有墨子五行記，本有五卷，昔劉君安未仙去時，鈔取其要，以爲一卷，其法用藥用符，乃能令人飛行上下，隱淪無方。含笑即爲婦人，蹙面即爲老翁，踞地即爲小兒。執杖即成林木，種物即生瓜果可食。畫地爲河，撮壤成山，坐致行厨，興雲起火，無所不作也。」劉君安即劉根，查神仙傳「劉根」條並無治墨子五行記之說，上引所記事例却與「劉政」條所言幻術大體同，所謂劉根或是劉政之誤。

〔四三〕地仙：見「黄山君」條注。

〔四四〕楊遼：漢魏本作「楊違」。

〔四五〕束帛加璧：古代尊敬德者之禮品。

〔四六〕五六十歲：漢魏本作「五十許」。

劉政〔一〕

劉政者，沛國〔二〕人也。高才博物，學無不覽。深維居世榮貴須臾〔三〕，不如學道，可得長生。乃絶進取之路，求養性〔四〕之術。勤尋異聞，不遠千里，苟有勝己，雖奴客〔五〕必師事之。後治墨子五行記〔六〕，兼服朱英丸〔七〕，年百八十餘歲也，如童子〔八〕。好爲變化隱形〔九〕，又能以一人作〔一〇〕百人，百人作千人，千人作萬人。又能隱三軍之衆，使人化〔一一〕成一叢林木，亦能使成鳥獸。試取他人器物，以置其衆處〔一二〕，人不覺之〔一三〕。又能種五菓之木〔一四〕，便華實可食〔一五〕，生致行厨〔一六〕，供數百人〔一七〕。又能吹氣爲風，飛沙揚石。以手指屋宇、山林〔一八〕、壺器，便欲傾〔一九〕壞，更指之，則還如故。又能化作美女之形〔二〇〕。及作木人，能一日之中行數千里〔二一〕。噓水興雲〔二二〕，奮手起霧，聚壤成山，刺地成淵。能忽老忽少，乍大乍小。入水不濕，步行水上。召江海中魚鱉蛟龍黿鼉〔二三〕，即皆登岸。又口吐五色之氣，方廣十里，氣上〔二四〕連天。又能騰躍上下，去地數百丈。後〔二五〕不知所在。

校釋

〔一〕太平廣記卷五「劉政」條云出神仙傳，與本條基本同。漢魏本劉政與太平廣記本同。

〔二〕沛國：漢魏本作「沛」，今江蘇沛縣，東漢時屬沛國。

〔三〕深維居世榮貴須臾：漢魏本作「以爲世之榮貴，乃須臾耳」，語意較清楚。深維，意爲深思。

〔四〕養性：漢魏本作「養生」。論衡卷七道虛云：「道家或以導氣養性，度世而不死。」抱朴子外篇自叙云：「養生延年，禳邪却禍之事，屬道家。」養性、養生兩義同。

〔五〕客：指僕從。

〔六〕墨子五行記：見「墨子」條注。

〔七〕朱英丸：見「墨子」條注。

〔八〕如童子：漢魏本作「色如童子」。

〔九〕好爲變化隱形：漢魏本作「能變化隱形」。

〔一〇〕作：漢魏本作「分作」。

〔一一〕人化：漢魏本無此二字。

〔一二〕以置其衆處：漢魏本作「易置其處」，其義較明。真仙通鑑卷六劉政作「以置其處」。四庫本「以」乃「易」字之訛，「衆」是衍文。

〔一三〕人不覺之：漢魏本作「人不知覺」。

〔一四〕之木：漢魏本無此二字。

〔一五〕便華實可食：漢魏本作「立使華實可食」，更合乎道家變幻之術。

〔一六〕生致行厨：漢魏本、真仙通鑑卷六劉政作「坐致行厨」。道家方術有「坐致行厨」。行厨，見「王遠」條注。「生」形近「坐」而訛。

〔一七〕供數百人：漢魏本作「飯膳俱數百人」。

〔一八〕山林：漢魏本作「山陸」。太平廣記卷五「劉政」條作「山陵」。

〔一九〕傾：漢魏本作「頹」。

〔二〇〕又能化作美女之形：漢魏本作「又能化生美女之形」。

〔二一〕及作木人，能一日之中行數千里：漢魏本作「及作水火。又能一日之中行數千里」。作水火，雖是道家方士幻術，下文便是説劉政「能一日之中行數千里」，亦可通。「木人」與「水火」字形相近，可能某本因而訛誤。真仙通鑑卷五劉政作「及作木人，能一日之中行數千里」，木人或是原文。

〔二二〕噓水興雲：漢魏本作「能噓水興雲」。三洞群仙録卷一四自在掬水劉政興雲引神仙傳作「又能噓水興雲」。四庫本無「能」字。

〔二三〕黿鼉：黿，説文卷一三下云：「大鱉也。」鼉，陸璣毛詩草木鳥獸蟲魚疏卷下鼉鼓逢逢云：「鼉似蜥蜴，四足，長丈餘……甲如鎧……其皮堅厚，可以冒鼓。」

〔二四〕氣上：漢魏本作「直上」。

〔二五〕後：漢魏本作「後去」。

孫博[一]

孫博者，河東[二]人也。有清才[三]，能屬文，著書百許篇[四]，誦經數十萬言。晚乃學道[五]，治墨子之術[六]，能使草木金石皆爲火，光照耀數十里[七]。亦能使身中成炎[八]，口中吐火。指大树生草，即焦枯。若更指之，則復如故。亦能使三軍之衆，各成一叢火[九]。又有藏人亡奴在軍中者[一〇]，自捕之不得[一一]，因就博請[一二]。博語奴主曰：「吾爲卿燒其營舍，奴必走出，卿但諦伺[一三]捉取之。」於是博以一赤丸[一四]擲於軍中[一五]，須臾火起漲天[一六]，奴果走出而得之[一七]。博乃更以一青丸擲之火中[一八]，火勢即滅，屋舍百物向已焦燃者，皆悉如故不損[一九]。博每作火有所燒，他人雖以水灌之，終不可滅，須博自止之，乃止耳[二〇]。行火水中，不但己身不沾[二一]，乃能兼使從者數百人皆不沾[二二]。又能將人於水上敷席而坐[二三]，飲食作樂，使衆人舞於其上，不没不濡，終日盡歡。其疾病者，就博自治，亦無所云，爲博直指之，言愈即愈[二四]。又山間石壁，及地上盤石，博便入其中，初尚[二五]見背及兩耳出石間[二六]，良久都没。又能吞刀劍數十[二七]枚，及從壁中出入，如有孔穴也。又能引鏡爲刀，屈刀爲鏡，可積時不改，須博指之，刀復如故。後入林慮山[二八]中，合神丹而仙矣[二九]。

校釋

〔一〕太平廣記卷五「孫博」條云出神仙傳，文字與四庫本略有不同，且有删節。漢魏本孫博與太平廣記本同。雲笈七籤卷一〇九引神仙傳「孫博」條，文字近於四庫本。

〔二〕河東：漢代郡名，治今山西夏縣西北。

〔三〕清才：卓越之才。

〔四〕著書百許篇：漢魏本作「著書百餘篇」。雲笈七籤卷一〇九引神仙傳「孫博」條作「著詩百篇」，「詩」字誤。

〔五〕學道：漢魏本作「好道」。

〔六〕治墨子之術：指墨子五行記之術，參「墨子」條注。

〔七〕光照耀數十里：漢魏本作「光照數里」。

〔八〕身中成炎：漢魏本、雲笈七籤卷一〇九引神仙傳「孫博」條作「身成火」。仙苑編珠卷上孫博同道班孟異名引神仙傳云「能令草木金石人物盡成猛火」。

〔九〕亦能使三軍之衆，各成一叢火：漢魏本無此二句。「一叢火」，雲笈七籤卷一〇九引神仙傳「孫博」條作「一聚火」。

〔一〇〕又有藏人亡奴在軍中者：漢魏本作「又有人亡奴藏匿軍中者」，語意較明。四庫本「藏」字應在「在軍中」之前。

〔一〕自捕之不得：漢魏本無「自」字，雲笈七籤卷一〇九引神仙傳「孫博」條作「累日求之不得」。

〔三〕因就博請：漢魏本、雲笈七籤卷一〇九引神仙傳「孫博」條無此句。

〔三〕諦伺：仔細察看。

〔四〕赤丸：太平御覽卷七六七瓦引神仙傳作「赤瓦」，下文「青丸」亦作「青瓦」。「瓦」形近「丸」而誤。

〔五〕軍中：漢魏本作「軍門」。

〔六〕漲天：漢魏本作「燭天」。

〔七〕而得之：漢魏本作「乃捉得之」。

〔八〕擲之火中：漢魏本無「火中」二字。雲笈七籤卷一〇九引神仙傳「孫博」條無「中」字。

〔九〕屋舍百物向已焦燃者，皆悉如故不損：漢魏本作「屋舍百物，如故不損」。雲笈七籤卷一〇九引神仙傳「孫博」條作「所燔屋舍百物向已焦然者，皆悉復故」。

〔一〇〕須博自止之，乃止耳：雲笈七籤卷一〇九引神仙傳「孫博」條同。漢魏本作「須臾自止之，方止」，「須臾」爲「須博」之誤。

〔一一〕行火水中，不但已身不沾：漢魏本作「行水火中，不沾灼」，因言火，故加「灼」字。「行火水中」，雲笈七籤卷一〇九引神仙傳「孫博」條作「行大水中」，不言火灼，四庫本「火」似應作「大」。

〔一二〕乃能兼使從者數百人皆不沾：漢魏本作「亦能使千百人從己蹈之，但不沾灼」。

〔二三〕又能將人於水上敷席而坐：漢魏本作「又與人往水上布席而坐」。

〔二四〕不没不濡……言愈即愈：漢魏本無。

〔二五〕初尚：漢魏本作「漸」。

〔二六〕出石間：漢魏本無此三字。

〔二七〕數十：漢魏本作「數千」，「千」字誤。

〔二八〕林慮山：在今河南林州西。

〔二九〕合神丹而仙矣：漢魏本作「服神丹而仙去」。雲笈七籤卷一〇九引神仙傳「孫博」條作「合神丹仙去矣」。

班　孟〔一〕

班孟者，不知何許人，或云女子也。能飛行終日〔二〕。又能坐空虛之中與人言語。又能入地中，初時〔三〕没足至腰及胸〔四〕，漸漸〔五〕但餘冠幘〔六〕，良久而盡没不見。又以指刻地〔七〕，即成泉井，而可汲引〔八〕。又吸人屋上瓦〔九〕，瓦即飛入人家〔一〇〕。人家有桑菓數十株〔一一〕，皆聚之成積如山〔一二〕，如此十餘日，吹之各還其本處如常。又能含墨〔一三〕，舒紙著前，嚼墨一噴之〔一四〕，皆成文字，滿紙〔一五〕各有意義〔一六〕。後服酒餌丹〔一七〕，年四百餘歲〔一八〕，更少容〔一九〕。後入大治山中〔二〇〕，仙去也〔二一〕。

校　釋

〔一〕太平廣記卷六一「班孟」條列於女仙傳，云出神仙傳，與本條文字略異。漢魏本班孟與本條同。

〔二〕終日：太平廣記卷六一「班孟」條作「經日」。

〔三〕初時：太平廣記卷六一「班孟」條作「初去時」。

〔四〕没足至腰及胸：太平廣記卷六一「班孟」條作「没足至胸」。

〔五〕漸漸：太平廣記卷六一「班孟」條作「漸入」。

〔六〕幘：說文卷七下「幘」云：「髮有巾曰幘。」

〔七〕刻地：太平廣記卷六一「班孟」條、漢魏本作「刺地」。

〔八〕即成泉井，而可汲引：太平廣記卷六一「班孟」條作「即成井，可吸」。

〔九〕又吸人屋上瓦：太平廣記卷六一「班孟」條作「吹人屋上瓦」，「吹」比「吸」更合理。

〔一〇〕瓦即飛入人家：太平廣記卷六一「班孟」條作「瓦飛入人家間」。

〔一一〕人家有桑菓數十株：漢魏本、太平廣記卷六一「班孟」條作「桑菓數千株」。

〔一二〕皆聚之成積如山：太平廣記卷六一「班孟」條作「孟皆拔聚之成一，積如山」，語意較明。

〔一三〕又能含墨：太平廣記卷六一「班孟」條作「又能含墨一口中」。

〔一四〕嚼墨一噴之：太平廣記卷六一「班孟」條、漢魏本班孟作「嚼墨噴之」。

〔一五〕滿紙：太平廣記卷六一「班孟」條作「竟紙」。

〔一六〕又能含墨……滿紙各有意義：此數句敦煌文書琱玉集引神仙傳作「能含墨噴紙，皆成文字，欲作義理，（皆有）其意焉」（斯二〇七二）。

〔一七〕後服酒餌丹：太平廣記卷六一「班孟」條作「服酒丹」。

〔一八〕四百餘歲：太平廣記卷六一「班孟」條作「四百歲」。

〔一九〕容：太平廣記卷六一「班孟」條無此字。

〔三〇〕後入大治山中：漢魏本、太平廣記卷六一「班孟」條作「入大治山中」。大治山，未明在何處。

〔三一〕仙去也：太平廣記卷六一「班孟」條無此三字。

玉　子〔一〕

玉子〔二〕者，姓張震〔三〕，南郡〔四〕人也。少學衆經〔五〕，周幽王〔六〕徵之不起〔七〕，乃歎曰：「人居世間，日失一日，去生轉遠，去死轉近，而貪富貴，不知養性，命盡氣絶即死。位爲王侯，金玉如山，何益於是爲灰土乎〔八〕？獨有神仙度世，可以無窮耳。」乃師長桑子〔九〕，受其衆術〔一〇〕，乃造一家之法〔一一〕，著道書百餘篇。其術以務魁〔一二〕爲主，而精於五行〔一三〕之意，演其微妙。以養性治病，消災散禍。能起飄風，發木折屋〔一四〕，作雲雷雨霧〔一五〕。以草芥瓦石爲六畜龍虎，立便能行〔一六〕。分形爲數百千人〔一七〕。又能涉行江漢〔一八〕，含水噴之，立成珠玉，遂不復變也〔一九〕。或時閉氣不息〔二〇〕，舉之不起，推之不動，屈之不曲，伸之不直，如此數十日，乃復起如故〔二一〕。每與諸弟子行〔二二〕，各丸泥爲馬與之，皆令閉目，須臾皆乘大馬，乘之一日千里。又能吐五色氣〔二三〕，起數丈〔二四〕。見飛鳥過，指之墮地〔二五〕。又臨淵投符，召魚鱉〔二六〕，魚鱉皆走上岸〔二七〕。又能使諸弟子舉眼，即見千里外物，亦不能久也。其務魁時，以器盛水著兩魁〔二八〕之間，吹而噓之〔二九〕，水上立有赤光，繞之曄曄而起〔三〇〕。又以此水治百病〔三一〕，在内者飲之〔三二〕，在外者浴之〔三三〕，皆使立愈〔三四〕。後入崆峒山〔三五〕合丹，丹成〔三六〕，白日昇天也〔三七〕。

校釋

〔一〕太平廣記卷五「玉子」條云出神仙傳，文字與本條略異。漢魏本與太平廣記本同。雲笈七籤卷一〇九引神仙傳「玉子」條，文字與本條略有不同；卷八五尸解中之「玉子」條，大體同於卷一〇九所引。

〔二〕玉子：真誥卷一四稽神樞第四云：「玉子者，帝佶（嚳）也。曾詣鍾山，獲九化十變經，以隱遁日月，遊行星辰。後一旦疾崩，營塚在渤海山。」（雲笈七籤卷八四釋石精金光藏景録形法亦引）是另一玉子。

〔三〕姓張震：有錯漏。漢魏本作「姓韋名震」。雲笈七籤卷一〇九引神仙傳「玉子」條作「姓章名震」。仙苑編珠卷上王綱二氣章震五行引神仙傳云：「章震者，王（玉）子也。」又太平御覽卷六六二天仙引真誥曰：「章震，南郡人。」可知「張」爲「章」之誤，中又缺「名」字。漢魏本「章」作「韋」乃形近而誤。

〔四〕南郡：今湖北荆州北。

〔五〕少學衆經：漢魏本作「少好學衆經」。

〔六〕周幽王：公元前七八一——前七七一年在位。

〔七〕不起：漢魏本作「不出」。

〔八〕何益於是爲灰土乎：雲笈七籤卷一〇九引神仙傳「玉子」條作「何益形爲灰土乎」。漢魏本作

「何益於灰土乎」。

〔九〕師長桑子：漢魏本同。雲笈七籤卷一〇九引神仙傳「玉子」條、仙苑編珠卷上王綱二氣章震五行引神仙傳作「師桑子」。長桑子或作長桑公子、長桑君。史記卷一〇五扁鵲列傳索隱云：「（長桑君）隱者，蓋神人。」

〔一〇〕受其衆術：漢魏本作「具受衆術」。真仙通鑑卷一〇玉子作「具受衆經」。

〔一一〕乃造一家之法：漢魏本作「別造一家之法」。

〔一二〕務魁：魁乃北斗首星，務魁是以北斗星象占人事之吉凶。真仙通鑑卷四二任可居云：「每占先令人齋戒，向壁列燈爲斗魁之像，坐其前，禍福吉凶歷歷如見。」

〔一三〕五行：指墨子五行之術，詳見「墨子」條注。

〔一四〕發木折屋：漢魏本作「發屋折木」。

〔一五〕作雲雷雨霧：漢魏本、雲笈七籤卷一〇九引神仙傳「玉子」條作「作雷雨雲霧」，文語較通順。

〔一六〕立便能行：漢魏本作「立成」。雲笈七籤卷一〇九引神仙傳「玉子」條、真仙通鑑卷一〇玉子作「立便成行」。

〔一七〕分形爲數百千人：漢魏本作「能分形爲百千人」。

〔一八〕江漢：漢魏本、雲笈七籤卷一〇九引神仙傳「玉子」條、仙苑編珠卷上王綱二氣章震五行引神仙傳均作「江海」，意指其能於江海上行走，「漢」爲「海」之訛。

〔一九〕遂不復變也：漢魏本作「亦不變」。雲笈七籤卷一〇九引神仙傳「玉子」條作「遂亦不變也」。

〔二〇〕閉氣不息：吸氣不即吐出，道家服氣之法。雲笈七籤卷三二養性延命録服氣療病云：「閉氣不息，於心中數至二百，乃口吐氣出之，日增息，如此身神具，五藏安。能閉氣至二百五十息，華蓋明，華蓋明則耳目聰明，舉身無病，邪不忓人也。」

〔二一〕如此數十日，乃復起如故：漢魏本作「或百日數十日乃起」。雲笈七籤卷一〇九引神仙傳「玉子」條作「百日數十日乃復起」。

〔二二〕每與諸弟子行：漢魏本作「每與子弟行」。雲笈七籤卷一〇九引神仙傳「玉子」條作「與弟子行」。

〔二三〕吐五色氣：道家方士之幻術。漢魏本、雲笈七籤卷一〇九引神仙傳「玉子」條均作「吐氣五色」。

〔二四〕起數丈：雲笈七籤卷一〇九引神仙傳「玉子」條作「起數百丈」。

〔二五〕指之墮地：漢魏本、雲笈七籤卷一〇九引神仙傳「玉子」條作「指之即墮」。

〔二六〕召魚鱉：漢魏本作「召魚鱉之屬」。

〔二七〕魚鱉皆走上岸：漢魏本作「悉來上岸」。雲笈七籤卷八五尸解「玉子」條作「即皆上岸」。

〔二八〕兩魁：漢魏本、雲笈七籤卷八五、卷一〇九引神仙傳「玉子」條均作「兩肘」，「魁」爲「肘」之誤。

〔二九〕吹而噓之：漢魏本作「噓之」。

〔三〇〕水上立有赤光，繞之曄曄而起：漢魏本作「水上立有赤光，輝輝起一丈」。雲笈七籤卷一〇九引神仙傳「玉子」條作「水上直有赤光，輝輝起一二丈」。曄曄、輝輝，光耀也。

〔三一〕又以此水治百病：漢魏本作「以此水治病」。

〔三二〕在内者飲之：漢魏本、雲笈七籤卷一〇九引神仙傳「玉子」條作「病在内者飲之」。

〔三三〕在外者浴之：雲笈七籤卷一〇九引神仙傳「玉子」條作「病在外者澡之」。

〔三四〕皆使立愈：漢魏本作「皆立愈」。

〔三五〕崆峒山：太平寰宇記卷八河南道八汝州「梁縣」云：「崆峒山，在縣西南四十里，有廣成子廟，即黄帝問道於廣成子之所也。」則在今河南禹州。又甘肅平涼亦有崆峒山，未知本條所指爲何處。

〔三六〕丹成：漢魏本、雲笈七籤卷一〇九引神仙傳「玉子」條無此二字。

〔三七〕白日昇天也：雲笈七籤卷八五尸解「玉子」條作「服之佯死，尸解而去」。

天門子〔一〕

天門子者，姓王名綱〔二〕。尤明補養之要，故其經〔三〕曰：「陽生立於寅，純木之精；陰生立於申，純金之精〔四〕。夫〔五〕以木投金，無往不傷，故陰能溲〔六〕陽也。陰人〔七〕著脂粉者，法金之白也〔八〕。是以真人道士，莫不留心駐意〔九〕，精其微妙，審其盛衰。我行青龍，彼行白虎；彼前〔一〇〕朱雀，我後〔一一〕玄武〔一二〕，不死之道也。又陰人之情也，有急於陽〔一三〕，然能外自戕抑〔一四〕，不肯請陽者，明金不爲木屈也。陽性氣剛躁，志節踈略，至於遊晏，則聲氣和柔〔一五〕，言辭卑下，明木之畏金也。」天門子既行此道，年二百八十歲，色如童子〔一六〕，乃服珠醴〔一七〕得仙，入玄洲〔一八〕去也。

校釋

〔一〕太平廣記卷五「天門子」條云出神仙傳，與本條基本同。漢魏本天門子與太平廣記本同。雲笈七籤卷一〇九引神仙傳「天門子」條文字與太平廣記本較近。

〔二〕姓王名綱：漢魏本天門子亦云：「天門子者，姓王名綱。」而太平廣記卷五「天門子」條、雲笈七籤卷一〇九引神仙傳「天門子」條作「天門子者，姓王名剛」。四庫全書考證以爲「綱」乃「剛」

之誤。明陳士元撰名疑卷四稱「天門子姓王名經」，明楊慎撰丹鉛總録卷一七男女小運云「近觀太平廣記引王徑天門子」，「經」可通「徑」，則明本太平廣記有作王經者。

〔三〕其經：抱朴子内篇遐覽記有天門子經。

〔四〕關於「陽寅」、「陰申」，説文解字第九上「包」解説云：「象人懷妊，巳在中象子，未成形也。元气起於子，子人所生也。男左行三十，女右行二十，俱立於巳，爲夫婦懷妊於巳，巳爲子，十月而生。男起巳至寅，女起巳至申，故男年始寅，女年始申也。」五行占候之人，又以男命起於寅，寅爲木；女命起於申，申爲金。

〔五〕夫：漢魏本作「天」，形近「夫」而訛。

〔六〕溲：漢魏本、雲笈七籤卷一〇九引神仙傳「天門子」條、丹鉛總録卷一七男女小運引明本太平廣記「天門子」文均作「疲」，「疲」或是原文。

〔七〕陰人：指女人。

〔八〕法金之白：法，效法也，古代五行之説，色以金爲白。

〔九〕駐意：漢魏本、雲笈七籤卷一〇九引神仙傳「天門子」條作「注意」。

〔一〇〕彼前：漢魏本、雲笈七籤卷一〇九引神仙傳「天門子」條作「取彼」。

〔一一〕我後：漢魏本作「煎（前）我」。雲笈七籤卷一〇九引神仙傳「天門子」條作「前我」。

〔一二〕玄武：青龍、白虎、朱雀、玄武，古人稱之爲瑞獸，軍隊行陣以之爲旗幟，禮記曲禮上云：「行前朱鳥而後玄武，左青龍而右白虎。」此處指陰陽互相制衡之意。

〔三〕有急於陽：漢魏本作「每急於求陽」。

〔四〕外自戕抑：戕抑有殺害之意，不合文意。太平廣記卷五「天門子」條、雲笈七籤卷一〇九引神仙傳「天門子」條、丹鉛總録卷一七男女小運引明本太平廣記作「外自收抑」，收抑，收斂也，「戕」形近「收」而訛。

〔五〕則聲氣和柔：漢魏本作「言和氣柔」。

〔六〕色如童子：漢魏本作「猶有童子之色」。雲笈七籤卷一〇九引神仙傳「天門子」條作「猶有童女之色」。

〔七〕珠醴：醴，甘酒也。抱朴子内篇仙藥云：「又真珠徑一寸以上可服，服之可以長久，酪漿漬之皆化如水銀。」珠醴或指此。

〔八〕玄洲：漢魏本作「玄洲山」。玄洲，海内十洲記云：「玄洲在北海之中，戌亥之地，地方七千二百里，去南岸三十六萬里。上有太玄都，仙伯真公所治，多丘山。」

九靈子〔一〕

九靈子者，姓皇名化。得還年却老、胎息〔二〕、内視〔三〕之要，五行之道〔四〕。其經曰：「此術可以辟五兵〔五〕，却虎狼，安全己身，營護家門，保子宜孫，内外和睦。人見則喜，不見則思。既宜從軍，又利遠客。他人謀己，消滅不成；千殃萬禍，伏而不起。杜姦邪之路，塞〔六〕妖怪之門。呪咀之者，其災不成；厭蠱〔七〕之者，其禍不行。天下之賢，皆來宗己。傾神靈之心，得百姓之意。田蠶大行，六畜繁孳。奴婢安家，疾病得愈。縣官〔八〕逆解〔九〕，忿争得勝〔一〇〕，百事皆利。世有專世，行此道者，大得其妙〔一一〕。」在人間五百餘年，顔容益少。後服鍊丹〔一二〕，而乃登仙去矣。

校　釋

〔一〕太平廣記無此條。漢魏本皇化與本條基本同。

〔二〕胎息：道家引氣之法。抱朴子内篇釋滯云：「故行炁……其大要者，胎息而已。得胎息者，能不以鼻口嘘吸，如在胞胎之中，則道成矣。」抱朴子内篇遐覽記有胎息經。

〔三〕内視：道家修鍊之法，其要義爲使心神並一。其法爲：制念以定志，静身以安神，寶氣以存血，思慮兼忘。抱朴子内篇遐覽記有内視經。

〔四〕五行之道：指墨子五行經之術，詳見「墨子」條注。

〔五〕五兵：弓矢、殳、矛、戈、戟也。參「彭祖」條注。

〔六〕塞：漢魏本皇化作「絶」。

〔七〕厭蠱：以巫術加害於事或人體。

〔八〕縣官：雲笈七籤卷三九老君説一百八十戒：「第九十二戒，不得以縣官中傷人民。」「縣官」有鬥訟誹謗之意。

〔九〕逆解：真仙通鑑卷五皇化作「道解」。道解，意爲以理釋訟，「逆」形近「道」而訛。

〔一〇〕忿争得勝：似應如真仙通鑑卷五皇化作「争理得勝」。

〔一一〕田蠶大行……大得其妙：漢魏本皇化無。

〔一二〕後服鍊丹：鍊丹，道家之仙丹。雲笈七籤卷六七九轉丹名稱：「第六丹名鍊丹，服之十日仙也。」仙苑編珠卷上九靈却禍北極貴精引神仙傳云：「(九靈子)在人間五百歲，服丹仙去。」漢魏本皇化作「後復煉丹」，「鍊丹」誤爲「煉丹」，又「服」改作「復」。

北極子〔一〕

北極子者，姓陰名恒。其經曰：「治身之道，愛神爲寶。養性之術，死入生出，常能行之，與天相畢。因生求生，真生矣。以鐵治〔二〕鐵之謂真，以人治人之謂神。」後服神丹而仙焉〔三〕。

校釋

〔一〕太平廣記無此條。漢魏本北極子與本條同。

〔二〕治：漢魏本作「冶」。

〔三〕仙苑編珠卷上九靈却禍北極貴精引神仙傳云：「北極子，姓陰名恒，得保神、養性、貴精之道，其要曰：『以金治金謂之真，以人治人謂之神。』」

絶洞子〔一〕

絶洞子者，姓李名修。其經〔二〕曰：「弱能制强，陰能弊陽。常若臨深履危〔三〕，御奔乘駕〔四〕，長生之道也。」年四百餘歲〔五〕，顏色不衰，著書四十篇〔六〕，名曰道源。服丹〔七〕昇天也。

校　釋

〔一〕太平廣記無此條。漢魏本李修與本條同。

〔二〕經：仙苑編珠卷上太陽華髮絶洞長生引神仙傳作「術」。

〔三〕危：仙苑編珠卷上太陽華髮絶洞長生引神仙傳作「薄」。

〔四〕御奔乘駕：仙苑編珠卷上太陽華髮絶洞長生引神仙傳無此句。太平御覽卷六六二天仙引真誥曰：「〔李修〕常持臨深履危，御奔乘朽」，「乘朽」與上文「履危」相對稱，「駕」似應作「朽」。又太平御覽卷六六八養生引集仙録曰：「修著書四十篇，名曰道源。常行之道，以柔勝剛，弱制强，如臨深履危，御奔乘朽，差之毫釐，喪爾之策，勤而行之，可以長壽。」可供參考。

〔五〕四百餘歲：仙苑編珠卷上太陽華髮絶洞長生引神仙傳作「四百歲」。

〔六〕四十篇：仙苑編珠卷上太陽華髮絶洞長生引神仙傳作「三十篇」。

〔七〕服丹：漢魏本作「服還丹」。仙苑編珠卷上太陽華髮絶洞長生引神仙傳、真仙通鑑卷五李修作「服還丹而仙」。還丹，道家之仙丹，雲笈七籤卷六七九轉丹名稱：「第四丹名還丹，服一刀圭，百日仙也。」

太陽子〔一〕

太陽子者，姓離名明，本玉子〔二〕同年之親〔三〕友也。玉子學道已成，太陽子乃事玉子，盡弟子之禮，不敢懈怠。然玉子特親愛之，有門人三十〔四〕，餘人莫與其比也。而好酒，恒醉，頗以此見責。然善爲五行之道〔五〕，雖鬢髮班白，而肌膚豐盛，面目光華，三百餘歲，猶自不改。玉子謂之曰：「汝當理身養性，而爲衆賢法司〔六〕，而低迷大醉，功業不修，大藥不合，雖得千歲，猶未足以免死，況數百歲者乎！此凡庸所不爲，況於達者乎！」對曰：「晚學性剛，俗態未除，故以酒自驅。」其驕慢如此。著七寶樹之術〔七〕，深得道要。服丹得仙，時時在世間五百歲中，面如少童。多酒，其鬢鬚〔八〕皓白也。

校釋

〔一〕太平廣記無此條。漢魏本離明與本條基本同。

〔二〕玉子：參「玉子」條。

〔三〕之親：漢魏本無此二字。

〔四〕十：漢魏本作「千」，恐誤。

〔五〕五行之道：指墨子五行記之術，詳見「墨子」條注。

〔六〕法司：漢魏本作「法師」。法司，原意爲司法官署或官吏；法師，有修行之道士，作「法師」爲是。

〔七〕著七寶樹之術：仙苑編珠卷上太陽華髮絶洞長生引神仙傳作「著七寶之術」。七寶樹之術或七寶之術，其義均不明。

〔八〕鬢鬚：漢魏本、仙苑編珠卷上太陽華髮絶洞長生引神仙傳、真仙通鑑卷一〇離明作「鬢髮」。上文作「鬢髮班白」，此處當亦作「鬢髮」。

太陽女〔一〕

太陽女者，姓朱名翼。敷演〔二〕五行之道〔三〕，加思增益，致爲微妙，行用其道，甚驗甚速。年二百八十歲，色如桃花，口如含丹，肌膚充澤，眉鬢如畫，有如十七八者〔四〕也。奉事絶洞子〔五〕，丹成以賜之，亦得仙昇天也。

校釋

〔一〕太平廣記、漢魏本均無此條。

〔二〕敷演：陳述演繹。

〔三〕五行之道：指墨子五行記之術，詳見「墨子」條注。

〔四〕肌膚充澤，眉鬢如畫，有如十七八者：三洞珠囊卷八相好品引神仙傳作「肌理光澤，髮膚有如十七八者」。

〔五〕絶洞子：見「絶洞子」條。

太陰女〔一〕

太陰女者，姓盧名全〔二〕。爲人聰達，知慧過人，好玉子〔三〕之道，頗得其法，未能精妙。時無明師，乃當道沽酒，密欲求賢，積年累久，未得勝己者。會太陽子〔四〕過之飲酒，見女禮節恭修，言詞閒雅〔五〕，太陽子喟然歎曰：「彼行白虎螣蛇，我行青龍玄武〔六〕，天下悠悠，知者爲誰？」女聞之大喜，使妹問客土數〔七〕爲幾。對曰：「不知也。但南三、北五、東七、西七、中一耳〔八〕。」妹還報曰：「客大賢者，至德道人也。我始問一已知五矣。」遂請入道室，改進妙饌，盛設嘉珍而享之，以自陳訖。太陽子曰：「共事天帝之朝，俱飲神光之水，身登玉子之魁，體有五行之寶〔九〕，唯賢是親，豈有所怪。」遂授補道之要〔一〇〕，授以蒸丹〔一一〕之方，合服得仙，仙時年已二百歲，而有少童之色也。

校　釋

〔一〕太平廣記、漢魏本無此條。

〔二〕姓盧名全：仙苑編珠卷上陽女得妙陰女亦成引神仙傳作「姓盧名金」。太平御覽卷六六八養生引集仙録亦稱「太陰女盧金」。

〔三〕玉子：見「玉子」條。

〔四〕太陽子：見「太陽子」條。

〔五〕閒雅：高尚也。

〔六〕彼行白虎螣蛇，我行青龍玄武：此言見「天門子」條，此處不提朱雀而用螣蛇。「螣蛇」，爾雅卷九釋魚第十六疏曰：「螣，螣蛇。釋曰：蛇，似龍者也，名螣，一名螣蛇，能興雲霧而遊其中也。（郭璞）注：淮南云蟒蛇。」

〔七〕土數：雲笈七籤卷五六元氣論並序云：「夫一含五氣。軟氣爲水，水數一也。温氣爲火，火數二也。柔氣爲木，木數三也。剛氣爲金，金數四也。風氣爲土，土數五也。」又五行家以金木水火土先後次序；洪範排列爲，一曰水，二曰火，三曰木，四曰金，五曰土。此外各家配數不一，但土數五則爲各家共通。

〔八〕南三、北五、東七、西七、中一耳：太平御覽卷六六八養生引集仙録「太陰女」條作「南三、北五、東九、西七、中一耳」（此據四庫本，中華書局影宋本有誤）。此乃五行方位之圖設，南齊書卷一一樂志引蔡邕云：「東方有木三、土五，故數八。南方有火二、土五，故數七。西方有金四土五，故數九。北方有水一、土五，故數六。」與太陽子之説不同。五行家各自解説其義，不必求其統一。

〔九〕共事天帝之朝……體有五行之寶：三洞珠囊卷八相好品引神仙傳云：「太陰女者，飲神光之水，身登王（玉）子之魁，體有五行之寶芝也。」

〔一〇〕遂授補道之要：仙苑編珠卷上陽女得妙陰女亦成引神仙傳作「遂教以補養之術」。

〔一一〕蒸丹：道家鍊丹法。

太玄女〔一〕

太玄女者，姓顓〔二〕名和。少喪夫〔三〕主，有術人〔四〕相其母子曰：「皆不壽也。」〔五〕乃行學道，治玉子之術〔六〕，遂能入水不濡，盛寒之時，單衣行水上〔七〕，而顏色不變，身體温煖，可至積日。能徙官府、宫殿、城市及世人屋舍於他處，視之無異，指之即失其所在。門户櫝〔八〕櫃有關鑰者〔九〕，指之即開。指山山摧〔一〇〕，指樹樹死〔一一〕，更指之，皆復如故。將弟子行，所到山間，日暮，以杖叩山石，皆有門户開，入其中〔一二〕，有屋室，床几帷帳，厨廪酒食如常。雖行萬里，所在常耳。能令小物忽大如屋，大物忽小於毫芒。野火〔一三〕漲天，嘘之即滅。又能生災〔一四〕火之中，衣裳不燃。須臾之間，化老翁小兒車馬〔一五〕，無所不爲。行三十六術〔一六〕，甚有神效，起死無數。不知其何所服食，顔色益少，鬢髮如鴉。忽白日昇天而去。

校釋

〔一〕太平廣記卷五九「太玄女」條云出女仙傳，乃出自墉城集仙録卷六「太玄女」條，文字與本條略有不同，蓋從神仙傳改寫而成。漢魏本太元（玄）女与太平廣記本同。

〔二〕姓顓：説郛卷五八下引神仙傳、仙苑編珠卷上玄女行厨南極過靈引神仙傳作「姓項」。「顓」、「項」

非姓氏，宋鄧名世撰古今姓氏書辨證卷九云：「神仙傳有太原（玄）女顓頊和。」少室山房筆叢卷四三玉壺遐覽二稱：「太玄女姓顓頊名和。」其姓應爲「顓頊」。

〔三〕夫：仙苑編珠卷上玄女行厨南極過靈引神仙傳作「夫」。漢魏本作「父」。墉城集仙録卷六「太玄女」條云：「少喪父。」故下文術人只相其母子，應作「父」。

〔四〕有術人：漢魏本作「或」。

〔五〕曰「皆不壽也」：漢魏本作「皆曰不壽」。

〔六〕治玉子之術：玉子之術，見「玉子」條。

〔七〕盛寒之時，單衣行水上：墉城集仙録卷六「太玄女」條云：「盛寒之時，單衣冰上。」盛寒時水已結冰，「水上」應作「冰上」。

〔八〕櫝：盒子。

〔九〕有關鑰者：指配有鎖匙者。

〔一〇〕山搉：不可解。漢魏本作「山摧」，摧，毁也。「搉」形近「摧」而誤。

〔一一〕死：漢魏本作「折」。

〔一二〕以杖叩山石，皆有門户開，入其中：墉城集仙録卷六「太玄女」條云：「以杖叩石，石即開，入其中。」語義較清楚。

〔一三〕野火：漢魏本作「吐火」，應如是，玉子精於五行之術，其中有口中吐火（參「孫博」條）。

〔一四〕生災：漢魏本作「坐炎」，是。「生災」形近「坐炎」而訛。

〔一五〕化老翁小兒車馬：漢魏本作「或化老翁，或爲小兒，或爲車馬」，意較明。仙苑編珠卷上玄女行厨南極過靈引神仙傳還有「坐置行厨」之語。

〔一六〕三十六術：或爲三十六法，皆變幻養生之法。初學記卷二三道釋部「仙第二」引崔玄山瀨鄉記曰：「老子爲十三聖師，養性得仙，各自有法，凡三十六，或以五行六甲陳，或以服食度骨筋，或以深巷大巖門，或以呼吸見丹田，或以流理還神丹，或以歔歙遊天山，或以元陽長九分，或以恬澹存五官，或以清淨飛淩雲，或以三辰建斗回，或以三五竟復還，或以聲罔處海濱，或以三黄居魄魂，或以太一行成均，或以六甲禦六丁，或以祭祀致鬼神，或以吹呴沉深泉，或以命門固靈根，或以乘璇璣得玉泉，或以專守昇於天，或以混沌留吾年，或以把握知塞門，或以太一柱英氛，或以虛無斷精神，或以黄庭乘僮人，或以柱天德神仙，或以玉衡上柱天，或以六甲遊玄門，或以道引俛仰伸，或以寂寞在人間，或以藥石騰雲，或以九道致紅泉，或以厥陰三毛間，或以去欲但存神。」

南極子〔一〕

南極子者，姓柳名融。能合粉成雞子〔二〕，吐之數十枚，煮之而啖〔三〕，出雞子中黄，皆餘有少許粉〔四〕，如指端者。取粉塗杯，呪之即成龜〔五〕，煮之可食，腹藏〔六〕皆具。而粉杯成龜殼者〔七〕，取肉，則殼還成粉杯矣〔八〕。又取水呪之，即成美酒，飲之醉人。又能舉手即成大樹，人或折其細枝以刺屋間，連日猶在，以漸萎黄〔九〕，與真木無異也。服雲霜丹〔一〇〕而得仙去矣。

校釋

〔一〕太平廣記無此條。雲笈七籤卷一〇九引神仙傳「南極子」條與本條基本同，文字且較通順。漢魏本柳融與雲笈七籤本同。

〔二〕能合粉成雞子：漢魏本、太平御覽卷七一九粉引神仙傳、真仙通鑑卷五柳融作「能含粉成雞子」。三洞群仙録卷一五柳融粉龜張果紙驢引神仙傳「南極子」條作「能含粉成雞子如真」。下文云「吐之數十枚」，可知是含粉。「合」乃「含」之訛。

〔三〕煮之而啖：此句之後，漢魏本有「與雞子無異」等語。

〔四〕出雞子中黃，皆餘有少許粉：太平御覽卷七一九粉引神仙傳作「雞子黃中皆有少粉也」。漢魏本作「黃中皆餘少許粉」，其意較清楚。

〔五〕取粉塗杯，呪之即成龜：漢魏本作「取杯呪之即成龜」。

〔六〕腹藏：漢魏本、真仙通鑑卷五柳融作「腸臟」。「藏」可通「臟」，「腹藏」不如「腸臟」貼合，「腹」形近「腸」而訛。

〔七〕而粉杯成龜殼者：漢魏本作「而杯成龜殼」。

〔八〕取肉，則殼還成粉杯矣：漢魏本作「煮取肉，則殼還成杯矣」。

〔九〕萎黃：漢魏本作「萎壞」。

〔一〇〕雲霜丹：未識是何種丹。

黄盧子〔一〕

黄盧子者，姓葛名起〔二〕。甚能理〔三〕病，若千里只寄姓名〔四〕與治之，皆得痊愈〔五〕，不必見病人身也。善氣禁〔六〕之道，禁虎狼百蟲皆不得動，飛鳥不得去，水爲逆流一里。年二百八十歲，力舉千鈞，行及奔馬，頭上常有五色氣〔七〕，高丈餘。天大旱時，能至淵中召龍出，催促便昇天，即便降雨〔八〕，數數如此。一旦乘龍而去，與諸親故辭别〔九〕，遂不復還矣。

校釋

〔一〕太平廣記無此條。雲笈七籤卷一〇九引神仙傳「黄盧子」條與此條基本同，漢魏本葛越與雲笈七籤本同。

〔二〕起：漢魏本作「越」。三洞珠囊卷一救導品引神仙傳「黄盧子」條、太平御覽卷三九四行引神仙傳均作「越」。三洞群仙録卷一二葛期致雨趙炳呼風引神仙傳稱「黄盧子姓葛名期」，「期」與「起」同音，「起」形近「越」而誤。

〔三〕理：漢魏本及其他本引文作「治」，唐本避諱作「理」。

〔四〕若千里只寄姓名：漢魏本作「千里寄姓名」。三洞群仙録卷一二葛期致雨趙炳呼風引神仙傳

「黄盧子」條作「治病，千里寄姓名爲治」。三洞珠囊卷一救導品引神仙傳「黄盧子」條作「其治病，千里寄名與之」。

〔五〕皆得痊愈：漢魏本、三洞珠囊卷一救導品引神仙傳「黄盧子」條作「皆愈」。三洞群仙録卷一二葛期致雨趙炳呼風引神仙傳「黄盧子」條作「治皆愈」。

〔六〕氣禁：禁呪之法。抱朴子内篇至理稱，吴越有禁呪之法，以氣可以禳天災，可以禁鬼神。入山林多溪毒蝮蛇之地，善禁者以氣禁之。又能禁虎豹及蛇蜂，皆悉令伏不能起。以氣禁還可以止血，續骨連筋等等。

〔七〕五色氣：三洞群仙録卷一二葛期致雨趙炳呼風引神仙傳「黄盧子」條作「五色光氣」。五色氣，參見「玉子」條注。

〔八〕即便降雨：漢魏本作「使作雨」。

〔九〕一旦乘龍而去，與諸親故辭别：漢魏本作「一旦與親故别，乘龍而去」。據唐獨孤及毘陵集卷一四華山黄神谷醼臨汝裴明府序題注引圖經云，華山黄神谷，「仙人黄盧子得道昇仙之所」。

神仙傳卷五

馬鳴生〔一〕

馬鳴生者，齊國臨淄〔二〕人也。本姓和，字君賢〔三〕。少爲縣吏，因逐捕〔四〕而爲賊所傷，當時暫死，得道士神藥救之〔五〕，遂活〔六〕，便棄職隨師〔七〕。初但欲求受治瘡病耳〔八〕，知〔九〕其有長生之道，遂久事之。隨師負笈〔一〇〕，西之女几山〔一一〕，北到玄丘山〔一二〕，南湊瀘江〔一三〕，周遊天下，勤苦備嘗〔一四〕。乃受太清神丹經〔一五〕三卷，歸，入山合藥服之，不樂昇天，但服半劑，爲地仙矣。常居所在〔一六〕，不過三年，輒便易處，人或不知其是仙人也。架屋舍，畜僕從，乘車馬〔一七〕，與俗人無異。如此展轉，遊〔一八〕九州五百餘年，人多識之，怪〔一九〕其不老。後乃修大丹〔二〇〕，白日昇天而去也。

校釋

〔一〕太平廣記卷七「馬鳴生」條云出神仙傳，與本條基本同。漢魏本馬鳴生与太平廣記本同。太平廣記卷五七「太真夫人」條有馬明生爲太真夫人出藥所救，及隨師學道昇天等事，大抵取材於本條，亦云出自神仙傳，却以太真夫人爲中心，改寫成二千餘言之小説。雲笈七籤卷九八太真夫人贈馬明生詩二首並序與太平廣記「太真夫人」條基本同，又增加贈馬明生之詩。雲笈七籤卷一〇六馬明生真人傳則可視爲上述各條綜合本。

〔二〕臨淄：今山東淄博。

〔三〕字君賢：雲笈七籤卷一〇六馬明生真人傳作「字君賓」，又卷九八太真夫人贈馬明生詩二首並序稱，臨淄小吏和君賢爲賊所傷，得太真夫人救治，爲報所受，「君賢乃易姓名，自號馬明生，隨夫人執役」。「賓」、「賢」形相近，似應作「賢」。太平御覽卷六六一真人下引真人傳曰「馬明生者，齊國臨淄人也，本姓帛名和，字君賢」，「帛名」是衍文，或混淆了另一帛和，此人亦字君賢。

〔四〕因逐捕：漢魏本作「捕賊」。

〔五〕得道士神藥救之：漢魏本作「忽遇神人以藥救之」。雲笈七籤卷九八太真夫人贈馬明生詩二首並序記其事，云：「值縣小吏和君賢爲賊所傷，當時殆死，夫人見而愍之。……夫人於肘後筒中出藥一丸，大如小豆，即令服之，登時而愈，血絶瘡合，無復慘痛。」將道士改爲太真夫人。太平御覽卷六六一真人下引真人傳却稱「捕蛇爲蛇所傷」，又太平御覽卷九三〇蛟引馬鳴生别傳則又稱「捕蛟爲蛟所傷」，皆小説轉引或叙述不同也。

〔六〕遂活：漢魏本作「便活」。漢魏本此句之後還有「鳴生無以報之」等語。

〔七〕便棄職隨師：漢魏本作「遂棄職隨神」。

〔八〕初但欲求受治瘡病耳：漢魏本作「初但欲治金瘡方耳」。

〔九〕知：漢魏本作「後知」。

〔一〇〕遂久事之，隨師負笈：漢魏本作「乃久隨之爲負笈」。而雲笈七籤卷一〇六馬明生真人傳説的是太真别去，以鳴生托付安期先生，故「明生乃隨安期先生負笈」，本條略去此情節，便是隨救其傷之道士負笈。

〔一一〕女几山：在今河南宜陽南。太平寰宇記卷六河南道六陝州「陝縣」引九州要記云：「富禄縣有女几，年八十，居陳留沽酒，得道飛昇於此山，因名之。」又山海經卷五中山經「中次九經」云：「岷山之首，曰女几之山，其上多石涅，其木多杻橿，其草多菊茶。洛水出焉，東注於江。其中多雄黄，其獸多虎豹。」則其地在今甘肅。

〔一二〕玄丘山：漢魏本作「元丘」，雲笈七籤卷一〇六馬明生真人傳作「圓丘」。山海經卷一八海内經云：「北海之内……有大玄之山，有玄丘之民。」皆傳説之山。

〔一三〕南湊瀘江：漢魏本作「南至廬江」。廬江有灊山（在今安徽灊山），太平廣記卷五七「太真夫人」條引神仙傳云：「後明生隨師周遊青城、廬灊。」廬灊，即灊山，天柱山是其一峰，乃道教名山，因在廬州，故又可稱廬灊。

〔一四〕勤苦備嘗：漢魏本作「勤苦歷年」。

〔一五〕太清神丹經：漢魏本作「太陽神丹經」。雲笈七籤卷一〇六馬明生真人傳云：「（安期先生）遂授以太清金液神丹方。」卷九八太真夫人贈馬明生詩二首並序載太真夫人語馬鳴生云：「有安期先生，曉金液丹法，其方祕要，是元君太一之道，白日昇天者矣。安期明日來，吾將以汝付囑之焉。」太清神丹或即太清金液神丹。雲笈七籤卷六五太清金液神丹經詳述其經。「太陽」爲「太清」之訛。

〔一六〕常居所在：漢魏本作「恒居人間」。

〔一七〕乘車馬：漢魏本無「乘」字。

〔一八〕遊：漢魏本作「經歷」。

〔一九〕怪：漢魏本作「悉怪」。

〔二〇〕後乃修大丹：漢魏本無「修大丹」三字。大丹，以鉛汞爲主修鍊之丹（參雲笈七籤卷七一太清丹經要訣并序）。

陰長生〔一〕

陰長生者，新野〔二〕人也。漢陰皇后〔三〕之屬〔四〕，少生富貴之門，而不好榮位〔五〕，專務道術。聞有〔六〕馬鳴生得度世之道，乃尋求〔七〕，遂與相見，執奴僕之役，親運履之勞〔八〕。鳴生不教其度世之道〔九〕，但日夕與〔一〇〕之高談當世之事，治生佃農之業〔一一〕。如此二十餘年〔一二〕，長生不懈怠，同時共事鳴生者十二人，皆悉歸去，獨有長生不去，敬禮彌肅。鳴生乃告之曰：「子真是能得道者。」乃將長生〔一三〕入青城山〔一四〕中，煮黃土而爲金以示之。立壇四面〔一五〕，以太清神丹經〔一六〕受〔一七〕之，乃別去〔一八〕。長生歸合丹〔一九〕，但服其半〔二〇〕，即不昇天〔二一〕，乃大作黃金數十萬斤〔二二〕，布施天下窮乏，不問識與不識者。周行天下，與妻子相隨，舉門而皆不老〔二三〕。

後於平都山白日昇天〔二四〕，臨去時〔二五〕著書九篇，云：「上古得仙者多矣，不可盡論，但漢興已來，得仙者四十五人，連余爲六矣。二十人尸解〔二六〕，餘者白日昇天焉。」抱朴子〔二七〕曰：「洪聞諺書有之曰：『子不夜行，不知〔二八〕道上有夜行人。』故不得仙者，亦安知天下山林間有〔二九〕學道得仙者耶！陰君已服神丹，雖未昇天，然方以類聚〔三〇〕，同聲相應〔三一〕，便自與仙人相尋索聞見〔三二〕，故知此近世諸仙人之數爾。而俗民謂爲不然，以己所不聞，則謂無有，不亦悲哉！夫草澤〔三三〕間士，以隱逸得志，以經籍自娛，不耀文彩，不揚聲名，不循求進〔三四〕，不營聞達，人猶不識之，豈況仙人亦何急急令聞達朝闕〔三五〕之徒知其所云爲哉？」

陰君自序〔三六〕云：「維漢延光元年〔三七〕，新野山北子受和君神丹要訣〔三八〕，道成去世，副〔三九〕之名山，如有得者，列爲真人，行乎去來，何爲俗間〔四〇〕。不死之道，要〔四一〕在神丹。行氣導引〔四二〕，俯仰屈伸，服食草木〔四三〕，可得少延〔四四〕，不求未度〔四五〕，以至天仙〔四六〕。子欲聞道，此是要言，積學所致，無爲爲神〔四七〕。上士聞之，勉力加勤，下士〔四八〕大笑，以爲不然。能知神丹，久視長存〔四九〕。」於是陰君裂黄素〔五〇〕寫丹經，一通封以文石〔五一〕之函，著嵩山〔五二〕；一通黄櫨簡〔五三〕，漆書之，封以青玉之函，置大華山〔五四〕；一通黄金之簡，刻而書之，封以白銀之函，著蜀經山〔五五〕；一通白縑書之〔五六〕，合爲一卷〔五七〕，付弟子，使世世當有所傳付。

又著書〔五八〕三篇，以示將來。其一曰：「唯余之先，佐命唐虞。爰逮漢世，紫艾重紆〔五九〕。余獨好道，而爲匹夫。高尚素志〔六〇〕，不事王侯。貪生得生，亦又何求。超迹蒼霄〔六一〕，乘虛〔六二〕駕浮。青腰、承翼〔六三〕，與我爲仇〔六四〕。入火不灼，蹈水〔六五〕不濡。逍遥太極〔六六〕，何慮何憂。遨戲仙都，顧愍群愚。年命之逝，如彼川流。奄忽〔六七〕未幾，泥土爲儔。奔馳索死，不肯暫休。」其二曰：「余之聖師，體道如貞〔六八〕。昇降變化，松喬爲隣。惟余同學，十有二人。寒苦求道，歷二十春。中多怠慢，志行不勤。痛乎諸子，命也自天。天不妄授，道必歸賢。身投幽壤〔六九〕，何時可還？嗟爾將來，勤加精研。勿爲流俗，富貴所牽。神道一成，昇彼九天〔七〇〕。壽同三光〔七一〕，何但億年。」其三曰：「惟余垂髮〔七二〕，少好道德。棄家隨師，東西南北。委於五濁〔七三〕，避世自匿。二〔七四〕十餘年，名山之側。寒不遑衣，飢不暇食。思不敢歸，勞不敢息。奉事聖師，承顔悦色。面垢足胝，乃見哀識。遂授要訣，恩深不測。妻子延年，咸享無極。黄金已成，貨財十億。役使鬼神，玉女侍側。余得度世，神丹之力。」

陰君留人間一百七十年，色如童子〔七五〕，白日昇天也。

校釋

〔一〕太平廣記卷八「陰長生」條云出神仙傳，與本條基本同。漢魏本與太平廣記本同。雲笈七籤卷一〇六陰真君傳則爲陰長生另一種傳記。

〔二〕新野：在今河南。

〔三〕陰皇后：據後漢書卷一〇上皇后紀第十上稱，光烈陰皇后名麗華，南陽新野人，東漢光武帝納爲皇后，謚曰光烈，陰長生是其兄。漢魏本無「陰」字。

〔四〕之屬：漢魏本作「親屬」。太平御覽卷六六二天仙引神仙傳作「之屬籍」。

〔五〕榮位：漢魏本作「榮貴」。雲笈七籤卷一〇六陰真君傳云：「漢和帝永元八年三月己丑立皇后陰氏，即長生之曾孫也。」而據後漢書卷一〇上皇后紀第十上云：「和帝陰皇后諱某，光烈皇后兄執金吾識之曾孫也。」如陰真君傳所説不誤，則長生原名識，官至執金吾，亦非「不好榮位」者也。

〔六〕有：漢魏本無此字。

〔七〕乃尋求：漢魏本作「乃尋求之」。太平御覽卷六六二天仙引神仙傳作「乃求尋之」，語更通順。

〔八〕運履之勞：雲笈七籤卷一〇六陰真君傳作「運履爲之勞」。運履，意爲卑下之工作。

〔九〕道：漢魏本作「法」。

〔一〇〕與：漢魏本作「别與」。

〔一一〕治生佃農之業：漢魏本作「治農田之業」。

〔一二〕二十餘年：漢魏本、太平御覽卷六六二天仙引神仙傳作「十餘年」。

〔一三〕長生：漢魏本無此二字。

〔一四〕青城山：在今四川都江堰西南。

〔一五〕立壇四面：漢魏本作「立壇西面」。太平御覽卷四九地部十四「平都山」條引神仙傳云：「後漢延光元年，陰長生於馬名生邊（邀）求仙法，乃將長生入青天（城）山中，煮黄土爲金以示之，立壇唼血，取太清神丹經授之。」真仙通鑑卷一三陰長生作「立壇歃血」。抱朴子内篇明本云：「豈況金簡玉札，神仙之經，至要之言，又多不書，登壇歃血，乃傳口訣。苟非其人，雖裂地連城，金璧滿堂，不妄以示人。」「登壇歃（唼）血」乃道家授法之一種儀式，「四面」、「西面」是「歃血」之訛。

〔一六〕太清神丹經：見「馬鳴生」條注。

〔一七〕受：漢魏本作「授」，是。真仙通鑑卷一三陰長生云「即日以太清金液神丹授之」。前引太平御覽卷四九地部十四「平都山」條引神仙傳亦可證。

〔一八〕乃別去：漢魏本作「鳴生別去」。

〔一九〕長生歸合丹：漢魏本作「長生乃歸，合之丹成」。

〔二〇〕但服其半：漢魏本作「服半劑」。

〔二一〕即不昇天：漢魏本作「不盡即昇天」。抱朴子内篇對俗云：「昔安期先生、龍眉甯公、修羊公、陰長生，皆服金液半劑者也，其止世間或近千年，然後去耳。」近千年始昇天，非不昇天，故下文又云「陰君已服神丹，雖未昇天」，雲笈七籤卷一〇六陰真君傳作「不即昇天」，四庫本「即不」兩字倒置，漢魏本「盡」是衍文。

〔二二〕乃大作黄金數十萬斤：「數十」，漢魏本作「十數」。雲笈七籤卷一〇六陰真君傳作「數」。仙苑編珠卷下噀酒欒巴施金陰氏引神仙傳稱「乃以半劑煮黄土成黄金數千斤」。各本所録不一。

〔二三〕舉門而皆不老：漢魏本作「一門皆壽而不老」。此句之後，漢魏本有「在民間三百餘年」等語。

〔二四〕後於平都山白日昇天：漢魏本作「後於平都山東白日昇天而去」，「東」爲衍文。平都山在今四川豐都北，又名仙都山，據雲笈七籤卷二七天地宮府圖「七十二福地」載，爲道教第四十五福地。

〔二五〕臨去時：漢魏本作「而去」。

〔二六〕尸解：見「王遠」條。

〔二七〕抱朴子：即葛洪，抱朴子外篇自叙稱：「洪期於守常，不隨世變，言則率實，杜絶嘲戲，不得其人，終日默然，故邦人咸稱之爲抱朴之士，是以洪著書，因以自號焉。」

〔二八〕不知：漢魏本作「則安知」。

〔二九〕有：漢魏本作「不有」。雲笈七籤卷一〇六陰真君傳作「密自有」。均可通。

〔三〇〕方以類聚：出周易繫辭上傳，方謂法術性行，各以類相聚也。

〔三一〕同聲相應：出周易乾，意爲志趣相同者，不必分高卑也。

〔三二〕便自與仙人相尋索聞見：漢魏本作「便自與仙人相集，尋索聞見」。雲笈七籤卷一〇六陰真君傳作「便自與仙人相尋求聞見」。

〔三三〕草澤：指民間。

〔三四〕不循求進：漢魏本作「不修求進」。雲笈七籤卷一〇六陰真君傳作「不修求友」。

〔三五〕聞達朝闕：語意不明。雲笈七籤卷一〇六陰真君傳作「朝菌」，意爲生命短促，是。

〔三六〕陰君自序：漢魏本作「陰君自叙」。雲笈七籤卷一〇六陰真君傳附陰真君自叙與此處所引基本同。太平御覽卷六六四尸解引神仙傳亦作「自序」。

〔三七〕延光元年：爲公元一二二年，距光武帝時已有百年，如陰長生是光烈皇后之兄，此時已百餘歲，神仙傳説固可虚稱年數百歲，而世間並未得見，此自序或自叙當非出自其手。

〔三八〕新野山北予受和君神丹要訣：「和君」，漢魏本作「仙君」。此句亦可讀作「新野山北，予受和君神丹要訣」，但馬鳴生授經是在青城山，不在新野山。太平廣記卷八「陰長生」條「予」作「子」。雲笈七籤卷一〇六陰真君傳附陰真君自叙作「新野山之子，受仙君神丹要訣」，太平御覽卷六六四尸解引陰君自序同，而陰長生乃新野人，稱「新野山之子」亦合。可見「北予」乃「之子」之訛。和君指馬鳴生，其人原姓和。「神丹要訣」，據太平廣記卷四一劉無名稱，劉入青城山求仙藥，真人「乃示其陽鑪陰鼎，柔金鍊化水玉之方，伏汞鍊鉛朱髓之訣，謂之曰：胡剛子、陰長生皆得此道，亦名金液九丹之經」。則「神丹要訣」實指太清神丹經或太清金液神丹經要訣。

〔三九〕副：漢魏本作「付」。

〔四〇〕間：漢魏本作「聞」。

〔四一〕要：漢魏本作「要道」。

〔四二〕行氣導引：雲笈七籤卷三二養性延命録「服氣療病」云：「凡行氣，以鼻内氣，以口吐氣，微而引之，名曰長息。内氣有一，吐氣有六。内氣一者，謂吸也；吐氣六者，謂吹呼唏呵嘘呬，皆出氣也。」導引，參「彭祖」條注。

〔四三〕草木：指草木之藥。

〔四四〕少延：雲笈七籤卷一〇六陰真君傳附陰真君自叙作「小道」。漢魏本作「延年」。

〔四五〕不求未度：雲笈七籤卷一〇六陰真君傳附陰真君自叙作「不能永度於世」，漢魏本作「不能度世」，其義同，應如是。

〔四六〕以至天仙：漢魏本作「以至乎仙」。

〔四七〕無爲爲神：雲笈七籤卷一〇六陰真君傳附陰真人自叙作「不爲有神」。漢魏本作「無爲合神」。未識何者爲是。

〔四八〕下士：雲笈七籤卷一〇六陰真君傳附陰真人自叙、漢魏本作「下愚」。

〔四九〕長存：漢魏本作「長安」。

〔五〇〕黄素：黄絹也。

〔五一〕封以文石：漢魏本作「封一文石」。文石，彩色之石。

〔五二〕嵩山：漢魏本、太平御覽卷六〇六簡引神仙傳作「嵩高山」，同。嵩山，在今河南登封北。

〔五三〕黄櫝簡：漢魏本作「黄櫨簡」。太平御覽卷六六四尸解引陰君自序、太平御覽卷六〇六簡引神仙傳均作「黄櫨簡」。「櫝」爲「櫨」之訛。黄櫨簡即黄櫨木造的簡。黄櫨生山野中，木黄色，枝莖紫赤色。

〔五四〕大華山：漢魏本作「太華山」。太平寰宇記卷二九關西道五華州「華陰縣」云：「山海經云：『太華之山削成而四方，其高五千仞，廣十里……』遠而望之，若有華狀，故名華山。」太平御覽卷六六二天仙引神仙傳作「華山」。華山，在今陝西華陰。

〔五五〕著蜀經山：太平御覽卷六〇六簡引神仙傳作「著蜀綏山」。漢魏本作「置蜀綏山」，是。綏山在今四川峨眉山市。元和郡縣圖志卷三一綏山縣云：「綏山，在縣西南一百一十九里，在峨眉山西南，其高無極。」

〔五六〕一通白縑書之：漢魏本作「一封縑書」。絹有稱爲縑。

〔五七〕一卷：漢魏本作「十篇」。此乃指「臨去時著書九篇」加上寫丹經一通，共合爲十卷，「一」字誤。

〔五八〕書：漢魏本作「詩」，下文實是三詩。

〔五九〕紫艾重紆：紫艾即紫綬、艾綬。東觀漢記卷四百官表云：「建武元年，復設諸侯王金璽綟綬，公、侯金印紫綬，九卿……皆銀印青綬。」綟，蒼緑色也，其色似艾，故又可稱艾綬。紆，系結也。紫艾重紆，意爲重新連結於顯貴。

〔六〇〕素志：平素之志。

〔六一〕蒼霄：蒼天。

〔六二〕虛：漢魏本作「龍」。

〔六三〕青腰、承翼：漢魏本作「青雲」，誤。太平廣記卷八「陰長生」條作「青要」，雲笈七籤卷一八老子中經上「第二十四神仙」云：「東方之神女名曰青腰玉女，南方之神女名曰赤圭玉女，中央之神女名曰黃素玉女，西方之神女名曰白素玉女，北方之神女名曰玄光玉女，左爲常陽，右爲承翼，此皆玉女之名也。」

〔六四〕爲仇：詩本義卷七正月云：「古言謂耦爲仇。」二人爲耦，爲仇，意爲爲伴，與下文「玉女侍側」義同。

〔六五〕水：漢魏本作「波」。

〔六六〕太極：雲笈七籤卷四九守五斗真一經口訣云：「俱乘紫氣，上登太極。太極，北極星也。」

〔六七〕奄忽：疾也。

〔六八〕如貞：「貞」同「真」。漢魏本作「之真」，義同。

〔六九〕幽壤：意爲九泉之下。

〔七〇〕九天：高空也。楚辭卷三天問章句第三注云：「九天，東方皞天，東南方陽天，南方赤天，西南方朱天，西方成天，西北方幽天，北方亥天，東北方變天，中央鈞天。」

〔七一〕三光：白虎通德論卷三封公侯云：「天有三光，日月星。地有三形，高下平。人有三尊，君父師。」

〔七二〕垂髪：童幼也。

〔七三〕五濁：法苑珠林卷一一七法滅篇「五濁部」云：「如地持論云：『所謂五濁者，一曰命濁，二曰衆生濁，三曰煩惱濁，四曰見濁，五曰劫濁。』」又漢武帝内傳云：「(上元)夫人笑曰：『五濁之人，耽湎榮利，嗜味淫溺，固其常也。』」

〔七四〕二：漢魏本作「三」。

〔七五〕童子：漢魏本作「女子」。

茅　君〔一〕

茅君者，名盈，字叔申，咸陽〔二〕人也。高祖父濛〔三〕，字初成，學道於華山〔四〕，丹成，乘赤龍而昇天，即秦始皇時也。有童謠曰：「神仙得者茅初成，駕龍上天昇太清。時下玄洲〔五〕戲赤城〔六〕，繼世而往在我盈。帝若學之臘嘉平。」其事載史紀詳矣。秦始王方求神仙長生之道，聞謡言以爲己姓符合謡讖，當得昇天，遂詔改臘爲嘉平，節以應之〔七〕。望祀蓬萊，使徐福將童男童女入海求神仙之藥〔八〕。

茅君十八歲入恒山學道〔九〕，積二十年，道成而歸，父母尚存，見之怒曰：「爲子不孝，不親供養，而尋逐〔一〇〕妖妄，流走四方。」舉杖欲擊之。君跪謝曰：「某受天命，應當得道，事不兩濟〔一一〕，違遠供養，雖無旦夕之益〔一二〕，而使父母壽老，家門平安。某道已成，不可鞭辱，恐非小故。」父怒不已，操杖擊之，杖即摧折而成數十段，皆飛揚，如弓激矢，中壁穿柱，壁柱俱陷。父驚即止，君曰：「向所啓者，實慮如斯，邂逅中人，即有傷損〔一三〕。」父曰：「汝言得道，能起死人否？」君曰：「死人罪重惡積，不可復生者，即不可起也。若横受短折〔一四〕者，即可令起也。」父因問鄉里死者若干人，誰當可起之，君乃遂召社公〔一五〕問之。父聞中庭有人應對，不之見也。問社公：「此村中諸已死者誰可起之？」衆人皆聞社公對曰：「某甲可起。」

君乃曰：「促約勑所關由，使發遣之事須了，可掘。」於是日入之後，社公來曰：「事已決了，便可發出。」於是君語死者家人掘之，發棺出死人。死人開目動摇，但未能語，舉而出之，三日後能坐，言語了了。如此發數十人，皆復生，活十歲方復死爾〔一六〕。

時君之弟名固，字季偉，次弟名衷，字思和，仕漢位至二千石〔一七〕，將之官，鄉里親友會送者數百人，親屬榮晏〔一八〕。時茅君亦在座，乃曰：「吾雖不作二千石，亦當有神靈之職，尅三月十八日〔一九〕之官，頗能見送乎？」在座中衆賓皆相然曰：「此君得道當出，衆皆復來送也。」君曰：「若見顧者，誠荷君之厚意也。但空來，勿有損費，吾當自有供給。」至期日，君門前數頃之地，忽自平治，無復寸草，忽見有青縑帳幄〔二〇〕，下敷數重白毡，容數千人。遠近皆神異之，翕然相語，來者塞道，數倍於前送弟之時也。賓客既集，君言笑延接，一如常禮，不見指使之人，但見金盤玉盃，自到人前。奇殽異菓，不可名字，美酒珍饌，賓客皆不能識也。妓樂絲竹，聲動天地。隨食隨益，人人醉飽。明日迎官來至，文官則朱衣紫帶〔二一〕，數百人。武官則甲兵旌旗，器仗〔二二〕耀日，千餘人。茅君乃與父母宗親辭別，乃登羽蓋車〔二三〕而去，麾幢〔二四〕幡蓋〔二五〕，旌節〔二六〕旄鉞〔二七〕，如帝王也。驂駕龍虎麒麟白鶴獅子〔二八〕，奇獸異禽，不可名識。飛鳥數萬，翔覆其上。流雲彩霞霏霏〔二九〕，繞其左右。去家十餘里，忽然不見，觀者莫不歎息。

君遂徑之江南，治於句曲山〔三〇〕。山有洞室，神仙所居，君治之焉。山下之人，爲立廟而奉事之。君嘗在帳中，與人言語。其出入，或導引人馬，或化爲白鵠。人有疾病，祈之者，煮雞子十枚，以内帳中。須臾，一一擲還，雞子如舊，歸家剖而視之，内無黄者，病人當愈，中有土者，不愈，以此爲候焉〔三一〕。雞子本無開處也。廟中常有天樂異香，奇雲瑞氣。君或來時，音樂導從，自天而下，或終日乃去。遠近居人，賴君之德，無水旱疾癘螟蝗之災，山無刺草毒木及虎狼之厲。時人因呼此山爲茅山焉。

後二弟年衰，各七八十歲，棄官委家，過江尋兄〔三二〕，君使服四扇散〔三三〕，却老還嬰，於山下洞中修練四十餘年，亦得成真。太上老君命五帝使者持節，以白玉版黄金刻書，加九錫之命〔三四〕，拜君爲太元真人、東嶽上卿、司命真君，主吴越生死之籍，方却昇天〔三五〕。或治下於潛山〔三六〕。又使使者以紫素策文，拜固爲定録君，衷爲保命君，皆例上真〔三七〕，故號「三茅君」焉。其九錫文、紫素策，文多不具載〔三八〕，自有别傳〔三九〕。其後每十二月二日、三月十八日，三君各乘一白鶴，集於峰頂也〔四〇〕。

校　釋

〔一〕太平廣記卷一三「茅君」條云出神仙傳，與本條比較，差異較大。漢魏本茅君與太平廣記本同，本文除相類似字句外，不一一校勘。太平廣記卷一一「大茅君」條云出集仙傳，專記茅君與仙人來往事，與上述各傳大不同。雲笈七籤卷一〇四李道太元真人東嶽上卿司命真君傳記其家世及事迹更詳。

〔二〕咸陽：太平御覽卷六六一真人下引茅君傳同，雲笈七籤卷一〇四李道太元真人東嶽上卿司命真君傳（以下簡稱李傳）稱其爲「咸陽南關人」。咸陽在今陝西。漢魏本作「幽州」，不知何所據。

〔三〕高祖父濛：李傳記茅盈家世，稱高祖父濛，字初成。而史記卷六秦始皇本紀集解引太原（元）真人茅盈内紀則云「盈曾祖父濛」，各説不同。

〔四〕華山：據李傳云，濛師鬼谷先生，遂隱遁華山。

〔五〕玄洲：參「天門子」條注。

〔六〕赤城：雲笈七籤卷二七天地宫府圖「十大洞天」云：「第六赤城山洞，周回三百里，名曰上清玉平之洞天，在台州唐興縣，屬玄洲，仙伯治之。」玄洲、赤城均爲泛指之地名。

〔七〕有童謡曰……節以應之：史記卷六秦始皇本紀云：「（始皇）三十一年十二月，更名臘曰『嘉平』。」集解引太原（元）真人茅盈内紀曰：「始皇三十一年九月庚子，盈曾祖父濛，乃於華山之中，乘雲駕龍，白日昇天。先是其邑謡歌曰：『神仙得者茅初成，駕龍上昇入泰清，時下玄洲戲赤城，繼世而往在我盈，帝若學之臘嘉平。』始皇聞謡歌而問其故，父老具對此仙人之謡歌，勸帝求長生之術。於是始皇欣然，乃有尋仙之志，因改臘曰『嘉平』。」

〔八〕望祀蓬萊，使徐福將童男童女入海求神仙之藥：史記卷六秦始皇本紀正義引括地志云：「亶洲在東海中，秦始皇使徐福將童男女入海求仙人，止在此州，共數萬家。」蓬萊，見「王遠」條注。徐福，秦時方術之士，太平廣記卷四引仙傳拾遺及廣異記記其事。

〔九〕恒山學道：李傳云：「盈時年十八，遂棄家委親，入於恒山，讀老子道德經及周易。」漢魏本、三洞珠囊卷一救導品引神仙傳、三洞群仙録卷三茅君雞子聖姑鵝卵云「學道於齊」，則是另一說。風俗通義卷一〇五嶽稱：「恒者常也，萬物伏藏於北方，有常也。」恒山在今山西渾源。

〔一〇〕尋逐：漢魏本作「尋求」。

〔一一〕兩濟：漢魏本作「兩遂」。

〔一二〕無旦夕之益：漢魏本作「日多無益」，「日多」形近「旦夕」而誤。

〔一三〕邂逅中人，即有傷損：漢魏本作「邂逅中傷人耳」。邂逅，意想不到。

〔一四〕横受短折：漢魏本作「横傷短折」。横受短折，意爲無辜短折壽命。

〔一五〕社公：古人謂社神爲社公，社者土地之主，社公即土地神。

〔一六〕本條使人起死回生事例，漢魏本、李傳均無。

〔一七〕二千石：本漢代官員俸禄，又借指受此俸禄如郡守一級之官員。李傳云：「衷爲五官大夫、西河太守，固爲執金吾。」漢執金吾爲中二千石。

〔一八〕親屬榮晏：漢魏本、李傳均無此句。榮晏，設宴歡送也。李傳記其年爲元帝初元四年（前四五年）。

〔一九〕三月十八日：初學記卷二三道釋部注引神仙傳、漢魏本作「某月日」，李傳作「來年四月三日」。

〔二〇〕青縑帳幄：太平御覽卷六九九帳引神仙傳「仙第三」作「素縑帳」。縑，絹之細者。李傳「幄」作「屋」，兩義同。

〔二一〕紫帶：古代低級官員以紫帶爲裝束。漢魏本、李傳、真仙通鑑卷一六茅盈作「素帶」，古代大夫以上之裝束。「紫」恐是「素」。

〔二二〕器仗：兵器也。

〔二三〕羽蓋車：翠羽裝飾之車，又稱羽車，並參「王遠」條注。

〔二四〕麾幢：將帥之旗幟。

〔二五〕幡蓋：旗幟華蓋。

〔二六〕旌節：使者所擁之憑信。

〔二七〕旄鉞：飾以旄牛尾之長斧，軍權之象徵。

〔二八〕驂駕龍虎麒麟白鶴獅子：漢魏本作「驂虯駕虎」。驂駕，駕御也。太平御覽卷六七七輿輦引茅君内傳曰：「太元真人（茅盈）杖紫雲之節，乘班龍之輦，白虎之軿，曲晨寶蓋。」

〔二九〕霏霏：甚多也。

〔三〇〕句曲山：太平寰宇記卷八九江南東道一潤州「延陵縣」云：「句曲山一名茅山，在縣西南三十里。茅君内傳云：『山形曲折似句字，故名句曲。』古名岡山，孔子福地記：『……因茅君以爲名。』」在今江蘇鎮江東。太平御覽卷六六一真人下引集仙録云：「大茅君盈南治句曲之山。」李傳稱：「(茅固)治丹陽句曲之山。」

〔三一〕内無黄者，病人當愈，中有土者，不愈，以此爲候焉：漢魏本作「若其中黄者，病人當愈，若有土者，即不愈，當以此爲候」。太平御覽卷七三九總叙疾病下引神仙傳云：「皆無復黄者，病人當愈，若中有土者，不愈，以爲常候。」太平御覽卷九二八鳥卵引神仙傳云：「其中無黄者並差，有黄者不愈，常以此爲候。」漢魏本脱「無」字。

〔三二〕後二弟年衰……過江尋兄：李傳云：「(茅盈弟茅固、茅衷)以漢元帝永光五年(公元前三九年)三月六日渡江，求兄於東山。」

〔三三〕四扇散：雲笈七籤卷七七黄帝四扇散方稱：「大茅君以授中茅君。」其方藥爲「松脂、澤瀉、乾薑、乾地黄、雲母、桂心、朮、石上菖蒲」。又稱：「黄帝受風后四扇神方，却老還少之道者也。」

〔三四〕九錫之命：王公之賜命，此指拜其爲司命真君。我(茅盈)昔受於高丘先生，令以相傳耳。」

〔三五〕太上老君命五帝使者持節……方却昇天：太平廣記卷一一引集仙傳「大茅君」條云：「天皇大帝遣繡衣使者冷廣子期賜盈神璽玉章，大微帝君遣三天左宫御史管修條賜盈八龍錦輿紫羽華衣，太上大道君遣協晨大夫叔門賜盈金虎真符流金之鈴，金闕聖君命太極真人正一上玄王郎、王忠、鮑丘等賜盈以四節嚥胎流明神芝。四使者授訖，使盈食芝，佩璽，服衣，正冠，帶符，握鈴而立，四使者告盈曰：『……位爲司命上真、東嶽上卿，統吴越之神仙，綜江左之山源矣。』」又云：「五帝君各以方面車服降於其庭，傳太帝之命，賜紫玉之版，黄金刻書九錫之文，拜盈爲東嶽上卿、司命真君、太元真人。」

〔三六〕潛山：在今安徽潛山。

〔三七〕上真：仙位也。

〔三八〕其九錫文、紫素策，文多不具載：李傳所録之九錫文、紫素策，恐是後人所添補。

〔三九〕别傳：雲笈七籤卷一〇四太元真人東嶽上卿司命真君傳、太平御覽所引李尊太元真人茅君内傳或是茅君别傳。

〔四〇〕其後每十二月二日……集於峰頂也：李傳云：「於是盈與二弟決别……到赤城玉洞之府。……臨去告二弟曰：『吾今去矣，便有局任，不得復數相往來，旦夕相見。要當一年，再過來於此山，三月十八日、十二月二日期，要吾師及南嶽太虚赤真人，遊盼於二弟之處也。……』」又云：「父老謌曰：『茅山連金陵，江湖據下流。三神乘白鵠，各治一山頭。……』」

張道陵〔一〕

天師張道陵，字輔漢，沛國豐縣〔二〕人也。本太學〔三〕書生，博採〔四〕五經。晚乃歎曰：「此無益於年命。」遂學長生之道〔五〕，得黄帝九鼎丹經〔六〕，修鍊於繁陽山〔七〕。丹成服之，能坐在立亡〔八〕，漸漸復少。後於萬山〔九〕石室中，得隱書祕文及制命山嶽衆神之術，行之有驗。

初，天師值中國紛亂，在位者多危，退耕於餘杭〔一〇〕。又漢政陵遲，賦斂無度，難以自安，雖聚徒教授，而文道凋喪，不足以拯危佐世。陵年五十，方退身修道，十年之間，已成道矣。聞蜀民樸素可教化，且多名山，乃將弟子入蜀於鶴鳴山〔一一〕隱居。既遇老君〔一二〕，遂於隱居之所，備藥物，依法修鍊，三年丹成，未敢服餌，謂弟子曰：「神丹已成，若服之，當沖天爲真人。然未有大功於世，須爲國家除害興利，以濟民庶，然後服丹即輕舉〔一三〕，臣事三境〔一四〕，庶無愧焉。」老君尋遣清和玉女〔一五〕，教以吐納〔一六〕清和之法。修行千日，能内見五藏〔一七〕，外集外神〔一八〕，乃行三步九迹〔一九〕，交乾履斗〔二〇〕，隨罡所指，以攝精邪〔二一〕，戰六天〔二二〕魔鬼，奪二十四治〔二三〕，改爲福庭〔二四〕，名之化宇，降其帥爲陰官。先時蜀中魔鬼數萬，白晝爲市，擅行疫癘，生民久罹其害。自六天大魔推伏之後，陵斥其鬼衆，散處西北不毛之地，與之爲誓曰：「人主於晝，鬼行於夜，陰陽分別，各有司存，違者正一有法，必加誅戮。」於是幽冥異域，人鬼殊途。今西蜀青城山有鬼市，並天師誓鬼碑〔二五〕、石天地、石日月〔二六〕存焉。

校釋

〔一〕太平廣記卷八「張道陵」條云出神仙傳，與本條大異。本條詳其入蜀修道事；太平廣記本則詳其爲民興利除弊，其事迹即五斗米道在漢中所爲，又有七試趙升事，多爲雲笈七籤卷一〇九引神仙傳「張道陵」條所本。漢魏本與太平廣記本同，除有關文句外，不一一校勘。

〔二〕豐縣：在今江蘇。

〔三〕太學：古代設於京城之最高學府，始建於西漢。

〔四〕博採：漢魏本作「博通」。

〔五〕天師張道陵……遂學長生之道：太平御覽卷六七一服餌下引上元寶經云：「太清正一真人張道陵，沛國人，本大儒，漢延光四年（一二五）始學道也。」

〔六〕黃帝九鼎丹經：或稱九鼎丹經，道家鍊丹之經。雲笈七籤卷一〇〇軒轅本紀云「黃帝鍊九鼎丹」。道藏洞神部收録黃帝九鼎神丹經訣，有以爲即此經。宋史卷二〇五藝文志四録有黃帝九鼎神丹經訣十卷。

〔七〕繁陽山：在今四川新都南。蜀中廣記卷五「新都縣」云：「在繁水之陽，因以爲名。」又引本際經云：「天師張道陵所遊，太上説經之處。」

〔八〕坐在立亡：見「皇初平」條注。

〔九〕萬山：太平御覽卷六六四尸解引集仙録云：「張天師道陵，隱龍虎山，修三元默朝之道，得黄帝龍虎中丹之術，丹成服之，能分形散景。天師自鄱陽入嵩高山，得隱書制命之術。」太平廣記卷六〇「孫夫人」條引女仙傳云：「孫夫人，三天法師張道陵之妻也。……時天師得黄帝龍虎中丹之術，丹成服之，能分形散影，坐在立亡。天師自鄱陽入嵩高山，得隱書制命之術。」萬山無聞於道教，「萬」形近「嵩」而誤。嵩山在今河南登封北。

〔一〇〕餘杭：在今浙江。

〔一一〕鶴鳴山：一名鵠鳴山、鳴鵠山。輿地廣記卷二九成都府路上邛州「大邑縣」云：「唐咸亨二年（六七一）析益州之晉原置，屬邛州。有鶴鳴山，後漢張道陵隱居於此，著作符書。」

〔一二〕老君：即太上老君。道教稱太初之時，老君從虛空而下，爲太初之師。

〔一三〕輕舉：昇仙飛行也。論衡卷七道虛云：「聞爲道者，服金玉之精，食紫芝之英，食精身輕，故能神仙。」又雲笈七籤卷六七九轉丹名云：「第九丹名寒丹，服一刀圭，即日仙也。玉女來侍，飛行輕舉，不用羽翼。」

〔一四〕三境：指玉清、上清、太清之三境，道家之仙境。雲笈七籤卷三道教三洞宗元云：「太清境有九仙，上清境有九真，玉清境有九聖。」

〔一五〕清和玉女：即教以吐納清和之玉女。

〔一六〕吐納：即吐故納新，導引之法。

〔一七〕能内見五藏：「藏」同「臟」。其法爲閉目内視而思五臟之精光，道家氣功之法。

〔一八〕外神：神指精神，人之外表爲外神。

〔一九〕三步九迹：其要如雲笈七籤卷六一服五方靈氣法所説，「諸步綱（以北斗位置步行修鍊之法）起於三步九迹，是謂禹步。……夫三元九星，三極九宫，以應太陽大數。其法先舉左，一跬一步，一前一後，一陰一陽，初與終同步，置脚横直，互相承如丁字所，亦象陰陽之會也。踵小虚相及，勿使步闊狹失規矩。當握固閉氣，實於大淵宫，瞥目自三，臨目叩齒存神，使四靈衛己，騎吏羅列前後左右，五方五帝兵馬如本位，北斗覆頭上，杓在前指，其方常背建擊破也。步九迹竟，閉氣却退。復本迹又進，是爲三反。即左轉身，都遣神氣綱目，直如本意攻患害，除遣衆事，存用訖，却閉目存神，調氣歸息於大淵宫，當咽液九過，其禁敕符水等請五方五帝真氣如常言。」

〔二〇〕交乾履斗：或稱步罡（綱）履斗。罡乃北都星座之斗柄，斗指北斗星。即是説作三步九迹時，按罡斗位置行步。

〔二一〕以攝精邪：攝，伏也。精邪，鬼怪也。

〔二二〕六天：六天之説起於讖書。真誥卷一五闡幽微第一云：「羅酆山在北方癸地，山高二千六百里，周回三萬里。其山下有洞天，在山之周回一萬五千里。其上其下並有鬼神宫室。山上有六宫，洞中有六宫，輒周回千里，是爲六天，鬼神之宫也。」此六宫分别爲：第一宫名紂絶陰天宫，第二宫名泰煞諒事宗天宫，第三宫名明晨耐犯武城天宫，第四宫名恬昭罪氣天宫，第五宫名宗靈七非天宫，第六宫名敢司連宛屢天宫。又云：「凡六天宫，則爲鬼神六天之治也。」

〔二三〕二十四治：治，此指鬼神署所。

〔二四〕福庭：神仙居處。

〔二五〕誓鬼碑：蜀中廣記卷六「灌縣」引五嶽真形圖云，青城山「洞天所在之處……兩邊懸崖俯臨不測，山旁有誓石。天師張道陵與鬼兵爲誓，朱筆畫山，青崖中絶。今驗斷處，石並丹色，闊二十丈，深六七丈，望之絶然也」。

〔二七〕石天地、石日月：真仙通鑑卷一八張天師云：「盟誓折石爲契，刻作天地日月之形於黄帝壇下，絶崖之上。」蜀中廣記卷六「灌縣」云：「又有石日月，日在延慶觀東北，月在溪西崖中，並徑五尺六寸半，一曰石天地，天形有十二角，地形正方，闊六七尺，或云即誓鬼壇也。」

欒　巴〔一〕

欒巴，蜀人〔二〕也。太守請爲功曹〔三〕，以師事之。請試術，乃平生入壁〔四〕中去，壁外人叫虎狼〔五〕，還乃巴也。遷豫章〔六〕太守，有廟神，能與人言語。巴到，推社稷〔七〕，問其蹤由〔八〕，乃老〔九〕往齊〔一〇〕爲書生，太守以女妻之，生一男。巴往齊，勑一道符，乃化爲狸。巴爲尚書〔一一〕，正旦〔一二〕會，群臣飲酒，巴乃含酒起，望西南噀之，奏云：「臣本鄉成都市失火，故爲救之。」帝馳驛往問之，云正旦失火，時有雨自東北來滅火，雨皆作酒氣也。

故〔一三〕終日不違如愚，若無所得而愚，是乃物之塊然〔一四〕者也。士大夫學道者多矣，然所謂八段錦〔一五〕、六字氣〔一六〕，特導引吐納〔一七〕而已，不知氣血寓於身而不可擾，貴於自然流通，世豈復知此哉。雖日宴坐〔一八〕，而心騖於外，營營〔一九〕然如飛蛾之赴宵燭，蒼蠅之觸曉牕，知往而不知返，知就利而不知避害。海魚有以蝦爲目者〔二〇〕，人皆笑之而不知其故。晝非日不能馳，夕非火不能鑒〔二一〕。故學道者，須令物不能遷其性。冶容〔二二〕曼色〔二三〕，吾視之與嫫母〔二四〕同。大厦華屋，吾視之與茅茨〔二五〕同。澄心清淨，湛然而無思時，導其氣，即百骸〔二六〕皆通。抱純白〔二七〕，養太玄〔二八〕，然後不入其機〔二九〕，則知神之所爲，氣之所生，精之所復，何行而不至哉。

所著百章，發明道祕，要眇〔三〇〕深切，迷途之指南也。

校釋

〔一〕太平廣記卷一一「欒巴」條云出神仙傳，記敕符化狸、噀酒滅火兩事甚詳，與本條之簡略相去甚遠。雲笈七籤卷一〇九引神仙傳「欒巴」條只記噀酒滅火一事，卷八五尸解「欒巴」條末後只多了「後爲事而誅，即兵解也」等語，文字又與兩本多差異，未知何所本。後漢書卷五七欒巴傳，不載此兩事；李賢注引神仙傳三條，文字又與上述兩本不同，如敕符化狸事，則與太平御覽卷九一二狸引神仙傳之文同，可知欒巴事迹，即以神仙傳所記，亦有多種版本。漢魏本與太平廣記本同，本條除有關詞句外，不一一校勘。

〔二〕蜀人：漢魏本作「蜀郡成都人」。後漢書卷五七欒巴傳云是「魏郡内黄（今河南内黄西）人」，應是欒巴原籍。初學記卷二天部下「雨二」引楚國先賢傳云：「樊英隱於壺山。嘗有暴風從西南起，英謂學者『成都市火甚盛』，因含水西向嗽之，乃令記其時日。後有從蜀都來者，云是日大火，有雲從東起，須臾大雨。」是本條欒巴展現方術事迹來源之一，神仙傳因編造噀酒於本郡成都滅火故事，故稱之爲蜀人。

〔三〕功曹：東漢郡太守下設功曹史，亦稱功曹，後漢書志第二十八百官五云：「（郡）有功曹史，主選署功勞。」

〔四〕平生入壁：不可解。漢魏本、雲笈七籤卷一〇九引神仙傳「欒巴」條作「平坐入壁」，「生」形近「坐」而訛。

〔五〕壁外人叫虎狼：不可解。雲笈七籤卷一〇九引神仙传「欒巴」條云：「須臾失巴而聞壁外作虎聲，而虎走還功曹宅，乃巴爾。」漢魏本云：「須臾失巴所在，壁外人見化成一虎，人並驚。虎徑還功曹舍，人往視虎，虎乃巴成也。」事理明白，四庫本有脱誤。

〔六〕豫章：治今江西南昌北。

〔七〕推社稷：漢魏本作「推問山川社稷」，意較完整。社，土神；稷，穀神。

〔八〕蹤由：漢魏本作「蹤迹」，義同。

〔九〕老：漢魏本作「走」，「老」形近「走」而訛。

〔一〇〕齊：諸本引文作齊國或齊郡，東漢時皆青州（今山東淄博一帶）屬地。

〔一一〕尚書：後漢書志第二十六百官三云：「尚書六人，六百石。本注曰：成帝初置尚書四人，分爲四曹。常侍曹尚書主公卿事；二千石曹尚書主郡國二千石事；民曹尚書主凡吏上書事；客曹尚書主外國夷狄事。世祖承遵，後分二千石曹，又分客曹爲南主客曹、北主客曹，凡六曹。」

〔一二〕正旦：正月之旦，即正月初一。

〔一三〕故：以下全屬學道之議論，爲别本所無。

〔一四〕塊然：無知也。

〔一五〕八段錦：導引吐納法之一，有八段錦圖、八段錦導引法示其法。遵生八箋延年却病箋卷下高子三知延壽論「八段錦導引法」云：「閉目冥心坐，握固靜思神。叩齒三十六，兩手抱昆侖。左右鳴天鼓，二十四度聞。微擺撼天柱，赤龍攪水津。漱津三十六，神水滿口勻。一口分三咽，龍行虎自奔。閉氣搓手熱，背摩後精門。盡此一口氣，想火燒臍輪。左右轆轤轉，兩脚放舒伸。叉手雙虛托，低頭攀脚頻。以候逆水上，再漱再吞津。如此三度畢，神水九次吞。咽下汩汩響，百脈自調勻。河車搬運訖，發火遍燒身。邪魔不敢近，夢寐不能昏。寒暑不能入，災病不能迍。子後午前作，造化合乾坤。迴圈次第轉，八卦是良因。」

「訣曰：其法於甲子日夜半子時起，首行時口中不得出氣，唯鼻中微放清氣。每日子後午前各行一次，或晝夜共行三次，久而自知，蠲除疾病，漸覺身輕。能勤苦不怠，則仙道不遠矣。」

〔一六〕六字氣：壽親養老新書卷三太上玉軸六字氣訣云：「以六字氣訣治五臟六腑之病。其法以呼而自瀉出臟腑之毒氣，以吸而自採天地之清氣以補之。……呼有六，曰：呵、呼、呬、嘘、嘻、吹也。吸則一而已。呼有六者，以呵字治心氣，以呼字治脾氣，以呬字治肺氣，以嘘字治肝氣，以嘻字治膽氣，以吹字治腎氣。」

〔一七〕導引吐納：見「彭祖」條注。

〔一八〕宴坐：寂然安息謂之宴坐。

〔一九〕營營：往來不息貌。

〔二〇〕海魚有以蝦爲目者：按文選卷一二郭璞江賦云「水母目蝦」，李善注引南越志云：「（水母）有知識，無耳目，故不知避人。常有蝦依隨之，蝦見人則驚，此物亦隨之而没。」

〔二一〕海魚有以蝦爲目者……夕非火不能鑒：説郛卷七上引唐譚峭譚子化書「海魚」云：「海魚有以蝦爲目者，人皆笑之。殊不知古人以囊螢爲燈者，又不知晝非日之光則不能馳，夜非燭之明，則有所欺。觀傀儡之假而不自疑，嗟朋友之逝而不自悲，賢與愚莫知。唯抱純白，養太玄者，不入其機。」乃此議論之注解。

〔二二〕冶容：妖冶之容。

〔二三〕曼色：曼指肌膚細美，色指美色。

〔二四〕嫫母：傳爲古代貌醜之婦人。淮南子修務訓云：「美不及西施，惡不若嫫母。」

〔二五〕茅茨：茨，蓋也。茅茨者亦謂之茅蓋屋也。

〔二六〕百骸：人之身體總稱爲百骸。

〔二七〕純白：白者正潔，此處意爲無雜念。

〔二八〕太玄：雲笈七籤卷三八大戒上品曰：「斷絶衆緣，滅念守虚，心如太玄，唯道是求，始謂能言神仙之道。」此處指修道之法。

〔二九〕機：機械也，引伸其意爲巧詐。淮南子泰族訓云：「巧詐藏於胸中，則純白不備而神德不全矣。」高士傳卷中漢陰丈人又云：「機心存於胸中則純白不備，純白不備則神生不定，神生不定者，道之所不載也。」

〔三〇〕要眇：或作「要妙」，精微也。

神仙傳卷六

淮南王[一]

淮南王安[二]，好神仙之道，海内方士從其遊者多矣。一旦，有八公詣之，容狀衰老，枯槁傴僂，閽者[三]謂之曰：「王之所好，神仙度世，長生久視之道，必須有異於人，王乃禮接。今公衰老如此，非王所宜見也。」拒之數四，公求見不已，閽者對如初。八公曰：「王以我衰老，不欲相見，却致年少，又何難哉。」於是振衣整容，立成童幼之狀，閽者驚而引進，王倒屣[四]而迎之，設禮稱弟子，曰：「高仙遠降，何以教寡人？」問其姓氏，答曰：「我等之名，所謂文五常、武七德、枝百英、壽千齡、葉萬椿、鳴九皋、修三田、岑一峰也[五]。各能吹噓風雨，震動雷電，傾天駭地，回日駐流，役使鬼神，鞭撻魔魅，出入水火，移易山川，變化之事，無所不能也[六]。」

時王之小臣伍被，曾有過，恐王誅之，心不自安，詣闕告變，證安必反[七]。武帝[八]疑之，詔大宗正[九]持節淮南，以案其事。宗正未至，八公謂王曰：「伍被人臣，而誣其主，天必誅之，王可去矣，此亦天遣王耳。君無此事，日復一日，人間豈可捨哉！」乃取鼎煮藥，使王服之，骨肉近三百餘人，同日昇天。雞犬舐藥器者，亦同飛去。八公與王駐馬於山石上，但留人馬蹤迹〔一〇〕，不知所在。宗正以此事奏帝，帝大懊恨，命誅伍被。自此廣招方士，亦求度世之藥〔一一〕，竟不得。其後王母〔一二〕降時，授仙經〔一三〕，密賜靈方，得尸解〔一四〕之道。由是茂陵玉箱金杖，丹出人間〔一五〕；抱犢道經，見於山洞〔一六〕，亦視示武帝不死之迹耳。

校釋

〔一〕太平廣記卷八「劉安」條云出神仙傳，記事較詳，與本條大異。雲笈七籤卷一〇九淮南王八公亦云録自神仙傳，與太平廣記「劉安」條文字較近而省略，只記淮南王身世及八公所能。漢魏本與太平廣記本同。本條除有關文字外，不一一校勘。

〔二〕淮南王安：史記卷一一八、漢書卷四四有傳。漢魏本云：「漢淮南王劉安者，漢高帝之孫也。其父厲王長，得罪徙蜀，道死，文帝哀之而裂其地，盡以封長子，故安得封淮南王。」與史書所記相符。

〔三〕閽者：門役。

〔四〕倒屣：匆忙間穿鞋不及上後跟。

〔五〕文五常……岑一峰：以上均是假託之名。「五常」，謂仁義禮智信。「七德」，意爲使凡天下之興兵動衆者，皆必本於禁暴、戢兵、保大、定功、安民、和衆、豐財。「百英」，百花之精華。「萬椿」，萬年之椿樹，喻長壽也。「九皋」，詩經鶴鳴曰：「鶴鳴於九皋，聲聞於野。」譬賢者之隱居，而聲譽振於中外也。「三田」，禮記卷一二王制曰：「天子諸侯無事則歲三田。」孔穎達疏：「天子諸侯無事者，謂無征伐出行喪凶之事，則一歲三時田獵，獵在田中，又爲田除害，故稱田也。」賢德者也。「一峰」，未識其意，或以絕頂爲喻。

〔六〕各能吹噓風雨……無所不能也：此乃八公之能，與杜光庭録異記所記之文同。漢魏本作「一人能坐致風雨，立起雲霧，畫地爲江河，撮土爲山嶽；一人能崩高山，塞深泉，收束虎豹，召致蛟龍，使役鬼神；一人能分形易貌，坐存立亡，隱蔽六軍，白日爲暝；一人能乘雲步虛，越海淩波，出入無間，呼吸千里；一人能入火不灼，入水不濡，刃射不中，冬凍不寒，夏曝不汗；一人能千變萬化，恣意所爲，禽獸草木，萬物立成，移山駐流，行宫易室；一人能煎泥成金，凝鉛爲銀，水錬八石，飛騰流珠，乘雲駕龍，浮於太清之上」。王氏刻本漏列「一人能防災度厄，辟却衆害，延年益壽，長生久視」句。仙苑編珠卷上刘安接士八仙降庭引神仙傳則云：「一人能坐致風雨，立起雲霧；一人能束縛虎豹，召致蛟龍；一人能分形易貌，坐在立亡；一人能乘虛步空，越海淩波；一人能入火不灼，入水不濡；一人能千變萬化，恣意所爲；一人能防災度厄，長生久視；一人能煎泥成金，凝汞爲銀也。」

〔七〕時王之小臣伍被……證安必反：伍被，楚人。或言其先伍子胥後。被以才能稱，爲淮南中郎。淮南王劉安招致術學之士中，被爲冠首。安反復召問被，求謀反計。被本以爲時勢不利反叛，不得已，陳致使民怨諸侯懼而趁機作亂之策，稱或可僥倖成功。安仍不接納，準備直接起兵。後事發覺，被詣吏自告與淮南王謀反，遂誅被。漢書卷四五有傳。

〔八〕武帝：即漢武帝，公元前一四〇——前八七年在位。

〔九〕大宗正：宗正，周官，掌王親屬，秦、漢因之。

〔一〇〕八公與王駐馬於山石上，但留人馬蹤迹：文選卷三〇謝朓和王著作八公山詩李善注引神仙傳曰：「雷被誣告安謀反，人告公曰，安可以去矣。乃與登山，即日昇天，八公與安所踐石上之馬迹存焉。」水經注卷三二肥水云：「（八公）乃與安登山，薶金於地，白日昇天。……其所昇之處，踐石皆陷，人馬迹存焉，故山即以八公爲目。余登其上，人馬之迹無聞矣。」八公山在今安徽壽縣。

〔一一〕度世之藥：不死藥也。

〔一二〕王母：指西王母。爾雅卷七釋地第九云：「觚竹、北户、西王母、日下謂之四荒。」郭璞注曰：「觚竹在北，北户在南，西王母在西，日下在東，皆四方昏荒之國，次四極者。」穆天子傳稱，周穆王於崑崙側瑶池上觴西王母。山海經卷二西山經云：「西王母其狀如人，豹尾虎齒而善嘯，蓬髮戴勝（玉飾）。」而據出於魏晉間之漢武帝内傳，西王母已是女神。雲笈七籤卷一一四引墉城集仙録「西王母傳下仕道」云：「又以西華至妙之氣，化而生金母焉。金母生於神洲伊川，厥姓緱氏，生而飛翔，以主陰靈之氣，理於西方，亦號王母。」

〔三〕仙經：指授與漢武帝之書。雲笈七籤卷一一四引墉城集仙録「西王母傳下仕道」云：「其後武帝不能用王母之戒，爲酒色所惑，殺伐不休……築臺榭，興土木，海内愁怨，自此失道。……所受之書，置於柏梁臺上，爲天火所焚。」

〔四〕尸解：見「王遠」條注。

〔五〕茂陵玉箱金杖，丹出人間：茂陵，漢武帝陵墓，在今陝西興平東北。漢武帝内傳云：「帝塚中先有一玉箱，一玉杖，此二物是帝所蓄用者，忽出在世間。」「丹」是「忽」之訛。

〔六〕抱犢道經，見於山洞：抱犢山在今河北鹿泉。漢武帝内傳云：「（武）帝未崩時，先詔以雜書（一作經）四十餘卷常所讀玩者，使隨身斂於棺内。至延康（延康乃漢獻帝年號，内傳下文云漢宣帝睹物大愴，則其隨葬物此時已出土，或为宣帝年號元康）二年，河東功曹李友，入上黨抱犢山採藥，於巖室中得所瘞之書，盛以金箱，書卷後題東觀臣姓名，記書日月，武帝時也。」

李少君〔一〕

李少君〔二〕，字雲翼，齊國臨淄〔三〕人也。少好道，入泰山採藥，修絶穀〔四〕遁世〔五〕全身〔六〕之術。道未成而疾困於山林中，遇安期先生〔七〕經過，見少君。少君叩頭求乞活，安期愍其有至心，而被病當死，乃以神樓散〔八〕一匕〔九〕與服之，即起。少君於是求隨安期，奉給奴役使任師事之。安期將少君東至赤城〔一〇〕，南至羅浮〔一一〕，北至大垣〔一二〕，西遊玉門〔一三〕，周流五嶽，觀看江山，如此數十年。安期一旦語之：「我被玄洲〔一四〕召，即日當去，汝未應隨我至彼，今當相捨去也。復六百年，當迎汝於此。」因授神丹鑪火飛雪之方〔一五〕，誓約口訣畢，須臾，有乘龍虎導引數百人迎安期，安期乘羽車〔一六〕而昇天也。

少君於是還齋戒〔一七〕，賣於市，商估〔一八〕六國，或時爲吏，或作師醫治病，或時煦賃〔一九〕，易姓改名，遊行處所，莫知其有道。逮漢武帝之時，聞帝招募方士，特敬道術，而先貧不辦合大藥，喟然長歎，語弟子曰：「老將至矣，死將近矣。而財不足用，躬耕力作，商估求錢，必不致辦合藥，又吾亦羸，拙於斯事也，聞天子好道，請欲見之，求爲合丹，可得恣意，無求不得。天子中成者成之，不中教者便捨去。吾在世上已五百餘年，而不爲一權者，必不免於蟲蟻之粮矣。」乃以方上武帝，言：「臣能凝汞成白銀，飛〔二〇〕丹砂成黃金，金成服之，白日昇天，神仙無窮，身生朱陽之羽，體備圓光之翼〔二一〕，竦則淩天，伏入無間〔二二〕，控飛龍而八遐〔二三〕已遍，駕白鴻〔二四〕而九陔〔二五〕立周。冥海之棗大如瓜，鍾山之李大如瓶〔二六〕，臣已食之。逮先師安期先生，授臣口訣，是以保黄物〔二七〕之可成也。」於是引見，甚尊敬之，賜遺無數，爲立屋地，武帝自謂必能使我度世者。

少君嘗從武安侯〔二八〕飲酒，坐中有老人，年九十餘。少君言與其祖父遊射處〔二九〕，老人爲小兒，時從其祖父，識有此人，一座盡驚。少君見武帝有故銅器，少君望而識之，曰：「昔齊桓公〔三〇〕嘗陳此器於柏寢〔三一〕。」帝按其刻，果齊桓公器，乃知少君數百歲人也〔三二〕。然視之常時年五十許人，面色甚好，肌膚悦澤，尤有光華，眉目口齒，似十五童子。諸侯王貴人聞能令其人不死，老更少壯，饋遺之金錢無限。乃密作神丹，丹成未服。

又就帝求五帝六甲左右靈飛之書凡十二事〔三三〕，帝以元封四年〔三四〕七月以書授少君。到元封六年九月，少君稱疾，上表云：「陛下思心玄妙，志甄〔三五〕長生，於是招訪道術，無遠不至，精誠感神，天神斯降，自非宿命所適，孰能偕合？然丹方禁重，宜絶臭腥，法養物仁克仙蠢動〔三六〕，而陛下不能絶奢侈，遠聲色，殺伐不止，喜怒不除，萬里有不歸之魂，市朝有流血之刑〔三七〕，神丹大道未可得成。而臣疾與年偕，今者虚瘵〔三八〕，又不獲躬親齋戒，預覩彭祖丹砂之變，於此邈〔三九〕矣。先師安期先生，昔所賜金丹之方，信而有徵，若按節度，奉法戒，爾乃可備用之焉。若鬱砂虹飛〔四〇〕，玄朱〔四一〕九轉〔四二〕，剖六二一〔四三〕而流精〔四四〕奪日，探霜雪而月光風卷，徘徊丹霞，騰沸龍虎，投鉛錫而黄金克成〔四五〕，刀圭〔四六〕入喉而凋氣立反，爾乃駕神虬〔四七〕以上昇，騁雲車以涉遠。當驗此方之神，將明小臣之不妄矣。」乃以小丹方〔四八〕與帝而稱疾，固非大丹方也。其夜，武帝夢與少君俱上嵩高上〔四九〕，半道有繡衣使者，乘龍持節，從雲中下，言太一〔五〇〕請少君。武帝覺，即遣使者問少君消息，且告近臣曰：「如朕夢，少君將捨朕去矣。」明日，少君臨病困，武帝自往視，并使左右人受其方書〔五一〕，未竟，而少君絶。武帝流涕曰：「少君不死也，故作此而去。」既斂之，忽失其所在，中表衣帶不解，如蟬蜕也，於是爲殯其衣物。百餘日，行人有見少君在河東蒲坂〔五二〕市者，乘青騾。帝聞之，使發其棺，棺中無所復有，釘亦不脱，唯餘履在耳。武帝殊益懊恨求少君之不勤也。明年，柏梁臺火燒，失諸祕書妙文也〔五三〕。

初少君與議郎董仲〔五四〕相親，見仲宿有固疾，體枯氣少，乃與其成藥二劑，并其方一篇：「用戊己之草，后土脂精，艮獸沉肪，先莠之根，百卉華體，龍銜之草，亥月上旬合煎銅鼎。童男童女，服盡一劑，身體便輕〔五五〕；服盡三劑，齒落更生；服盡五劑，命不復傾。」仲爲人剛直，博學五經，然不達道術，常笑人服藥學道，數上書諫武帝，以爲人生有命，衰老有常，非道術所能延益。雖見其有異，以爲天性，非術所致。得其藥竟不服，又不解從問其方，爲藏去之而已。少君去後數月，仲病甚矣，又武帝數道其夢，恨惜之，仲乃憶所得少君藥，試取服之，未半能行，身體輕壯，所苦了愈。藥盡，氣力如三十時，乃更信世間有不死之道。即以去官，行求道士，問以方意，悉不能曉，然白髮皆還黑，形容甚盛，後八十餘乃死。臨死，謂子道生曰：「我得少君神方，我不信事，懷恨黄泉。汝後可行求術人問解之者，若長服此藥，必度世也。」道生感父遺言，遂不肯仕，周旋天下求解方，到江夏〔五六〕，遇博澤先生。先生曰：「此乃非神丹金玉也，可使人得數百年而已耳。」乃具爲説，解其方意、所用物真名。道生合藥服之，得壽三百七十歲，入雞頭山〔五七〕中，不知竟得道不。同時卓元成、張子仁、吴士耳、蔡子盛、魏仲明、張元達服之，或得三百歲，或得五百歲，皆至死不病不傴，面不皺理，齒不落，髮不白，房屋不廢〔五八〕。此蓋少君凡弊方〔五九〕耳，猶使人如此，況其上方邪！

少君當去時，密以六甲左右靈飛術十二事傳東郭延〔六〇〕，以神丹飛玄之方〔六一〕授少君鄉里人蒯子順〔六二〕者，此二人後學道，並得仙。少君又授子訓崑崙神州真形〔六三〕也。

校釋

〔一〕太平廣記卷九「李少君」條云原闕出處，查出神仙傳，而文字與本條大多不同。漢魏本李少君同於太平廣記本。本條有取材於史記卷一二孝武本紀、史記卷二八封禪書、漢書卷二五下郊祀志者，道藏本漢武帝外傳中有關李少君部分，大體與本條同。

〔二〕李少君：史記卷二八封禪書云：「少君者，故深澤侯（趙將夜）舍人。」

〔三〕臨淄：今山東淄博。

〔四〕絶穀：又曰辟穀。雲笈七籤卷一二太上黄庭外景經上部經第一「歷觀五藏視節度」注云：「五臟六府，各有所主。修身潔白，絶穀勿食，飲食太和，周而更始，故不失節也。」

〔五〕遁世：謂居於深山以保真。

〔六〕全身：保全生命。

〔七〕安期先生：即安期生，列仙傳卷上安期先生稱，安期先生，瑯邪阜鄉人，賣藥東海邊，後留言秦始皇，數年求之於蓬萊山。史記卷九四田儋列傳太史公曰：「（蒯）通善齊人安期生，安期生嘗干項羽，項羽不能用其筴，已而項羽欲封此兩人。兩人終不肯受，亡去。」則安期生原是説客，曾獻策於項羽，項羽不用，乃去。

〔八〕神樓散：安期生所造之散。

〔九〕一匕：匕即匙。重修政和證類本草卷一「合藥分劑料理法則」云：「凡散藥有云刀圭者，十分方寸匕之一，准如梧桐子大也。方寸匕者，作匕正方一寸，抄散，取不落爲度。」

〔一〇〕赤城：見「茅君」條注。

〔一一〕羅浮：在今廣東博羅。

〔一二〕大垣：漢武帝外傳作「太恒」。據山西通志卷二一山川云，北嶽恒山（在今山西渾源），「葛洪枕中書謂之太恒山」。「大」通「太」。

〔一三〕玉門：今甘肅玉門西北。

〔一四〕玄洲：見「天門子」條注。

〔一五〕神丹鑪火飛雪之方：道家錬丹之方。太上混元老子史略卷中云：「老君命（黄）帝陟王屋山，開石函，發玉笈，得九鼎神丹飛雪鑪火之道，遂鑄鼎荆山，錬丹成，服之，有雲龍來迎帝。」列仙傳卷下主柱云，主柱得「神砂飛雪，服之五年，能飛行」，或是同一丹方。漢魏本、太平御覽卷九八五丹引神仙傳云，李少君從安期先生受「神丹爐火之方」，是簡稱。下文又云李少君以「神丹飛玄之方」授其鄉里人蒯子順，「玄」乃「雪」之誤。

〔一六〕羽車：見「王遠」條注。

〔一七〕齋戒：求清潔身心之法。不飲酒，不食葷，稱祭祀之齋；洗心去慾，稱心齋。

〔一八〕估：同「賈」。

〔一九〕煦賃：當傭工。

〔二〇〕飛：義同「化」。

〔二一〕身生朱陽之羽，體備圓光之翼：藝文類聚卷七八仙道引漢武内傳作「身生朱陽之翼，豔（形近「體」而誤）備圓光之異」。朱陽，深紅色。圓光，神光，常見於圖畫中佛像、仙人頭上之光環，所謂「頂生圓光」，又如「沈羲」條説老君「頂項有光」是也。翼不能有圓光。四庫本「羽」爲「翼」之訛，「翼」爲「異」之訛。

〔二二〕無間：本佛經用語，意爲地府。

〔二三〕八遐：即八極，九州之外八方極遠之地。

〔二四〕白鴻：白羽雁。

〔二五〕九陔：見「若士」條注。

〔二六〕冥海之棗大如瓜，鍾山之李大如瓶：語見漢武故事。冥海，海內十洲記云：「蓬丘，蓬萊山是也。對東海之東北岸，周迴五千里，外別有圓海繞山，圓海水正黑，而謂之冥海也。」鍾山，又稱：「其北海外，又有鍾山。在北海之子地，隔弱水之北一萬九千里，高一萬三千里，上方七千里，周旋三萬里。自生玉芝及神草四十餘種，上有金臺玉闕，亦元氣之所舍，天帝君治處也。」

〔二七〕黄物：指黄金。

〔二八〕武安侯：名田蚡（？——前一三一），漢景帝王皇后同母弟，官至太尉，史記、漢書有傳。

〔二九〕遊射處：射處，習射之地。漢魏本作「夜遊」。

〔三〇〕齊桓公：公元前六八五——前六四三年在位。

〔三一〕柏寢：臺名，史記卷一二孝武本紀正義引括地志云：「柏寢臺，在青州千乘縣（今山東高青東）東北二十一里。」晏子春秋云春秋時齊景公（公元前五四七——前四九〇年在位）新築柏寢臺。金樓子則説齊桓公曾卧於柏寢。晏子春秋乃後人採晏嬰行事爲之，未必可信。

〔三二〕此三段故事原出史記卷二八封禪書。

〔三三〕五帝六甲左右靈飛之書凡十二事：漢武内傳云：「上元夫人即命侍女紀離容，徑到扶廣山，敕青真小童，出六甲左右靈飛致神之方十二事來以授徹（漢武帝）也。」又云：「（漢武帝）以元封四年七月齋戒，以五帝六甲靈飛十二事授李少君。」又云：「求道益命，千端萬緒，皆須五帝六甲靈飛之術」，「五帝者，方面之天（又作「真」）精，六甲者，六位之通靈」。「凡闕此十二事者，當何以召山靈，朝地神，總攝萬精，驅策百鬼，束虎豹，役蛟龍乎？」十二事，即十二種符方，其第一篇便是五帝六甲左右靈飛之符，其餘十一篇見漢武内傳，不詳列。崇文總目卷一〇録靈飛六甲左右内名玉符一卷，或是此符書。

〔三四〕元封四年：公元前一〇七年。

〔三五〕甄：察看也。

〔三六〕法養物仁克仙蠢動：語意不明。漢武帝外傳作「仙法養物，仁充蠢動」，恐是原文。四庫本「仙」字錯置，「充」誤作「克」。「蠢動」指生靈，抱朴子内篇論仙云「仙法欲令愛逮蠢蠕，不害含氣」，即其意。

〔三七〕萬里有不歸之魂，市朝有流血之刑：漢魏本「市朝」作「市曹」，市曹是古代處决犯人場所，似更合文意。三洞群仙録卷七武丁被召少君言請引神仙傳作「萬里有不歸之魂，市朝有流血之鬼」。此兩句指漢武帝征伐頻繁，濫用刑罰也。

〔三八〕瘵：病也。

〔三九〕邈：遠去。

〔四〇〕虹飛：形容鍊丹時之景象，又作「飛虹」，所謂「丹光一道飛虹蜺」是也。

〔四一〕玄朱：又作「玄硃」，指制鍊九轉丹之朱砂。

〔四二〕九轉：鍊丹三月火候謂之九轉，鍊丹法以爲丹必九轉而後能飛昇。

〔四三〕六二：漢武帝外傳作「六一」。指六一泥，其法如雲笈七籤卷七一太清丹經要訣「造六一泥法」，云：「凡飛金轉石，唯以六一（泥）爲要。」道家鍊太清金液神丹，以六一泥塗兩土釜表裏。「二」恐是「一」字之訛。

〔四四〕流精：光耀也。

〔四五〕投鉛錫而黃金克成：太平御覽卷八一二鉛引茅君内傳曰：「取鉛十斤，安鐵器中，猛火大燒之，三沸，投九轉之華一銖於鉛中，攪之，立成黃金。」「尹軌」條亦有銷錫成金故事。

〔四六〕刀圭：此處指丹藥，見「沈羲」條注。

〔四七〕虯：龍也。

〔四八〕小丹方：漢魏本作「少藥方」，下文有「大丹方」，可見作「少藥方」誤。

〔四九〕嵩高上：漢魏本、漢武帝外傳作「嵩高山」，是。即位於河南登封之嵩山。續漢書曰：「漢武帝禮登中嶽，聞言萬歲聲者三，於是以三百户封奉祀，命曰崇高邑。至後漢靈帝，復改崇高爲嵩高焉。」

〔五〇〕太一：見「彭祖」條注。

〔五一〕并使左右人受其方書：史記卷二八封禪書云：「（武帝）使黄錘、史寬舒受其方。」

〔五二〕蒲坂：在今山西永濟。

〔五三〕柏梁臺火燒，失諸祕書妙文也：柏梁臺，三輔黄圖卷五臺榭云：「武帝元鼎二年（前一一五）春起此臺，在長安城中北闕内。三輔舊事云以香柏爲梁也。」漢武内傳云：「太初元年（前一〇四）十一月乙酉，天火燒柏梁臺。於是真形圖、六甲五帝靈飛經録十二事、靈光生經及自撰所受者，凡四卷（一作「十四卷」），共函燒失。王母當以武帝不能從訓，故以火災之耳。」按資治通鑑卷二一云，太初元年十一月乙酉，「柏梁臺災」。則柏梁臺此時確曾發生火災。

〔五四〕議郎董仲：議郎，漢官名，掌顧問應對。漢魏本作「議郎董仲躬」，太平御覽卷七二四醫四引神仙傳作「議郎董仲舒」。抱朴子内篇論仙記董仲舒撰李少君家録，而困學紀聞卷一〇諸子云：「仲舒儒者，豈肯爲方士家録，蓋依託也。」但道家確有以爲董仲舒與李少君有過從。然董仲舒未曾官議郎，此董仲是何人，尚難确定。

〔五五〕童男童女，服盡一劑，身體便輕：漢武帝外傳作「童男童女，沐浴潔清，調其湯火，取使合成，服如雞子，三枚爲程，服盡一劑，身體便輕」，文意纔完整，四庫本有脱文。

〔五六〕江夏：漢代江夏郡治今湖北新洲。

〔五七〕雞頭山：原州高平縣（今寧夏固原）西十里有雞頭山。

〔五八〕房屋不廢：漢武帝外傳作「房室不廢」，意指房事不廢。「屋」乃「室」之訛。

〔五九〕凡弊方：意为平常普通之方。

〔六〇〕東郭延：見「東郭延」條。

〔六一〕神丹飛玄之方：上文稱安期生授以神丹鑪火飛雪之方，「飛玄」为「飛雪」之訛。

〔六二〕蒯子順：漢武帝外傳作「薊子訓」，是。下文云「少君又授子訓崑崙神州貞形」，蒯子順實是薊子訓。「薊子訓」條云：「齊國臨淄人，李少君之邑人也。……從少君學治病。」可證。

〔六三〕崑崙神州貞形：「貞形」通作「真形」，據東方朔海内十洲記云：「臣先師谷希子者，太上真官也。昔授臣昆侖、鍾山、蓬萊山及神洲真形圖。」未知是否指此。

王真〔一〕

王真〔二〕，字叔堅〔三〕，上黨〔四〕人也。少爲群吏〔五〕，年七十，乃好道〔六〕。尋見仙經雜言，説郊間人者，周宣王時〔七〕郊間採薪之人也。採薪而行歌曰：「巾金巾，入天門。呼長精，噏玄泉。鳴天鼓，養泥丸。」〔八〕時人莫能知，唯柱下史〔九〕曰：「此是活國〔一〇〕中人，其語祕矣，其人乃古之漁父〔一一〕也。何以知之？八百歲人目瞳正方〔一二〕，千歲人目理縱〔一三〕，採薪者乃千歲之人也。」貞〔一四〕讀此書而不解其旨，逐〔一五〕搜問諸所在道士。經年，而遇有解其旨者，語貞曰：「此近淺之術也，爲可駐年〔一六〕反白〔一七〕而已耳。」乃語訣云：「巾金巾者，恒存肺炁〔一八〕入泥丸中，徐徐以繞身，身常光澤。噏玄泉者，漱其口液而服之，使人不老，行之七日有效。鳴天鼓者，朝起常叩齒三十六下，使身神安。又夜恒存赤氣，從天門入周身内外，在腦中變爲火以燔身，身與火同光〔一九〕，如此存之，亦名曰鍊形〔二〇〕。泥丸，腦也；天門，口也。習閉炁而吞之，名曰胎息。習漱舌下泉而嚥之，名曰胎食。行之勿休。」真受訣施行胎息、胎食、鍊形之方，甚有驗。斷穀二百餘年，肉色光美，徐行及馬，力兼數人〔二一〕。自歎曰：「我行此術，唯可不死，豈及神丹金玉之方邪！」乃師事蒯子訓〔二二〕，子訓授其肘後方〔二三〕也。魏武帝〔二四〕聞之，呼與相見，見似年可三十許，意嫌其虚詐，定校其鄉里，皆異口同辭，多有少小見真者，乃信其有道，甚敬重之。郤孟節〔二五〕師事真十數年，真以蒸丹小餌〔二六〕法授孟節，得度世。鄉里計真已四百歲。後一日，將三少妾登女几山〔二七〕，語弟子，言合丹去，去遂不復還。真日行三百里，孟節能合棗核，以不食至十年〔二八〕。又能閉炁不息，身不動摇若死人，可至百日半歲，亦有家室。此法是真所習郊間人之法也。孟節爲人質謹不妄言，魏武帝爲立茅舍，使令諸方士。晉惠、懷之際〔二九〕，人故有見孟節在長安市中者。魏武帝時，亦善招求方術道士，皆虚心待之〔三〇〕，但諸得道者，莫肯告之以要言耳。

校　釋

〔一〕太平廣記無此條。漢魏本較簡略。後漢書卷八二下方術傳有王真傳。漢武帝外傳有關王真部分與本條大體同。

〔二〕王真：曹操所集方士十六人中有上黨王真。參博物志卷五方士。

〔三〕叔堅：漢魏本作「叔經」。後漢書卷八二下王真傳李賢注引漢武内傳曰：「王真字叔經。」

〔四〕上黨：在今山西長治。

〔五〕群吏：不可解，漢武帝外傳作「郡吏」，「群」形近「郡」而訛。

〔六〕年七十，乃好道：漢魏本作「年七十九，乃學道」。太平御覽卷六六二天仙引三洞珠囊曰：「王真，上黨人，七十九乃學道。」

〔七〕周宣王：公元前八二七——前七八二年在位。

〔八〕説郊間人者……養泥丸：説郛卷一〇九下引漢徐岳數術記遺云：「周宣王時，有人採薪於郊間，歌曰：『金虎入門，呼長精，吸玄泉。』時人莫能知其義。」雲笈七籤卷一一〇洞仙傳「長桑公子」條云：「長桑公子者，常散髮行歌曰：『巾金巾，入天門。呼長精，吸玄泉。鳴天鼓，養丹田。』柱下史聞之曰：『彼長桑公子所歌之詞，得服五星守洞房之道也。』」又雲笈七籤卷一〇四太清真人傳論曰：「周宣王時，郊間採薪之人行歌曰：『巾金巾，入天門。呼長精，歙玄泉。鳴天鼓，養泥丸。』時人莫能知之，惟老君曰：『此活國中人，其語祕矣，斯皆修習無上正真之道也。』」可知此歌謡有不同流傳。

〔九〕柱下史：指老子。多本引文作「老君」。

〔一〇〕活國：意爲活人之國。

〔一一〕漁父：相傳屈原曾作漁父，此漁父乃指古之隱士。

〔一二〕目瞳正方：瞳，玉篇云：「目珠子也。」抱朴子内篇袪惑引仙經云：「仙人目瞳皆（一作正）方。」

〔一三〕目理縱：黄帝素問靈樞經卷八論勇第五十云：「黄帝曰：『願聞怯士之所由然。』少俞曰：『怯士者，目大而不減，陰陽相失，其焦理縱。……』」理縱，注云：「肉理不横也。」焦，指目之中心。

肉理，指肉之紋理。不橫，豎也。「目理縱」疑應作「目焦理縱」。

〔一四〕貞：即真，四庫本多作「貞」。

〔一五〕逐：依次也。

〔一六〕駐年：駐顔延年。

〔一七〕反白：指頭髮由白變黑。

〔一八〕肺炁：通於鼻肺之氣。

〔一九〕鳴天鼓者……身與火同光：以上所云乃氣功「拘三魂」之術，其法如雲笈七籤卷五四拘三魂法云：「月三日十三日、二十三日夕，是此時也，三魂不定，爽靈浮遊，胎光放形，幽精擾喚。其爽靈、胎光、幽精三君，是三魂之神名也。其夕皆棄身遊遨，飆逝本室。或爲他魂外鬼所見留制；或爲魅物所得收録；或不得還返，離形放質；或犯於外魂，二氣共戰。……拘留之法：當安眠向上，下枕伸足，交手仰上，冥目閉氣三息，叩齒三通，存身中赤氣如雞子，從内仰上，出於目中，出外赤氣，轉火燒身，使匝一身，令其内外洞徹，有如燃炭之狀，都畢矣。其時當覺身中小熱，乃叩齒三通。畢，即存呼三魂名字胎光、爽靈、幽精三神急住。」

〔二〇〕鍊形：修鍊形體。

〔二一〕真受訣施行胎息……力兼數人：後漢書卷八二下王真傳李賢注云：「漢武内傳曰：『（王真）習閉氣而吞之，名曰胎息；習嗽舌下泉而咽之，名曰胎食。真行之，斷穀二百餘日，肉色光美，力並數人。』抱朴子曰：『胎息者，能不以鼻口噓翕，如在胎之中。』」「斷穀二百餘年」，漢魏本作「斷穀三十餘年」，似應如後漢書王真傳注引漢武內傳作「斷穀二百餘日」。

〔二二〕蒯子訓：應是「薊子訓」，李少君曾教令薊子訓胎息、胎食、住年止白之法，見「薊子訓」條。

〔二三〕肘後方：可懸於肘後，隨身攜帶應急之藥方。

〔二四〕魏武帝：即曹操，見「左慈」條注。

〔二五〕郤孟節：漢魏本作「郄元節」。後漢書卷八二下作「郝孟節」，與王真同列一傳，亦稱上黨人，博物志卷五方士曰：「陽城（今山東莒縣）郄儉字孟節。」又引曹植辯道論云：「陽城有郄儉。」雲笈七籤卷八七太清神仙衆經要略有「城陽郄孟節疏注」，「城陽」兩字倒置。郤孟節既羅致於曹操方士之中，曹植稱其爲陽城人應不誤。

〔二六〕蒸丹小餌：蒸丹，求長生之藥也。太平御覽卷六六八養生引集仙籙曰：「（太陰女）問長生之道，得補導之要，蒸丹之方。」小餌，鍊丹之法，抱朴子內篇金丹云：「諸小餌丹方甚多，然作之有深淺。」有小餌經。

〔二七〕後一日，將三少妾登女几山：固可通，但「後一日」與上文無聯繫，漢武帝外傳作「後，一旦將三少妾登女几山」，語意更爲合理，似應如是。女几山，見「馬鳴生」條注。

〔二八〕孟節能合棗核，以不食至十年：「合」，漢武帝外傳作「含」。後漢書卷八二下郝孟節傳云：「孟節能含棗核不食，可至五年十年。」「合」，閉也，與「含」義同。

〔二九〕晉惠、懷之際：晉惠帝、懷帝，公元二九〇——三一三年在位。

〔三〇〕魏武帝時，亦善招求方術道士，皆虚心待之：參博物志卷五方士。

陳長〔一〕

陳長者，在芧嶼山〔二〕六百年〔三〕。每四時設祭，亦不飲食，亦無所修〔四〕。人有病者，與祭水飲之，皆愈也。

校釋

〔一〕太平廣記無此條。漢魏本陳長文字較本條詳。

〔二〕芧嶼山：漢魏本陳長作「紵嶼山」，云：「紵嶼在東海中。」又云：「紵嶼其山地方圓千里，上有千餘家，有五穀成熟，莫知其年紀，風俗與吴同。」三洞珠囊卷一救導品引神仙傳作「紵萸」。

〔三〕六百年：漢魏本作「六百餘歲」。

〔四〕每四時設祭，亦不飲食，亦無所修：漢魏本作「紵嶼山中人爲架屋，每四時烹殺以祭之，長亦不飲食」。三洞珠囊卷一救導品引神仙傳稱：「紵萸上人爲架屋，每四時享祭之，長亦不飲食，無所修爲。」文意較通。

劉綱〔一〕

劉綱〔二〕者，上虞〔三〕縣令也，與妻樊夫人俱得道術。二人俱坐林上〔四〕，綱作火燒屋〔五〕，從東邊起，夫人作雨，從西邊上，火滅。

校釋

〔一〕太平廣記卷五九合「劉綱」於「樊夫人」條，事例較詳。漢魏本同。

〔二〕劉綱：真仙通鑑卷三一劉綱稱其爲晉時下邳（在今江蘇睢寧北）人，後爲上虞令。師事帛君受道，作續仙傳行於世。

〔三〕上虞：在今浙江。

〔四〕林上：仙苑編珠卷下劉綱火焚樊妻雨止引神仙傳作「床上」。漢魏本作「堂上」，本書「樊夫人」條亦云「俱坐堂上」，坐堂上纔合作火燒屋場景。

〔五〕燒屋：漢魏本樊夫人作「燒客碓舍」。

樊夫人〔一〕

樊夫人〔二〕者，劉綱之妻也。綱字伯鸞，仕爲上虞令，亦有道術，能檄召鬼神，禁制變化〔三〕之道。亦潛修密證〔四〕，人莫能知。爲理尚清浄簡易，而政令宣行，民受其惠，無旱暵〔五〕漂墊〔六〕之害，無疫毒〔七〕鷙暴〔八〕之傷，歲歲大豐，遠近所仰。暇日與夫人較其術，用〔九〕俱坐堂上，綱作火燒客〔一〇〕碓〔一一〕舍，從東而起，夫人禁之，火即便滅。庭中兩株桃，夫妻各呪一株，使之相鬬擊〔一二〕，良久，綱所呪者不勝，數走出於籬外〔一三〕。綱唾盤中即成鯽魚〔一四〕，夫人唾盤中成獺，食其魚。綱與夫人入四明山〔一五〕，路值虎，以面向地，不敢仰視。夫人以繩縛虎，牽歸繫於床脚下〔一六〕。綱每共試術，事事不勝。將昇天，縣廳〔一七〕側先有大皂莢樹〔一八〕，綱昇樹數丈，力能飛舉〔一九〕。夫人即平坐床上，冉冉如雲炁之舉，同昇天而去矣。

校釋

〔一〕太平廣記卷六〇「樊夫人」條上半段與本條大致同，漢魏本樊夫人録其文。下半段却是唐代湘媪（樊夫人）刺黿故事，云出女仙傳。

〔二〕樊夫人：山堂肆考卷一五〇刺黿云：「樊夫人號雲翹，鬢翠如雲，肌潔如雪。」

〔三〕禁制變化：禁制，指氣禁，見「黄盧子」條注。變化，指五行變化，見「墨子」條注。

〔四〕密證：説郛卷五七下引東林蓮社十八高賢傳云：「（曇詵法師）能别識鳥獸毛色俊鈍之性，洞曉草木枝幹甘苦之味，妙盡其理，人知其有密證云。」密證，指通過修鍊而悟解物性。

〔五〕旱暵：指旱災。

〔六〕漂墊：指水患。

〔七〕疫毒：指病疫。

〔八〕鷙暴：指兇殘之災。

〔九〕用：漢魏本作「因」，義同。

〔一〇〕客：役作之人。

〔一一〕碓：舂米器具。

〔一二〕使之相鬭擊：藝文類聚卷八六桃引神仙傳作「桃便鬭相擊」。

〔一三〕庭中兩株桃……數走出於籬外：齊民要術卷一〇桃引神仙傳曰：「樊夫人與夫劉綱俱學道術，各自言勝。中庭有兩大桃樹，夫妻各呪其一。夫人呪者，兩枝相鬭擊良久，綱所呪者，桃走出籬。」

〔一四〕鯽魚：漢魏本作「鯉魚」。太平御覽卷三八七唾、卷九一二獺引神仙傳同。

〔一五〕四明山：元和郡縣圖志卷二六越州云：「四明山在餘姚縣（在今浙江）西一百五十里。」

〔一六〕路值虎……牽歸繫於床脚下：太平御覽卷七六六繩引神仙傳云：「綱行見虎，虎不敢起，纔捉虎，虎即噓之。夫人往捉虎，虎以面迫地不視，夫人以繩繫虎頸，曳之以歸。」（此據四庫本，宋本有脱訛。）

〔一七〕廳：官府辦公地方。

〔一八〕皂莢樹：一名雞棲，生山野間，葉似槐葉，長尖，枝間多刺。

〔一九〕綱昇樹數丈，力能飛舉：太平御覽卷九六〇皂莢引神仙傳曰：「劉綱受老君道成，上大皂莢樹，飛去入雲。」

東陵聖母〔一〕

東陵聖母者，廣陵〔二〕海陵〔三〕人也。適杜氏〔四〕，師事劉綱〔五〕學道，能易形變化，隱顯無方〔六〕。杜不信道，常恚怒之。聖母或行理疾救人，或有所之詣。杜恚之愈甚，告官訟之，云：「聖母姦妖，不理家務。」官收聖母付獄，頃之，已從獄窗中飛去。衆望見之，轉高入雲中，留所著履一緉〔七〕在窗下，自此昇天〔八〕。

校　釋

〔一〕太平廣記卷六〇「東陵聖母」條云出女仙傳，與本條基本同。漢魏本東陵聖母同於太平廣記本。

〔二〕廣陵：今江蘇揚州。

〔三〕海陵：海陵故城在今江蘇泰州。

〔四〕適杜氏：本意嫁給杜氏，藝文類聚卷九一青鳥引神仙傳亦云：「東陵聖母，廣陵海陵人，杜氏妻也。」太平御覽卷九二七青鳥引神仙傳同。而後漢書志第二十一郡國三「廣陵郡」注引博物記曰：「女子杜姜，左道通神，縣以爲妖，閉獄桎梏，卒變形，莫知所極。以狀上，因以其處爲廟祠，號曰東陵聖母。」又太平寰宇記卷九二江南東道四江陰軍「江陰縣」引劉遴之神異録之文大體同。說郛卷三二下引鄭遂洽聞記，「杜姜」誤作「姜杜」。則其人本姓杜，故少室山房筆叢卷四三玉壺遐覽二稱：「東陵聖母姓杜。」「適杜氏」應爲「姓杜氏」。因其廟在廣陵東陵亭，祠號曰「東陵聖母」，神仙傳誤以爲姓東陵而適杜氏。

〔五〕劉綱：見「劉綱」條。

〔六〕能易形變化，隱顯無方：藝文類聚卷九一青鳥引神仙傳、太平御覽卷九二七青鳥引神仙傳作「坐在立亡」。其義相同。

〔七〕緉：漢魏本作「雙」，義同。

〔八〕自此昇天：漢魏本又有以下内容，曰：「於是遠近立廟祠之，民所奉事，禱之立效。常有一青鳥在祭所，人有失物者，乞問所在，青鳥即飛集盜物人之上，路不拾遺。歲月稍久，亦不復爾。至今海陵縣中不得爲姦盜之事，大者即風波没溺，虎狼殺之，小者即復病也。」藝文類聚卷九一青鳥、太平御覽卷九二七青鳥引神仙傳亦載相同故事。

孔元〔一〕

孔元〔二〕者，常服松脂、茯苓、松實，年更少壯〔三〕，已一百七十餘歲〔四〕。人或飲酒，請元作酒令，元乃以杖拄地倒立，頭向下，持酒倒飲，人不能爲之也〔五〕。乃於水邊鑿岸作一穴，方丈餘，止其間。斷穀，或一月兩月而出。後入西華嶽〔六〕，得道也。

校釋

〔一〕太平廣記卷九「孔元方」條云出神仙傳，所記事迹較多。漢魏本孔元方與太平廣記本同。

〔二〕孔元：太平御覽卷六六九服餌上引神仙傳同。漢魏本作「孔元方」，云許昌人。太平御覽卷八四五酒下引神仙傳、説郛卷五八下引神仙傳均作「孔元方」。四庫本無「方」字。

〔三〕年更少壯：漢魏本作「老而益少」。

〔四〕一百七十餘歲：太平御覽卷八四五酒下引神仙傳同。漢魏本作「年有七十餘歲」，「有」當作「百」字。

〔五〕人不能爲之也：太平御覽卷八四五酒下引神仙傳云：「孔元方者，專修道術。元方爲人，惡衣踈食，飲酒不過一斗，年百七十餘歲。道成，人或請元方同會，人人作酒令，次至元方作令，元方無所説，直以一杖拄地，因把杖倒竪，頭在下，足在上，以一手持酒倒飲之，人莫能爲也。」文字較通順。

〔六〕西華嶽：漢魏本作「西嶽」，西嶽華山也。

王烈〔一〕

王烈，字長休，邯鄲人。常服黄精并鍊鉛〔二〕，年二百〔三〕三十八歲，有少容，登山如飛。少爲書生〔四〕，嵇叔夜〔五〕與之游。烈嘗入太行山〔六〕，聞山裂聲，往視之，山斷數百丈，有青泥出如髓，取摶之〔七〕，須臾成石，如熱臘之狀，食之，味如粳米。仙經云：「神仙五百歲輒一開，其中有髓，得服之者，舉天地齊畢〔八〕。」

校釋

〔一〕太平廣記卷九「王烈」條云出神仙傳，所記事迹較詳，文字與本條多不同。其所記得石髓、石室見素書以及有關嵇康事，爲晉書卷九二嵇康傳所採用。漢魏本王烈與太平廣記本同。

〔二〕常服黄精并鍊鉛：漢魏本作「常服黄精及鉛」。證類本草卷六云：「黄精，味甘平，無毒，主補中益氣，除風濕，安五藏，久服輕身，延年不飢。」説郛卷七上引譚子化書鉛丹云：「術有火鍊鉛丹以代穀食者。」漢魏本無「鍊」字。鍊鉛，鍊鉛成丹也。

〔三〕二百：漢魏本作「三百」。

〔四〕少爲書生：漢魏本作「少時本太學書生」。

〔五〕嵇叔夜：嵇康（二二三——二六二）字叔夜，三國魏末官至中散大夫，竹林七賢之一。

〔六〕太行山：水經注卷四〇禹貢山水澤地所在稱：「太行山在河内野王縣（今河南沁陽）西北。」又云：「王烈得石髓處也。」

〔七〕取摶之：漢魏本作「取泥試丸之」，其義同。

〔八〕神仙五百歲輒一開……舉天地齊畢：太平御覽卷四〇太行山引神仙傳云：「按神山五百歲一開，其中有石髓，得而服之，壽與天地相畢。」仙苑編珠卷下涉正眼光王烈石髓引神仙傳曰：「仙經云：『神山五百歲輒一開，其中有髓，得服，與天地齊畢。』」「神仙」應作「神山」，「舉」應作「與」。

涉正〔一〕

涉正字玄真，巴東〔二〕人，説秦王時事如目前〔三〕。常閉目，行亦不開，弟子數十年莫見其開目者。有一弟子固請開之，正乃爲開目，有聲如霹靂，光如電，弟子皆匐地。李八百呼爲四百歲小兒也〔四〕。

校　釋

〔一〕太平廣記無此條。雲笈七籤卷一〇九引神仙傳「涉正」條，文字較詳。漢魏本涉正近於雲笈七籤本。

〔二〕巴東：今重慶奉節。

〔三〕説秦王時事如目前：此句之後，漢魏本有「從二十弟子入吴」等語。雲笈七籤卷一〇九引神仙傳「涉正」條則云「從數十弟子入吴」。太平御覽卷三六六目引神仙傳只云「入吴」。

〔四〕李八百呼爲四百歲小兒也：三洞群仙録卷一子房萬户涉正一室引神仙傳云：「李八百呼爲千歲小兒。」李八百，見「李八伯」條。

焦先〔一〕

焦先，字孝然，河東〔二〕人也。漢末關中亂〔三〕，先失家屬，獨竄於河渚間，食草飲水，無衣履。時大陽長〔四〕朱南望見之，謂之亡士〔五〕，欲遣船捕取，同郡侯武陽〔六〕語縣「此狂癡人耳」，遂注其籍〔七〕，給廩〔八〕日五升，人皆輕易之。然其行不踐邪逕，必循阡陌〔九〕，及其搶拾〔一〇〕，不取大穗。飢不苟食，寒不苟衣。每出見婦人則隱翳〔一一〕，須至〔一二〕乃出。自作一瓜牛〔一三〕廬，淨掃其中，營木爲床，而草褥其上。至天寒時，搆火〔一四〕以自炙〔一五〕，呻吟獨語。太和、青龍〔一六〕中，嘗持一杖南渡，河水泛漲，輒獨云：「未可也。」由是人頗疑不狂。所言多驗，僉謂之隱者也。年八十九終〔一七〕。

校釋

〔一〕太平廣記卷九「焦先」條云出神仙傳，而文字與本條全不同。漢魏本焦先與太平廣記本同。本條大抵據魏略所記寫成，參三國志卷一一胡昭傳裴松之注。

〔二〕河東：治今山西夏縣西北。三洞珠囊卷二貧儉品引神仙傳「焦先」條云：「河東太陽人也。」

〔三〕關中亂：三國志卷一一胡昭傳裴松之注引魏略稱，建安十六年（二一一），關中亂，焦先失家屬，獨竄於河渚間。所謂「關中亂」乃指馬超與曹操争戰於潼關一帶。

〔四〕太陽長：太陽在今河南平陸西南。通典卷三三職官十五「縣令」云：「凡縣萬户以上爲令，減萬户爲長。」

〔五〕亡士：士指兵士，亡士即逃亡之士。三國時，士社會地位低於平民，三國志卷二二盧毓傳云：「時天下草創，多逋逃，故重士亡法，罪及妻子。」

〔六〕侯武陽：魏略稱，中平末（指中平六年，公元一八九年），焦先與侯武陽同行避白波之亂。

〔七〕注其籍：登記入户籍。

〔八〕給廩：藏米之倉曰廩；給廩，官府給以倉米也。

〔九〕必循阡陌：路東西爲陌，南北爲阡。必循阡陌，必由正道也。

〔一〇〕搶拾：三國志卷一一胡昭傳裴松之注引魏略作「捃拾」。捃，撿取也。「搶」爲「捃」之訛。

〔一一〕翳：隱蔽也。

〔一二〕須至：三國志卷一一胡昭傳裴松之注引魏略作「須去」，「至」爲「去」之訛。

〔一三〕瓜牛：三國志卷一一胡昭傳裴松之注：「以爲瓜當作蝸；蝸牛，螺蟲之有角者也，俗或呼爲黄犢。先等作圜舍，形如蝸牛蔽，故謂之蝸牛廬。」爾雅翼卷三〇蝸牛云：「魏隱者焦先自作一瓜牛廬，瓜即蝸也，爲廬舍，圓而小如蝸牛之殼云。蝸牛之殼，乃是區量中之最小者。」

〔一四〕搆火：「搆」通「篝」。篝火，堆柴生火也。

〔一五〕炙：取熱也。

〔一六〕太和、青龍：三國魏年號。太和，公元二二七——二三三年；青龍，公元二三三——二三七年。

〔一七〕年八十九終：漢魏本、太平御覽卷八四九食下引神仙傳稱其年一百七十歲。仙苑編珠卷下焦先施薪孫登穴處引神仙傳云：「如此二百年，與人別，不知所往。」按三國志卷一一胡昭傳裴松之注引魏略，焦先中平年間二十餘歲，而記其事至嘉平年(二四九——二五四)，其終年爲八十九歲大致合。

孫登〔一〕

孫登，字公和，汲郡〔二〕人。無家屬，於郡北山〔三〕爲土穴〔四〕居之。好讀易，撫一弦琴〔五〕。性無恚怒，人或投諸水中，欲觀其怒，登既出便大笑。嘗住宜陽山〔六〕，有作炭人見之，知非常人，與語，登不應〔七〕。文帝〔八〕聞之，使阮籍〔九〕往觀，既見與語，亦不應〔一〇〕。嵇康〔一一〕從之遊三年，問其所圖，終不答。康將別，謂曰：「先生竟無言乎？」登乃曰：「子識火乎？生而有光而不用其光，果在於用光。人生而有才而不用其才，果在於用才。故用光在乎得薪，所以保其體用；才在乎識貞，所以全其生。今子才多識寡，難乎免於今之世矣，子無求乎？」康不能用〔一二〕，後作幽憤詩曰：「昔慚柳下，今愧孫登〔一三〕。」竟莫知其所終〔一四〕。

校釋

〔一〕太平廣記卷六「孫登」條云出神仙傳，而内容文字與本條多不同，記孫登預示晉太傅楊駿覆滅事，更是四庫本所無。漢魏本孫登同於太平廣記本。晉書卷九四有孫登傳，取材多與本條同。

〔二〕汲郡：治今河南衛輝西南。世説新語卷下之上棲逸注引嵇康集序曰：「孫登者，不知何許人，無家。」漢魏本作「不知何許人」。

〔三〕北山：輿地廣記卷一一河北西路上衛州「共城縣」稱：「二漢屬河内郡，晉屬汲郡。北有共山，隱者孫登所處。」晉書卷九四孫登傳稱其爲汲郡共人。北山實指共山。

〔四〕土穴：土窟。太平御覽卷二七冬下引嵇康集序曰：「孫登於汲郡北山土窟中住。」

〔五〕撫一弦琴：通典卷一四四樂四「絲」云：「一弦琴，十有二柱，柱如琵琶。」真誥卷一三稽神樞第三云：「秦時有道士周太賓。……太賓有才藝，善鼓琴，昔教糜長生、孫廣田。廣田即孫登也，獨弦能彈，而成八音，真奇事也。」仙苑編珠卷下焦先施薪孫登穴處引神仙傳云：「（孫登）好彈琴讀易。……或弹一弦琴以成音曲。」

〔六〕宜陽山：太平寰宇記卷一〇河南道十陳州「西華縣」云：「宜陽山在縣（在今河南）東北五里，高五丈。」

〔七〕有作炭人見之……登不應：水經注卷一五洛水云：「臧榮緒晉書稱：『孫登嘗經宜陽山，作炭人見之，與語，登不應，作炭者覺其精神非常，咸共傳說。』」

〔八〕文帝：即司馬昭（二一一——二六五）。晉書卷二文帝紀云：「（文帝）諱昭，武帝受禪，追尊號曰文皇帝，廟稱太祖。」

〔九〕阮籍：字嗣宗（二一〇——二六三），能詩文。籍本有濟世志，屬魏晉之際，天下多故，名士少有全者。籍由是不與世事，於是任性不羈。官散騎常侍，竹林七賢之一。晉書有傳。

〔一〇〕阮籍往觀……亦不應：太平御覽卷五〇二逸民二引王隱晉書記孫登事云：「初，宜陽山中作炭者，忽見有人不語，精神不似常人。帝使阮籍往視，與語，亦不應。籍因大嘯，野人乃笑曰：『爾復作向聲。』籍又爲嘯。籍將求出，野人不聽而去，登山，並嘯，如簫韶笙簧之音，聲震山谷。而還問炭人，曰：『故是向人耳。』尋知求，不知所止，推問久之，乃知姓名。」

〔一一〕嵇康：見「王烈」條注。

〔一二〕從之遊三年……康不能用：除個別字外，原出張隱文士傳（見世說新語卷下之上棲逸「嵇康遊於汲郡山中」條注引文士傳）。余嘉錫世説新語箋疏據孫盛魏氏春秋及晉陽秋記事，以爲康與登相見只有短暫時間，所謂從遊三年，與史實乖異。

〔一三〕昔慚柳下，今愧孫登：文選卷二三嵇康幽憤詩作「昔慙柳惠，今愧孫登」。柳下即柳下惠（公元前七二〇——前六二一年），魯公族大夫也，姓展名禽，柳下是其號，被稱爲潔身自好之典範。

〔一四〕竟莫知其所終：晉書卷九四孫登傳云：「或謂登以魏晉去就，易生嫌疑，故或嘿者也。竟不知所終。」

神仙傳卷七

東郭延〔一〕

東郭延〔二〕，字公游，山陽〔三〕人也。少好道，聞李少君〔四〕有道，求與相見，叩頭乞得執侍巾櫛〔五〕灑掃之役，少君許之，見延小心良謹可成，臨當去，密以五帝六甲左右靈飛之術〔六〕、遊虛招真〔七〕十二事授延，告之曰：「此亦要道也，審而行之，亦昇天矣。」口訣畢而遣去。延遂還家，合服靈飛散〔八〕，能夜書，在寢室中身生光，點左右〔九〕。行六甲左右術，能占吉凶，天下當死者，識與不識，皆逆知之〔一〇〕。又役使鬼神，收攝虎豹，無所不爲。在鄉里四百歲不老。漢建安二十一年〔一一〕，一旦有數十人乘虎豹之來迎之，鄰盡見之〔一二〕，乃與親故別而辭去，云詣崑崙臺〔一三〕。臨去，先以神丹方、五帝靈飛祕要傳尹先生〔一四〕。

校釋

〔一〕太平廣記無此條。漢魏本東郭延文甚簡略，與本條差別較大。

〔二〕東郭延：博物志卷五辨方士引魏文帝曹丕典論稱：「王仲統云，甘始、左元放、東郭延年行容成御婦人法，並爲丞相（曹操）所録，間行其術，亦得其驗。」又後漢書卷八二下甘始傳亦稱：「甘始、東郭延年、封君達三人者，皆方士也，率能行容成御婦人術。」則東郭延亦作「東郭延年」。

〔三〕山陽：今河南焦作東北。

〔四〕李少君：見「李少君」條。

〔五〕巾櫛：櫛，梳也。巾櫛意爲梳洗。

〔六〕五帝六甲左右靈飛之術：參「李少君」條注。

〔七〕遊虚招真：遊虚，意爲神遊太虚。招真，道家以爲人死即形神分離，招真乃使神不離形，固神則可令長生。

〔八〕靈飛散：「李少君」條云，少君「密以六甲左右靈飛術十二事傳東郭延」。漢魏本作「雲散」，誤。

〔九〕能夜書，在寢室中身生光，點左右：三洞群仙録卷三宫嵩長生郭延不老引神仙傳作「夜書在冥室中，身皆生光，有能遠望見平地數十里上小物，知其采色」。太平御覽卷六六二天仙引三洞珠囊作「在暗室中夜書，又身生光，遠照小物，見其采色」。而三洞珠囊卷八相好品引神仙傳云：「東郭延年者，服靈飛散，能夜書，在暝室中身生光，光照左右也。」仙苑編珠卷下靈壽少壯東郭光明引神仙傳作「能夜書，在暗室中身生光明，照耀左右，又能見數十里内小物，知其形」。漢武帝外傳作「能夜書，在寢室中身生光，照左右」。能夜書，言目明也。冥室即暗室，「寢室」應作「暗室」。「點」形近「照」而訛。

〔一〇〕皆逆知之：三洞群仙録卷三宫嵩長生郭延不老引神仙傳此句之後有「如其言」等語。

〔一一〕漢建安二十一年：公元二一六年。

〔一二〕有數十人乘虎豹之來迎之，鄰盡見之：太平御覽卷三八崑崙山引神仙傳云，東郭延「有數十人乘虎豹來迎，比鄰盡見之」，漢武帝外傳同。「之來」之「之」是衍文，「鄰」應作「比鄰」。

〔一三〕崑崙臺：漢魏本作「崑崙山」。三洞群仙録卷三宫嵩長生郭延不老引神仙傳、太平御覽卷三八崑崙山引神仙傳亦作「崑崙山」。仙苑編珠作「崑崙」。

〔一四〕臨去，先以神丹方、五帝靈飛祕要傳尹先生：漢魏本無此等語。漢武帝外傳稱：「尹先生諱軌。」參「尹軌」條。

靈壽光〔一〕

靈壽光〔二〕者，扶風〔三〕人也。年七十時，得朱英丸〔四〕方合服之，轉更少壯如年二十時〔五〕。至建安元年〔六〕已二百二十歲矣。

校　釋

〔一〕太平廣記無此條。雲笈七籤卷八六尸解有「靈壽光」條，而添加後死於江陵一段。漢魏本靈壽光與雲笈七籤本基本同。

〔二〕靈壽光：博物志卷五方士作「冷壽光」。後漢書卷八二下方術傳云：「冷壽光、唐虞、魯女生三人者，皆與華佗同時。壽光年可百五六十歲，行容成公御婦人法。嘗屈頸鷮息，鬚髮盡白，而色理如三四十時，老死於江陵。」雲笈七籤卷四道教相承次第録云：「第二十一代靈壽光。」小注云：「壽光本外國人。」

〔三〕扶風：在今陝西興平東南。

〔四〕朱英丸：參「墨子」條注。仙苑編珠卷下靈壽少壯東郭光明引神仙傳同。雲笈七籤卷八六尸解「靈壽光」條作「石英丸」，「石」字誤。

〔五〕二十時：雲笈七籤卷八六尸解「靈壽光」條、漢魏本靈壽光作「二十許」。

〔六〕建安元年：公元一九六年。

劉　京〔一〕

劉京〔二〕字太玄，南陽〔三〕人也。漢孝文皇帝〔四〕侍郎也，後棄世從邯鄲張君〔五〕學道，受餌朱英丸方合服之〔六〕，百三十歲，視之如三十許人。後師事薊子訓〔七〕，子訓授京五帝靈飛六甲十二事〔八〕、神仙十洲真形〔九〕諸祕要。京按訣行之，甚效，能役使鬼神，立起風雨，召致行厨〔一〇〕，坐在立亡〔一一〕，而知吉凶期日〔一二〕，又能爲人祭天益命，或得十年〔一三〕，到期皆死，其不信者，至期亦死。周流名山五嶽，與王真〔一四〕俱行，悉遍也。

魏武帝〔一五〕時，故遊行諸弟子家。皇甫隆〔一六〕聞其有道，乃隨事之，以雲母九子丸及交接之道二方教隆〔一七〕。隆按合行服之〔一八〕，色理日少，髮不白，齒不落，年三百餘歲，不知能得度世不耳〔一九〕。魏黄初三年〔二〇〕，京入衡山〔二一〕中去，遂不復見。京語皇甫隆曰：「治身之要，當朝朝服玉泉，使人丁壯有顏色，去三蟲〔二二〕而堅齒也。玉泉者，口中液也。朝來〔二三〕起早，漱液滿口，乃吞之。琢齒二七過，如此者三乃止，名曰鍊精，使人長生也。夫交接之道至難，非上士〔二四〕不能行之，乘奔牛驚馬，未足喻其嶮墜矣。卿性多淫，得無當用此自戒乎！」如京言，慮隆不得度世也。

校釋

〔一〕太平廣記無此條。漢魏本劉京文字較簡，與本條多不同。漢武帝外傳劉景部分與本條同。

〔二〕劉京：漢武帝外傳卷五作「劉景」。又太平御覽卷六七一服餌下引列仙傳云：「劉景，前漢時人也，從邯鄲張君受餌雲母，知其吉凶。」仙苑編珠卷中御妾婁景燒炭嚴青云：「婁景者，漢文帝侍郎也。」則劉京亦作「劉景」、「婁景」。

〔三〕南陽：在今河南。

〔四〕漢孝文皇帝：公元前一七九——前一五七年在位。

〔五〕邯鄲張君：此人列於陶弘景真靈位業圖第三中位右位（見説郛卷五七上），失其名。無上祕要卷八四得太極道人名品云：「邯鄲張君，前漢末人。劉京，張君弟子。」

〔六〕受餌朱英丸方合服之：漢魏本作「受餌雲母朱英方服之」。仙苑編珠卷中御妻婁景燒炭嚴青云：「婁景者，漢文帝侍郎也，從張君學道，得雲母朱英丸方。」博物志卷五辨方士引典論云：「降就道士劉景，受雲母九子元方。」「九子元」恐是「朱英丸」之誤。四庫本脱「雲母」二字。「雲母」見序注，「朱英丸」見「墨子」條注。

〔七〕薊子訓：見「薊子訓」條。

〔八〕五帝靈飛六甲十二事：參「李少君」條注。

〔九〕神仙十洲真形：海内十洲記云：「臣先師谷希子者，太上真官也。昔授臣昆侖、鍾山、蓬萊山及神洲真形圖。」神仙十洲真形或是神洲真形圖。

〔一〇〕行厨：見「王遠」條注。

〔一一〕坐在立亡：見「皇初平」條注。

〔一二〕而知吉凶期日：漢武帝外傳作「而知人吉凶期日」，四庫本脱「人」字。

〔一三〕或得十年：漢魏本作「或延得十年五年」，語意較明。

〔一四〕王真：見「王真」條。

〔一五〕魏武帝：即曹操。

〔一六〕皇甫隆：安定（今甘肅定西）人，魏嘉平（二四九——二五四）中爲敦煌太守。三國志卷一六魏書倉慈傳裴松之注引魏略云：「初，敦煌不甚曉田，常灌溉滀水，使極濡洽，然後乃耕。又不曉作耬犁。用水，乃種，人牛功力既費，而收穀更少。隆到，教作耬犁，又教衍溉，歲終率計，其所省庸力過半，得穀加五。又敦煌俗，婦人作裙，攣縮如羊腸，用布一匹；隆又禁改之，所省復不訾。故敦煌人以爲隆剛斷嚴毅不及於慈，至於勤恪愛惠，爲下興利，可以亞之。」由是而知名。

〔一七〕以雲母九子丸及交接之道二方教隆：漢魏本作「以雲母九子方教隆」。「九子」應是「朱英」，詳前注。

〔一八〕隆按合行服之：漢魏本作「隆合服之」。

〔一九〕不知能得度世不耳：語意不明。漢魏本、真仙通鑑卷一二劉京作「不能盡其道法，故不得度世」，下文有「如京言，盧隆不得度世也」，乃與之呼應，疑應如漢魏本之文。

〔二〇〕黄初三年：公元二二二年。

〔二一〕衡山：在今湖南衡山。

〔二二〕三蟲：道家以爲人體生病，皆因三蟲爲患。雲笈七籤卷八三中山玉櫃經服氣消三蟲訣云：「蟲有三名，伐人三命，亦號三尸。一名青姑，號上尸，伐人眼，空人泥丸。……二名白姑，號中尸，伐人腹，空人藏府。……三名血尸，號下尸，伐人腎，空人精髓。……一本作血姑。」故欲爲道神仙不死，當先去三蟲。

〔二三〕來：漢武帝外傳作「未」。三洞珠囊卷一〇叩齒咽液品云：「仙人劉京語皇甫隆曰：『夫朝起未澡洗之前，平坐嗽口中唾。』」可見「來」是「未」之訛。

〔二四〕上士：雲笈七籤卷五九項子食氣法云：「能清淨者則能斷情慾，斷情慾者則能絶房室，絶房室則能休糧，休糧則能保愛氣，能保愛氣則德應自然，德應自然則十月通矣，十月通者謂上士也。」

嚴青〔一〕

嚴青者，會稽〔二〕人也。家貧，常在山中燒炭，忽遇仙人〔三〕，云：「汝骨相合仙〔四〕。」乃以一卷素書〔五〕與之，令以淨器〔六〕盛之，置高處，兼教青服石腦法〔七〕。青遂以淨器盛書，置高處。便聞左右常有十數人侍之，每載炭出，此神便爲引船〔八〕，他人但見船自行。後斷穀，入小霍山去〔九〕。

校釋

〔一〕太平廣記無此條。漢魏本作「嚴清」，文字亦較簡，與太平御覽卷六六二天仙引真誥之文及本條大體同。

〔二〕會稽：今浙江紹興。

〔三〕忽遇仙人：漢魏本作「忽有一人與清語，不知其異人也」。

〔四〕汝骨相合仙：漢魏作「汝得長生，故以相授」。

〔五〕一卷素書：漢魏本作「一卷書」。太平御覽卷六七九傳授引神仙傳作「素書一軸」。素書，見「墨子」條注。

〔六〕浄器：漢魏本、太平御覽卷六七九傳授引神仙傳作「潔器」。

〔七〕兼教青服石腦法：漢魏本無此句。石腦，鍾乳之類，抱朴子内篇仙藥列於其中。真誥卷一三稽神樞第三稱：「石腦故（固？）如石，但小，斑色而輭耳，所在有之，服此時時使人發熱，又使人不渴。」

〔八〕引船：真仙通鑑卷一二嚴青作「挽船」。

〔九〕後斷穀，入小霍山去：斷穀，即辟穀，見「沈建」條注。小霍山，在今安徽六安，據説因遠接霍山之脈而得名。又太平御覽卷七三七禁引神仙傳曰：「嚴青常從弟子家夜歸。都督夜行逢青，呵問：『何人夜行？』青亦厲聲問曰：『汝是何人而夜行？』都督怒，不知是青，因叱從兵，使録夜行人。青亦復叱其從神曰：『皆縛夜行人。』青便去，而都督及從者數十人人馬皆不復得去。明旦，行人見都督，問何爲在此，都督白事狀如此。行人曰：『必是嚴公也。』都督曰：『我不能得動，可報余家。』家人知之，往叩頭啓謝青，自説昨宵不知是先生，乞得放遣。青乃大聲曰：『解遣昨宵所録夜行人還去。』都督乃得去。其後，夜行每見人行，先逆問非嚴公乎。」三洞群仙録卷六嚴青夜行國珍晝寢引神仙傳、真仙通鑑卷一二嚴青亦有此故事。

帛和〔一〕

帛和字仲理〔二〕，師董先生〔三〕行炁斷穀術〔四〕。又詣西城山師王君〔五〕，君謂曰：「大道之訣，非可卒得。吾暫往瀛洲〔六〕，汝於此石室中可熟視石壁，久久當見文字，見則讀之，得道矣。」和乃視之，一年了無所見，二年似有文字，三年了然，見太清中經〔七〕神丹方、三皇文〔八〕、五嶽圖〔九〕，和誦之上口。王君回曰：「子得之矣。」乃作神丹，服半劑，延年無極，以半劑作黄金。

校釋

〔一〕太平廣記無此條。漢魏本帛和文字與本條有差别，而與太平御覽卷六六三地仙引道學傳基本同。

〔二〕漢魏本下文云：「遼東人也。」遼東治今遼寧遼陽。

〔三〕師董先生：漢魏本作「事董奉」，董奉參「董奉」條。

〔四〕行炁斷穀術：漢魏本作「奉以行氣服術法授之」。行氣，見「陰長生」條注。斷穀，見「沈建」條注。

〔五〕又謂西城山師王君：西城山王君又稱西城王君，據雲笈七籤卷一〇六載魏華存撰清虚真人王君内傳云：「王君諱褒，字子登，范陽襄平人也。安國侯（王陵）七世之孫。漢元帝建昭三年（前三六）九月二十七日誕焉。」又云：「（西城）真人遂將君還西城，九年道成。」

〔六〕瀛洲：據史記卷二八封禪書，齊威王、宣王、燕昭王皆信方士之言，使人入海求蓬萊、方丈、瀛洲，云此三神山在渤海中。海内十洲記則云：「瀛洲在東海中，地方四千里，大抵是對會稽，去西岸七十萬里。」

〔七〕太清中經：太平御覽卷六六三地仙引列仙傳（恐是神仙傳）云：「（左慈）精思於天柱山，得石室中九丹金液經，是太清中經法也。」並參「左慈」條注。

〔八〕三皇文：其書天皇、地皇、人皇各一卷，據説是上古三皇所受之書。詳參雲笈七籤卷六三洞並序。

〔九〕五嶽圖：即五嶽真形图，雲笈七籤卷七九五嶽真形神仙圖記稱：「五嶽真形、神仙圖記並出太玄真人。」抱朴子内篇登涉云：「上士入山持三皇内文及五嶽真形圖，所在召山神，及按鬼録，召州社及山卿宅尉問之，則木石之怪、山川之精不敢來試人。」

趙瞿〔一〕

趙瞿者〔二〕，上黨〔三〕人也。病癩〔四〕歷年，衆治之不愈，垂死。或云，不及活流棄之〔五〕，後子孫轉相注易〔六〕。其家乃賫糧〔七〕，將之送置山穴中。瞿在穴中自怨不幸，晝夜悲歎涕泣。經月〔八〕，有仙人〔九〕行經過穴，見而哀之，具問訊之。瞿知其異人，乃叩頭自陳乞哀〔一〇〕。於是仙人以一囊藥賜之〔一一〕，教其服法。瞿服之百許日，瘡都愈，顔色豐悦，肌膚玉澤。仙人又過視之，瞿謝受更生活之恩，乞丐其方。仙人告此是松脂耳，此山中更多此物，汝鍊服之，可以長生不死。

瞿乃歸家，家人初謂之鬼也，甚驚愕。瞿遂長服松脂，身體轉輕，氣力百倍，登危越險，終日不極〔一二〕。年百七十歲，齒不墮，髮不白。夜卧，忽見臺間有光，大如鏡者，以問左右，皆云不見，久而漸大，一室盡明如晝日。又夜見面上有綵女二人〔一三〕，長二三寸〔一四〕，面體皆具，但爲小耳。遊戲其口鼻之間，如是且一年，此女漸長大，出在其側。又常聞琴瑟之音，欣然獨笑。在人間三百許，年色如小童，乃入抱犢山去，必地仙也〔一五〕。

校釋

〔一〕太平廣記卷一〇「趙瞿」條云出神仙傳，而文字多異於本條。漢魏本趙瞿與太平廣記本同。又抱朴子内篇仙藥、葛洪撰肘後備急方卷五記趙瞿事，與四庫本大抵同。太平廣記卷四一四服松脂引抱朴子，文字與本條基本相同。

〔二〕趙瞿者：漢魏本、三洞珠囊卷一救導品引神仙傳云：「趙瞿字子榮。」

〔三〕上黨：今山西長治。

〔四〕癩：古代瘡、疥、大風（今稱麻瘋）均稱「癩」。

〔五〕不及活流棄之：漢魏本作「當及生棄之」。太平廣記卷四一四服松脂引抱朴子作「不如及活流棄之」，四庫本脱「如」字。

〔六〕注易：急就篇卷四「寒氣泄注腹臚脹」顔師古注曰：「注易之病，一人死，一人復得氣相灌注也。」今稱傳染病。

〔七〕賫糧：漢魏本作「作一年糧」。賫，攜帶也。

〔八〕經月：漢魏本作「百餘日」。

〔九〕仙人：漢魏本作「三人」。

〔一〇〕乃叩頭自陳乞哀：漢魏本作「乃自陳乞叩頭求哀」，語較通順。

〔一一〕以一囊藥賜之：漢魏本作「以松子、松柏脂各五升賜之」。

〔二〕不極：不倦也。

〔三〕有綵女二人：漢魏本作「有二人」。綵女，或作「采女」，見「彭祖」條注。

〔四〕長二三寸：漢魏本作「長三寸，乃美女也」。

〔五〕乃入抱犢山去，必地仙也：漢魏本作「入山不知所之」。抱犢山，太平寰宇記卷四五河東道六潞州「壺關縣」引福地記曰：「抱犢山在上黨東南一里，高七十丈，有石城，高十丈，方一里。」抱朴子内篇論仙曰：「按仙經云：上士舉形昇虛，謂之天仙；中士遊於名山，謂之地仙；下士先死後蜕，謂之尸解仙。」

宫嵩〔一〕

宫嵩者〔二〕，大有文才，著道書二百餘卷〔三〕。服雲母〔四〕，得地仙之道〔五〕。後入苧嶼山〔六〕中仙去。

校釋

〔一〕太平廣記無此條。漢魏本宫嵩文字較詳。

〔二〕宫嵩者：漢魏本作「宫嵩者，琅邪人也」。後漢書卷三〇下襄楷傳云：「初，順帝時，琅邪宫崇詣闕，上其師于吉於曲陽泉水上所得神書百七十卷，皆縹白素，朱介青首朱目，號太平清領書。」「宫嵩」又作「宫崇」。琅邪，今山東黄島。

〔三〕著道書二百餘卷：漢魏本作「著書百餘卷」。此句之後，漢魏本有「師事仙人于吉。漢元帝時，嵩隨吉於曲陽泉（在今山東臨沂）上，遇天仙授吉青縑朱字太平經十部。吉行之得道，以付嵩，後上此書。書多論陰陽否泰災眚之事，有天道、地道、人道，云治國者用之，可以長生，此其旨也」等語。

〔四〕雲母：見神仙傳序注。

〔五〕得地仙之道：漢魏本作「數百歲，有童子之色」。地仙，見「黄山君」條注。

〔六〕苧嶼山：見「陳長」條注。

容成公〔一〕

容成公〔二〕行玄素之道〔三〕，延壽無極〔四〕。

校　釋

〔一〕太平廣記、漢魏本無此條。劉向列仙傳有「容成公」條，文字較本條詳。

〔二〕容成公：説郛卷五八下引神仙傳云：「容成公者，字子黄，遼東人也。行玄素之道，年二百歲，善房中之術。」

〔三〕玄素之道：抱朴子内篇微旨云：「知玄素之術者，則曰唯房中之術，可以度世矣。」仙苑編珠卷上王綱二氣章震五行引神仙傳云：「王綱善補養之法，行玄素之道。」「玄素之道，可參「天門子」條。抱朴子内篇遐覽録有玄女經、素女經。

〔四〕初學記卷二七實器部「金第一」、太平御覽卷八一一金下俱引神仙傳曰：「容成公服三黄得仙，所謂雄黄、雌黄、黄金。」亦四庫本缺文。

董仲君〔一〕

董仲君者，臨淮〔二〕人也。服炁鍊形〔三〕，二百餘歲〔四〕不老。曾被誣〔五〕繫獄，乃佯死，須臾蟲出〔六〕，獄吏乃舁出之，忽失所在〔七〕。

校釋

〔一〕雲笈七籤卷八五尸解「董仲君」條，文字與本條略有不同。漢魏本董仲君全同於雲笈七籤本。太平廣記卷七一「董仲君」條只記董仲君爲漢武帝刻李夫人像事。

〔二〕臨淮：治今江蘇盱眙。

〔三〕服炁鍊形：漢魏本作「少行氣鍊形」。服氣鍊形，見「彭祖」條注。

〔四〕二百餘歲：漢魏本作「年百餘歲」。

〔五〕曾被誣：漢魏本作「常見誣」。

〔六〕須臾蟲出：漢魏本作「臭爛生蟲」。太平御覽卷七三七禁引桓譚新論云：「方士董仲君犯事繫獄，佯死，目陷蟲爛，故知幻術靡所不有。」

〔七〕獄吏乃舁出之，忽失所在：漢魏本作「獄家舉出，而後復生，尸解而去」。太平御覽卷六四三獄引桓譚新論云：「近哀、平間，道士臨淮董仲君坐繫獄。」則其事迹流傳自漢武帝至哀、平年間（前一四一——四五）。

倩平吉〔一〕

倩平吉〔二〕者，沛〔三〕人也〔四〕。漢初入山得道，至光武〔五〕時不老。後託形尸假〔六〕，百餘年却還鄉里也。

校釋

〔一〕太平廣記無此條。雲笈七籤卷八五尸解「清平吉」條，文字亦不同。漢魏本清平吉同於雲笈七籤本。

〔二〕倩平吉：四庫本之外其餘各本引文均作「清平吉」，可見「倩」乃「清」之訛。

〔三〕沛：漢魏本作「沛國」。今江蘇沛縣。

〔四〕也：該字之後，漢魏本有「漢高皇帝時衛卒也」等語。少室山房筆叢卷四三玉壺遐覽二云：「清平吉姓衛名平。」蓋沿雲笈七籤卷八五尸解「清平吉」條「清平吉，沛國人也。漢高皇帝時衛平也」之説而來。查太平御覽卷六六四尸解引登真隱訣云：「清平吉，沛人也。漢高祖時卒也。」廣博物志卷一二靈異一云：「清平吉，沛國人，漢高祖時衛卒也。」太平御覽此條脱一「衛」字。雲笈七籤因「卒」形近「平」，則將「衛卒」訛爲「衛平」，少室山房筆叢未及細考，遂誤以爲姓衛名平。漢魏本作「漢高皇帝時衛卒也」，是原文，四庫本有脱漏。

〔五〕光武：東漢光武帝，公元二五年——五七年在位。

〔六〕後託形尸假：漢魏本作「後尸解去」。「尸假」應作「尸解」。

王仲都〔一〕

王仲都者，漢中〔二〕人也。漢元帝〔三〕常以盛暑時暴之，繞以十餘鑪火而不熱，亦無汗〔四〕。凝冬〔五〕之月，令仲都單衣，無寒色，身上氣蒸如炊。後不知所在〔六〕。

校釋

〔一〕太平廣記無此條，漢魏本王仲都文字與本條多不同。

〔二〕漢中：治今陝西漢中。

〔三〕漢元帝：公元前四八——前三三年在位。

〔四〕漢元帝常以盛暑時暴之……亦無汗：抱朴子内篇雜應稱，王仲都衣以重裘，曝之於夏日之中，周以十爐之火，口不稱熱，身不流汗，蓋用飛霜散（又稱「飛雪散」）者也。

〔五〕凝冬：太平御覽卷二六冬上引神仙傳作「隆冬」，義同。

〔六〕水經注卷一九渭水引桓譚新論稱：「元帝被病，廣求方士，漢中送道士王仲都，詔問所能，對曰能忍寒暑。乃以隆冬盛寒日，令袒載駟馬，於上林昆明池上環冰而馳。御者厚衣狐裘寒戰，而仲都獨無變色，卧於池臺上，曛然自若。夏大暑日，使曝坐，環以十爐火，不言熱，又身不汗。」可供參考。

程偉妻〔一〕

漢黄門郎〔二〕程偉，好黄白術〔三〕，娶妻，得知方家女〔四〕。偉常從駕出，而無時衣，甚憂。妻曰：「請致兩段縑〔五〕。」縑即無故而至前。偉按枕中鴻寶〔六〕作金不成，妻乃往視偉。偉方扇炭燒筩〔七〕，筩中有水銀。妻曰：「吾欲試相視一事。」乃出其囊中藥少許投之，食頃發之，已成銀。偉大驚曰：「道在汝處而不早告我，何也？」妻曰：「得之須由命者〔八〕。」於是偉日夜説誘之，賣田宅以供美食衣服，猶不肯告偉。偉乃與伴謀撾笞杖之，妻輒知之，告偉言：「道必當傳其人。得其人，得路〔九〕相遇輒教之。如非其人，口是而心非，雖寸斷而支解，而道猶不出也。」偉逼之不止，妻乃發狂裸而走，以泥自塗，遂卒〔一〇〕。

校　釋

〔一〕太平廣記卷五九「程偉妻」條云出集仙録，文字與本條多不同，漢魏本程偉妻除一二處外與太平廣記本同。雲笈七籤卷八五尸解有「女真程偉妻」條，亦採自集仙録。此條大抵據抱朴子内篇黄白記桓君山（譚）所言而成。

〔二〕黄門郎：説郛卷五八下引神仙傳稱：「漢旗門郎程偉妻者，得道者也。」應如諸本作「期門郎」。

期門郎，天子扈從萫衛之軍也。據漢書卷六五東方朔傳及卷一九上百官公卿表上，漢武帝好微行，因置期門郎與之期於殿門。

〔三〕黄白術：鍊金銀之術。

〔四〕得知方家女：方家，通方技之家。按漢書卷三〇藝文志，方技有四家：醫經家、方家、房中家、神仙家。

〔五〕兩段縑：藝文類聚卷七八引神仙傳作「兩縑」。抱朴子内篇黄白作「兩端縑」。

〔六〕枕中鴻寶：據稱是漢淮南王劉安之祕籍。漢書卷三六劉向傳云：「上（武帝）復興神仙方術之事，而淮南有枕中鴻寶苑祕書，書言神仙使鬼物爲金之術，及鄒衍重道延命方。」顏師古注曰：「鴻寶苑祕書並道術篇名，臧在枕中，言常存録之不漏泄也。」漢書卷二五下郊祀志下曰「大夫劉更生獻淮南枕中洪寶苑祕之方」，顏師古注曰：「洪，大也。苑祕者，言祕術之苑囿也。」

〔七〕筩：筒也。

〔八〕得之須由命者：太平廣記卷五九「程偉妻」條引集仙録作「骨相不應得」。

〔九〕得路：抱朴子内篇黄白作「道路」，是。

〔一〇〕妻乃發狂裸而走，以泥自塗，遂卒：漢魏本作「妻遂蹶然而死，尸解而去」。

薊子訓〔一〕

薊達〔二〕，字子訓，齊國臨淄〔三〕人，李少君〔四〕之邑人也。少仕州郡，舉孝廉〔五〕，除郎中〔六〕。又從軍，拜駙馬都尉〔七〕。晚悟治世俗綜理官無益於年命也，乃從少君學治病，作醫法。漸久，見少君有不死之道，遂以弟子之禮事少君而師焉。少君亦以子訓用心專知，可成就，漸漸告之以道家事，因教令胎息〔八〕、胎食〔九〕、住年止白〔一〇〕之法。行之二百〔一一〕餘年，顔色不老。在鄉里，與人信讓從事〔一二〕。性好清淨，常閑居讀易，時作小小文疏，皆有意義。

少君晚又授子訓無常子大幻化之術〔一三〕，按事施行，皆效。曾見比舍家抱一兒，從求抱之，失手而墮地，即死。其家素尊敬之，不敢有悲哀之色而埋之，謂此兒命應不成人。行已積日〔一四〕，轉不能復思之。子訓因還外抱兒還家，家人恐是鬼，乞不復用。子訓曰：「但取無苦，故是汝兒也。」兒識其母，喜笑欲往母，乃取之，意猶不了〔一五〕。子訓既去，夫婦共往掘視所埋死兒，窆器〔一六〕中有泥兒，長六寸許〔一七〕耳，此兒遂長大。又諸老人髮必白者〔一八〕，子訓但與之對坐共語，宿昔之間，則明旦皆髮黑矣。亦無所施爲，爲黑可期一年二百日也。亦復有不使人髮黑者，蓋神幻之大變者也。

京師貴人聞之，莫不虛心欲見子訓，而無緣致之。子訓比居有年少爲太學生〔一九〕，於是諸貴人共呼語之：「卿所以勤苦讀書者，欲以課試規富貴耳，但爲吾一致〔二〇〕薊子訓來，能使卿不勞而達。」書生許諾，乃歸親事子訓，朝夕灑掃，立侍左右，如此且二百日〔二一〕。子訓語書生曰：「卿非學道者，何能如此？」書生曰：「忝鄉里末流，長幼之道自當爾。」子訓曰：「何以不道實而作虛飾邪？吾以具知卿意。諸貴人欲得見我，我亦何惜一行之勞，而不使卿得榮位乎？便可還語諸人，吾某月某日當往。」書生甚喜，到京師具向諸貴人說此意。到期日，子訓未行，書生父母憂之，往視子訓。子訓曰：「恐我不行也？不使卿兒失信，當發。」以食時去所居，書生父母相謂曰：「薊先生雖不如期，至要是往也。」定後日，書生歸，推計之，子訓以其日中時到京師，是不能半日行千餘里〔二二〕。既至，書生往見之子訓。子訓問書生曰：「誰欲見我者？」書生曰：「欲見先生者甚多，不敢枉屈，但乞知先生所止，自當來也。」子訓曰：「不須使來，吾尚千餘里來，寧復與諸人計此邪？卿今日使人人盡語之，使各絕賓客，吾日中當往，臨時自當擇所先詣。」書生如其言語貴人，貴人各灑掃。到日中，子訓往，凡二十三處，便有二十三子訓各在一處，諸貴人各各喜，自謂子訓先詣之。定明日相參問，同時各有一子訓，其衣服顏色皆如一，而論說隨主人諮問，各各答對不同耳。主人竝爲設酒食之具，以餉子訓，皆各家家盡禮飲食之。於是遠近大驚，諸貴人竝欲詣之。子訓謂書生曰：「諸人謂我當有重瞳八采〔二三〕，故欲見我。我亦無所道，我不復往，便爾去矣。」

適出門，諸貴人冠蓋塞道到門〔二四〕。書生言：「適去，東陌上乘青騾者是也。」於是各各走馬逐之，望見其騾徐徐而行，各走馬逐之不及。如此行半日，而常相去一里許，不可及也，乃各罷還。

子訓既少君鄉里弟子，微密謹慎，思證道奥，隨時明匠〔二五〕，將足甄綜衆妙矣〔二六〕。

校釋

〔一〕太平廣記卷一二「薊子訓」條云出神仙傳，與本條文字多不同，漢魏本薊子訓同於太平廣記本。本條大抵取材於搜神記卷一「薊子訓」條。搜神記、後漢書卷八二下薊子訓傳所記有子訓賣藥會稽及黄初元年徙長安與一老翁共摩挲銅人事，本條不載。漢武帝外傳有關薊子訓部分與本條同。

〔二〕薊達：漢武帝外傳作「薊遼」。

〔三〕臨淄：今山東淄博。漢魏本作「齊」。後漢書卷八二下薊子訓傳則云：「薊子訓者，不知所由來也。」

〔四〕李少君：參「李少君」條。

〔五〕舉孝廉：見「王遠」條注。

〔六〕郎中：見「王遠」條注。

〔七〕駙馬都尉：漢書卷一九上百官公卿表上云：「奉車都尉掌御乘輿車，駙馬都尉掌駙馬，皆武帝初置，秩比二千石。」顔師古注曰：「駙，副馬也，非正駕車，皆爲副焉。一曰駙，近也，疾也。」

〔八〕胎息：見「九靈子」條注。

〔九〕胎食：見「王真」條注。

〔一〇〕住年止白：或稱停年止白，道家不老之術，其方藥有仙母金丹，一名西王母停年止白飛丹。

〔一一〕二百：漢魏本作「三百」。

〔一二〕與人信讓從事：太平御覽卷六六四尸解引靈寶赤書曰，薊子訓「在鄉里行信讓」。漢魏本云：「在鄉里時，惟行信讓，與人從事。」四庫本有脱文，且文字錯置，應作「行信讓，與人從事」，意爲以信讓與人交往也。

〔一三〕無常子大幻化之術：幻化之術，幻術也，如墨子枕中記所授之術。「無常子」，未識是何義。

〔一四〕行已積日：漢魏本作「死已積日」，義同。

〔一五〕意猶不了：漢魏本作「猶疑不信」，意較明白。

〔一六〕窆器：窆，説文：「葬下棺也。」「窆器」，漢魏本作「棺」。

〔一七〕六寸許：漢魏本作「六七寸」。

〔一八〕又諸老人髮必白者：「必白」，全白也。

〔一九〕太學生：漢京師學府之學生。

〔二〇〕一致：漢魏本作「召得」。

〔二一〕二百日：漢魏本作「數百日」。

〔二二〕是不能半日行千餘里：「不能」，不到也。「千餘里」漢魏本作「二千里」。

〔二三〕重瞳八采：「重瞳」，意指帝王，初學記卷九帝王部「總叙帝王·重瞳」注云：「春秋元命苞曰：舜重瞳子，是謂滋涼。宋均注：滋涼，有滋液之潤且清涼，光明而多見。」「八采」，淮南子修務訓云：「堯眉八采。」「八采」即八眉，八眉者眉如八字，亦意指帝王。

〔二四〕到門：漢魏本作「而來」。

〔二五〕隨時明匠：「時」，順承也。「明匠」，意爲高明之人。

〔二六〕漢魏本其後尚有如下數語，云：「子訓至陳公家，言曰：『吾明日中時當去。』陳公問遠近行乎？曰：『不復更還也。』陳公以葛布單衣一送之。至時，子訓乃死，尸僵，手足交胸上，不可得伸，狀如屈鐵，尸作五香之芳，氣達於巷陌，其氣甚異。乃殯之棺中，未得出，棺中噏然作雷霆之音，光照宅宇，坐人頓伏。良久，視其棺蓋，乃分裂飛於空中，棺中無人，但遺一隻履而已。須臾間，陌上有人馬簫鼓之聲，徑東而去，乃不復見。子訓去後，陌上數十里，芳香百餘日不歇也。」

神仙傳卷八

葛玄〔一〕

葛玄，字孝先，丹陽〔二〕人也〔三〕。生而秀穎，性識英明，經傳子史，無不該覽。年十餘，俱失怙恃〔四〕，忽歎曰：「天下有常不死之道〔五〕，何不學焉。」因遁迹名山〔六〕，參訪異人，服餌芝朮〔七〕。從仙人左慈〔八〕受九丹金液仙經〔九〕。玄勤奉齋科〔一〇〕，感老君〔一一〕與太極真人〔一二〕降於天台山〔一三〕，授玄靈寶〔一四〕等經三十六卷。久之，太上又與三真人項負圓光〔一五〕，乘八景玉輿〔一六〕寶蓋，幡幢旌節〔一七〕，焕耀空中，從官千萬，命侍經仙郎〔一八〕王思真〔一九〕，披九光玉韞〔二〇〕，出洞元〔二一〕、大洞〔二二〕等經三十六卷，及上清齋二法：一絶群獨宴，静炁遺形，冥心之齋也〔二三〕；二清壇肅侶，依太真之儀，先拔九祖，次及家門，後謝己身也；靈寶齋六法：一金籙，調和陰陽，寶鎮國祚；二玉籙，保祐后妃公侯貴族；三黄籙，卿相牧伯，拔度九祖，罪原；四明真，超度祖先，解諸冤對；五三元，自謝犯戒之罪；六八節，謝七祖及己身，請福謝罪也〔二四〕；及洞神、太一、塗炭等齋并戒法等件〔二五〕。悉遵太上之命，修鍊勤苦不怠，尤長於治病、收劾鬼魅之術〔二六〕，能分形〔二七〕變化。吴大帝〔二八〕要與相見，欲加榮位。玄不枉〔二九〕，求去不得，待以客禮。一日語弟子張恭〔三〇〕言：「吾爲世主所逼留，不遑作大藥，今當〔三一〕以八月十三日中時去矣。」至期，玄衣冠入室，卧而氣絶，顔色不變。弟子燒香守之三日三夜〔三二〕。夜半，忽大風起，發屋折木，聲響如雷，燭滅。良久，風止，燃燭，失玄所在，但見委衣床上，帶無解者。明旦問隣人，隣人言「了無大風」。風止在一宅内，籬落樹木並敗折也。

校釋

〔一〕太平廣記卷七一「葛玄」條云出神仙傳，只記葛玄變幻之術，與本條專叙玄修鍊之方不同。漢魏本葛玄與太平廣記本同。

〔二〕丹陽：今江蘇句容。

〔三〕雲笈七籤卷三靈寶略紀云：「至三國時，吴主孫權赤烏之年（二三八——二五一），有瑯琊葛玄字孝先，孝先乃葛尚書之子，尚書名孝儒，年八十乃誕玄。」玄乃葛洪之從祖。抱朴子外篇自叙稱，葛洪祖自西漢末年徙於琅邪，東漢初渡江，而家於句容。

〔四〕俱失怙恃：喪父母也。

〔五〕天下有常不死之道：真仙通鑑卷二三葛仙公作「天下有長生不死之道」。

〔六〕因遁迹名山：雲笈七籤卷三靈寶略紀云：「（葛玄）棄榮辭禄，志尚山水，入天台山學道。」

〔七〕芝朮：一種藥用植物。

〔八〕左慈：參「左慈」條。

〔九〕九丹金液仙經：或作「九丹金液經」，太清中經法也。「左慈」條云，慈「精思於天柱山中，得石室内九丹金液經，能變化萬端，不可勝紀」。

〔一○〕齋科：道家齋戒法，有修齋科儀等經書。太平廣記卷一五「道士王纂」條，記西晉末年王纂稱：「經品齋科行於江表，疫毒鎮弭，生靈乂康。」

〔一一〕老君：見「沈羲」條注。

〔一二〕太極真人：道家之道號。太平御覽卷六六○真人上引真誥云：「審道之本，則爲上清真人；仙真妙方能盡梗概之道者，便爲九宫真人；若各備具其道，則爲太極真人。」雲笈七籤卷六三洞云：「時太極真人徐來勒，與三真人以己卯年正月降天台山，傳靈寶經以授葛玄。」則此太極真人名徐來勒，故真仙通鑑卷二三葛仙公云：「感太上老君勅太極真人徐來勒等同降於天台山。」又説郛卷七下引葛洪枕中書云：「徐來勒爲太極真人，治括蒼山，小宫在天台山。」

〔一三〕天台山：在今浙江天台。太平寰宇記卷九八江南東道十台州「天台縣」引臨海記云：「天台山超然秀出，山有八重，視之如一帆。高一萬八千丈，周迴八百里。又有飛泉，懸流千仞似布。」

〔一四〕靈寶：即靈寶經，見「華子期」條注。

〔一五〕圓光：見「李少君」條注。

〔一六〕八景玉輿：或稱八景輿，仙人所乘之車。真誥卷五甄命授第一云：「仙道有八景之輿，以遊行上清。」

〔一七〕幡幢旌節：見「茅君」條注。

〔一八〕侍經仙郎：道家仙聖之官階。

〔一九〕王思真：真仙通鑑卷七王思真云：「王思真者，不知其得道年代，位爲太上侍經仙郎。漢靈帝光和二年（一七九）己未正月一日，太上老君降於天台山，命思真披九色之韞，出洞玄、大洞等經三十六卷，以授太極左宮仙公葛玄。」

〔二〇〕披九光玉韞：打開光芒絢爛之玉藏。

〔二一〕洞元：或作「洞玄」。洞玄經爲中乘中法，乃九真之道，其部亦有十二。雲笈七籤卷六三洞引玉緯云：「洞玄是靈寶君所出，高上大聖所傳。」

〔二二〕大洞：即大洞真經。真誥卷五甄命授第一云：「大洞者，神州是也。神州別有三山，山有七宮，宮有七變，朝化爲金，日中化爲銀，暮化爲銅，夜化爲光，或化爲山，或化爲水，或化爲石，謂之七變。七變有七經，七經有二十一玉童隨此書，故曰『太洞真經，讀之萬過便仙』。此仙道之至經也。」

〔三〕上清齋二法……冥心之齋也：雲笈七籤卷三七齋戒「六種齋」稱：「第一、道門大論云：『上清齋有二法：一、絶群獨宴，静氣遺形，清壇肅侶，依太真儀格；一、心齋，謂疏瀹其心，澡雪精神。』」與本條所説略有不同，其義爲「求仙念真鍊形隱景（影）。」

〔四〕靈寶齋六法……請福謝罪也：雲笈七籤卷三七齋戒「六種齋」稱：「靈寶齋有六法：第一金籙齋，救度國王；第二黄籙齋，救世祖宗；第三明真齋，懺悔九幽；第四三元齋，首謝違犯科戒；第五八節齋，懺洗宿新之過；第六自然齋，爲百姓祈福。」與本條亦有不同，供比對參讀。其義可參下注引真仙通鑑卷二三葛仙公。

〔五〕真仙通鑑卷二三葛仙公記述又不同，云：「靈帝光和二年正月朔，感太上老君勑太極真人徐來勒等，同降於天台山。老君乘八景玉輿，從官千萬，正一真人侍焉。老君自號太上玄一真人，真定光爲洞經高玄法師，命侍經仙郎王思真披九光玉韞，出洞玄、大洞、靈寶經凡三十六部，以授仙人葛玄，及上清齋法二等，並三籙七品齋法。三籙者，曰金籙齋，謂保鎮國祚；曰玉籙齋，保祐后妃公侯貴族；曰黄籙齋，拔度九玄七祖，永辭長夜之苦。七品者，曰明真齋，超度幽爽，解諸冤對也；曰自然齋，普爲衆生，請福謝罪，學仙修行之法也；曰三元齋，自謝犯戒之罪，解考於三官也；曰八節齋，謝玄祖及己身之罪，滅黑簿之法也；曰洞神齋，以精簡爲上，求仙保國之法也；曰持教齋，以清素爲貴，救疾禳災之法也；曰塗炭齋，以苦節爲功，悔過請福之法也。並勸戒法輪經四十五卷，無量通玄、轉神入定等經，以授仙公，俾行於世。」録此以供參考。

〔二六〕收劾鬼魅之術：即役使鬼神之術。

〔二七〕分形：見「玉子」條注。

〔二八〕吳大帝：三國時吳主孫權（一八二——二五二）。

〔二九〕枉：往也。

〔三〇〕張恭：漢魏本作「張大」。

〔三一〕今當：漢魏本作「今當尸解」。

〔三二〕守之三日三夜：漢魏本作「守之三日」。

左　慈〔一〕

左慈者，字元放，盧江〔二〕人也。少明五經〔三〕，兼通星緯〔四〕，見漢祚將盡，天下亂起，乃嘆曰：「值此衰運，官高者危，財多者死，當世榮華，不足貪也。」乃學道術，尤明六甲〔五〕，能役使鬼神，坐致行厨〔六〕。精思於天柱山〔七〕中，得石室内九丹金液經〔八〕，能變化萬端，不可勝紀。

曹公〔九〕聞而召之，閉一室中，使人守視，斷其穀食，日與二升水〔一〇〕，朞年乃出之，顔色如故〔一一〕。曹公曰：「吾自謂天下無不食之人。」曹公乃欲從學道，慈曰：「學道當得清浄無爲，非尊貴所宜。」曹公怒，乃謀殺之〔一二〕，慈已知之，求乞骸骨〔一三〕。曹公曰：「何忽去耳〔一四〕？」慈曰：「公欲殺慈，慈故求去耳〔一五〕。」曹公曰：「無有此意，君欲高尚其志者，亦不久留也〔一六〕。」乃爲設酒，慈曰：「今當遠適，願乞分杯飲酒〔一七〕。」公曰：「善！」是時天寒，温酒尚未熱〔一八〕，慈解劍以攪酒〔一九〕，須臾，劍〔二〇〕都盡，如人磨墨狀〔二一〕。初曹公聞慈求分杯飲酒，謂慈當使公先飲，以餘與慈耳〔二二〕。而慈拔簪以畫杯酒，酒即中斷，分爲兩向〔二三〕。慈即飲其半，送半與公。公不喜之〔二四〕，未即爲飲。慈乞自飲之〔二五〕，飲畢，以杯擲屋棟，杯懸着棟動摇〔二六〕，似飛鳥之俯仰〔二七〕，若欲落而不落，一座莫不矚目視杯〔二八〕。既而，已失慈矣，尋問之，慈已還所住處。曹公遂益欲殺慈〔二九〕，乃敕内外收捕慈〔三〇〕。慈走群羊中，追者視慈入群羊中，而奄忽失之，疑其化爲羊也，然不能分别之。捕吏乃語羊曰：「人主意欲得見先生，暫還無苦。」於是群羊中有一大者，跪而言。吏乃相謂曰：「此跪羊是慈也。」復欲擒之，羊無大小悉長跪，追者亦不知慈所在，乃止〔三一〕。後有知慈處者以告曹公，公遣吏收之，得慈。慈非不得隱，故欲令人知其神化耳。於是受執入獄，獄吏欲考訊之，户中有一慈，户外亦有一慈，不知孰是。曹公聞而愈惡之，使引出市殺之，須臾，有七慈相似，官收得六慈，失一慈。有頃，六慈皆失。尋又見慈走入市，乃閉市四門而索之〔三二〕，或不識者，問慈形貌何似，傳言慈眇一目，青葛巾單衣〔三三〕，見有似此人者便收之。及爾，一市中人皆眇一目，葛巾單衣，竟不能分。曹公令所在普逐之，如見便殺。後有人見慈〔三四〕，便斷其頭以獻曹公〔三五〕，公大喜，及至視之，乃一束茅耳〔三六〕。

有從荆州〔三七〕來者，見慈在荆州，荆州牧劉表以爲惑衆，復欲殺慈，慈意已知〔三八〕。表出耀兵〔三九〕，乃欲見其道術。乃徐去詣表〔四〇〕，説有薄禮願以餉軍。表曰：「道人單僑〔四一〕，吾軍人衆，非道人所能餉也〔四二〕。」慈重道之，表使人取之〔四三〕，有酒一器，脯一束〔四四〕，而十餘人共舁之不起〔四五〕。慈乃自取之，以一刀削脯投地，請百人運酒及脯以賜兵士。人各酒三杯〔四六〕，脯一片，食之如常酒脯味〔四七〕，凡萬餘人皆周足，而器中酒如故，脯亦不減。座中又有賓客數十人〔四八〕，皆得大醉。表乃大驚，無復害慈之意。

慈數日委表，東去入吳〔四九〕。吳有徐隨〔五〇〕者，亦有道術，居丹徒〔五一〕。慈過隨門〔五二〕，門下有客車〔五三〕六七乘，客詐慈〔五四〕云：「徐公不在。」慈便即去〔五五〕。宿客見其牛皆在楊柳樹杪行〔五六〕，適上樹即不見，下即復見牛行樹上。又車轂中皆生荆棘，長一尺〔五七〕，斫之不斷，摇〔五八〕之不動。宿客〔五九〕大懼，入報徐公説〔六〇〕：「有一眇目老公至門〔六一〕，吾欺之，言公不在。此人去後〔六二〕，須臾使車牛皆如此〔六三〕，不知何意。」徐公曰：「咄咄！此是左公過我，汝曹那得欺之。」急追之〔六四〕。諸客分布逐之，及慈，羅列〔六五〕叩頭謝之。慈意解，即遣還去。及至，見車牛如故，繫在車轂中，無復荆木也〔六六〕。

慈見吳先主孫權〔六七〕，權素知慈有道，頗禮重之。權侍臣謝送知曹公劉表皆忌慈惑衆，復譖於權，欲使殺之〔六八〕。後出遊，請慈俱行，令慈行於馬前，欲自後刺殺之。慈著木屐，持青竹杖，徐徐緩步，行常在馬前百步〔六九〕，著鞭策馬操兵器逐之〔七〇〕，終不能及。送〔七一〕知其有道，乃止。

慈告葛仙公言〔七二〕，當入霍山〔七三〕中合九轉丹〔七四〕。丹成，遂仙去矣〔七五〕。

校釋

〔一〕太平廣記卷一一「左慈」條云出神仙傳，與本條基本同。漢魏本左慈與太平廣記本同。雲笈七籤卷八五尸解有「左慈」條，却省去慈見劉表、徐隨、孫權等事。後漢書卷八二下左慈傳所記，均發生於曹操名下，其杯中分酒則又改爲銅盤釣鱸，蓋沿襲搜神記卷一「左慈」條之文。

〔二〕盧江：即廬江，在今安徽。

〔三〕少明五經：漢魏本作「明五經」。五經，易、詩、書、禮、春秋五部經典。

〔四〕星緯：漢魏本作「星氣」，均指以星象占人事吉凶之術。

〔五〕六甲：五帝六甲靈飛之術，見「李少君」條注。博物志卷五方士云：「左慈能變形，幻人視聽，厭勝鬼魅。」

〔六〕坐致行厨：見「王遠」條注。

〔七〕天柱山：在今安徽潛山。太平寰宇記卷一二五淮南道三舒州「懷寧縣」稱，潛山有三峰，一天柱山，一潛山，一皖山，魏時，左慈居潛山，有鍊丹房，今丹竈基址存。

〔八〕九丹金液經：見「葛玄」條注。

〔九〕曹公：即被謚爲魏武帝的曹操（一五五——二二〇）。博物志卷五方士引曹丕典論云：「陳思王曹植辯道論曰：『世有方士，吾王（曹操）悉所招致，甘陵有甘始，廬江有左慈，陽城有郤儉。』」

〔一〇〕斷其穀食，日與二升水：漢魏本作「斷穀」。

〔一一〕曹公聞而召之……顏色如故：抱朴子內篇論仙云：「及見武皇帝試閉左慈等，令斷穀近一月，而顏色不減，氣力自若，常云可五十年不食，正爾，復何疑哉。」博物志卷五方士云：「慈曉房中之術，善辟穀不食，悉號二百歲人。」又據曹丕典論引辯道論稱：「(郤)儉善辟穀，悉號二百歲人。自王與太子及余之兄弟咸以爲調笑，不全信之。然嘗試郤儉，辟穀百日，猶與寢處，行步起居自若也。」此處借用了郤儉故事。

〔一二〕曹公曰……乃謀殺之：漢魏本作「曹公自謂生民無不食道，而慈乃如是，必左道也，欲殺之」。

〔一三〕乞骸骨：請求退職。

〔一四〕何忽去耳：漢魏本作「何以忽爾」。

〔一五〕公欲殺慈，慈故求去耳：漢魏本作「欲見殺，故求去耳」。

〔一六〕君欲高尚其志者，亦不久留也：漢魏本作「公却高其志，不苟相留也」。

〔一七〕慈曰「今當遠適，願乞分杯飲酒」：漢魏本作「曰：『今當遠曠，乞分盃飲酒。』」無「慈」字。

〔一八〕尚未熱：雲笈七籤卷八五尸解「左慈」條作「酒尚冷」。漢魏本作「尚熱」，無「未」字。

〔一九〕慈解劍以攪酒：雲笈七籤卷八五尸解「左慈」條同。漢魏本作「慈拔道簪以撓酒」。

〔二〇〕劍：漢魏本作「簪」。

〔二一〕磨墨狀：漢魏本無「狀」字。

〔二二〕謂慈當使公先飲，以餘與慈耳：漢魏本作「謂當使公先飲，以與慈耳」，無「餘」字。

〔二三〕而慈拔簪以畫杯酒，酒即中斷，分爲兩向：漢魏本作「而拔道簪以畫盃，酒中斷，其間，相去數寸」。真仙通鑑卷一五左慈作「其間相去一分許」。雲笈七籤卷八五尸解「左慈」條作「其間相去一寸許」。

〔二四〕慈即飲其半，送半與公。公不喜之：漢魏本作「即飲半，半與公，公不善之」。

〔二五〕慈乞自飲之：雲笈七籤卷八五尸解「左慈」條作「慈乞自盡飲之」。漢魏本作「慈乞盡飲之」，四庫本無「盡」字。

〔二六〕杯懸着棟動摇：漢魏本作「杯懸摇動」。

〔二七〕似飛鳥之俯仰：漢魏本作「似飛鳥俯仰之狀」。

〔二八〕一座莫不矚目視杯：漢魏本作「舉坐莫不視盃，良久乃墜」。

〔二九〕曹公遂益欲殺慈：漢魏本下有「試其能免死否」句。

〔三〇〕乃敕内外收捕慈：漢魏本作「乃敕收慈」。

〔三一〕左慈化羊故事，漢魏本略有不同，其文曰：「慈走入群羊中，而追者不分，乃數本羊，果餘一口，乃知是慈化爲羊也。追者語：『主人意欲待見先生，暫還無怯也。』俄而有大羊前跪而曰：『爲審爾否？』吏相謂曰：『此跪羊，慈也。』欲收之。於是群羊咸向吏言曰：『爲審爾否？』由是吏亦不復知慈所在。乃止。」藝文類聚卷九四羊引神仙傳云：「曹公收左慈，慈走入群羊中，失慈之所在。追者疑化爲羊，乃令人數羊，羊本千口，揀之長一口，知果化爲羊，乃謂曰：『若是左公者，但出無苦也。』有一羊跪云：『詎如許。』追者欲執之，於是群羊皆跪曰：『詎如許。』追者乃去。」

〔三二〕有七慈相似……而索之：漢魏本作「忽失慈所在，乃閉市門而索」。太平御覽卷六〇六札引抱朴子曰：「魏武帝以左慈爲妖妄，欲殺之，使人收之。慈故欲見而不去，欲拷之，而獄中有七慈，形狀如一，不知何者爲真，以白武帝。帝使人盡將殺之，須臾，左慈盡化爲札，而一慈徑出走赴群羊。」

〔三三〕青葛巾單衣：漢魏本作「著青葛巾青單衣」。葛巾，以葛布做的頭巾。單衣，無裹之衣。又朝衣亦稱單衣。

〔三四〕見慈：漢魏本作「見知」。「知」字誤。

〔三五〕便斷其頭以獻曹公：漢魏本作「便斬以獻公」。

〔三六〕乃一束茅耳：漢魏本下有「驗其尸亦亡處所」句。

〔三七〕荆州：東漢設荆州刺史部，轄區七郡，即南陽、南郡、江夏、零陵、桂陽、武陵、長沙，約相當於今湖北、湖南部分，陝西、河南小部。治漢壽（今湖南常德東北），後治江陵（今湖北荆州）。

〔三八〕有從荆州來者……慈意已知：漢魏本作「後有人從荆州來，見慈。刺史劉表亦以慈爲惑衆，擬收害之」。漢末，劉表（一四二——二〇八）爲荆州牧。

〔三九〕耀兵：炫耀兵威。

〔四〇〕乃欲見其道術，乃徐去詣表：漢魏本作「慈意知欲見其術，乃徐徐去，因又詣表」。

〔四一〕單僑：北堂書鈔卷一二三矛「逐左慈」條補注作「卑僑」，均意爲僑居卑下之人。

〔四二〕非道人所能餉也：漢魏本作「安能爲濟乎」。

〔四三〕表使人取之：漢魏本作「表使視之」。

〔四四〕有酒一器，脯一束：藝文類聚卷七二脯引神仙傳云：「有酒一器，有脯一盤。」漢魏本作「有酒一斗，器盛，脯一束」。後漢書卷八二下左慈傳云：「後（曹）操出近郊，士大夫從者百許人，慈乃爲齎酒一升，脯一斤，手自斟酌，百官莫不醉飽。操怪之，使尋其故，行視諸鑪，悉亡其酒脯矣。」與神仙傳左慈餉劉表軍故事又不同。

〔四五〕而十餘人共舁之不起：漢魏本作「而十人共舉不勝」。藝文類聚卷七二脯引神仙傳云：「千餘人共舉不能勝。」

〔四六〕人各酒三杯：漢魏本無「人各」二字。

〔四七〕食之如常酒脯味：漢魏本無「酒」字。

〔四八〕座中又有賓客數十人：漢魏本作「坐上又有賓客千人」。

〔四九〕慈數日委表，東去入吴：漢魏本作「數日乃委表去，入東吴」。

〔五〇〕徐墮：漢魏本作「徐墮」。

〔五一〕丹徒：今江蘇鎮江。
〔五二〕慈過隨門：漢魏本作「慈過之」。
〔五三〕客車：漢魏本作「賓客車牛」。
〔五四〕客詐慈：漢魏本作「欺慈」。
〔五五〕慈便即去：漢魏本作「慈知客欺之便去」。
〔五六〕宿客見其牛皆在楊柳樹杪行：漢魏本作「客即見牛在楊樹杪行」。樹杪，樹梢也。
〔五七〕車轂中皆生荆棘，長一尺：藝文類聚卷八九荆、太平御覽卷九〇〇牛下引神仙傳云：「車轂中皆生荆木，長一二丈。」
〔五八〕摇：漢魏本作「推」。
〔五九〕宿客：漢魏本作「客」。
〔六〇〕入報徐公説：漢魏本作「即報徐公」。
〔六一〕有一眇目老公至門：漢魏本作「有一老翁眇目，吾見其不急之人」。
〔六二〕此人去後：漢魏本無「此人」二字。
〔六三〕車牛皆如此：漢魏本無「車」字。
〔六四〕急追之：漢魏本作「急追可及」。
〔六五〕羅列：漢魏本作「羅布」。

〔六六〕繫在車轂中，無復荆木也：漢魏本無此二句。

〔六七〕吴先主孫權：見「葛玄」條注。漢魏本作「吴主孫討逆」，太平御覽卷三五三矛引神仙傳曰：「左慈見孫討逆。」按，曹操表孫策爲討逆將軍，孫討逆即孫策（一七五——二〇〇），而權乃策之弟，兩説不同。

〔六八〕權素知慈有道……欲使殺之：漢魏本只言「復欲殺之」。

〔六九〕慈著木屐……行常在馬前百步：漢魏本作「慈在馬前，著木履，拄一竹杖，徐徐而行」。

〔七〇〕著鞭策馬操兵器逐之：北堂書鈔卷一二三矛引神仙傳作「討逆著鞭策馬操矛逐之」，太平御覽卷三五三矛引神仙傳作「討逆着鞭驅馬操矛逐慈」，漢魏本作「討逆著鞭策馬操兵逐之」。

〔七一〕送：漢魏本無此字，疑應作「遂」。

〔七二〕慈告葛仙公言：漢魏本作「後慈以意告葛仙公言」。

〔七三〕霍山：天柱山又名霍山。參「嚴青」條注。

〔七四〕九轉丹：即九轉金液丹。雲笈七籤卷六四金華玉女説丹經云：「元真曰：『金液然矣，九轉丹其術云何？』玄女曰：『烹鉛爲砂，化砂爲餅，化資五液，實爲通汁也。以餅歸爐，收鉛爲砂，砂而復餅，終始數九。九，陽也。九九相乘，化之爲砂。其不爾者，粉白可用，是爲九轉矣。』」

〔七五〕丹成，遂仙去矣：漢魏本作「遂乃仙去」。

王遥〔一〕

王遥者，字伯遼，鄱陽〔二〕人也，有妻無子。頗能治病，病無不愈者〔三〕。亦不祭祀，不用符水針藥，其行治病，但以八尺布帊〔四〕，敷坐於地，不飲不食，須臾病愈，便起去。其有邪魅作禍者，遥畫地作獄，因召呼之，皆見其形物入在獄中〔五〕，或狐狸、鼍〔六〕、蛇之類，乃斬而燔燒之，病者即愈。

遥有竹篋〔七〕，長數寸，有一弟子姓錢，隨遥數十年，未嘗見遥開之。常〔八〕一夜大雨晦暝，遥使錢以九節杖〔九〕擔此篋，將錢出，冒雨而行，遥及弟子衣皆不濕〔一〇〕。又常有兩炬火導前。約行三十里許，登小山，入石室，室中先〔一一〕有二人。遥既至，取弟子所擔篋發之，中有五舌竹簧〔一二〕三枚。遥自鼓〔一三〕一枚，以二枚與室中二人，並坐鼓之。良久，遥辭去，三簧皆内篋中，使錢擔之。室中二人出送，語遥曰：「卿當早來，何爲久在俗間？」遥答曰：「我如是當來也。」

遥還家百日，天復雨，遥夜忽大治裝。遥先有葛單衣及葛布巾〔一四〕，已五十餘年未嘗著，此〔一五〕皆取著之。其妻即問曰：「欲捨我去乎？」遥曰：「蹔行耳。」妻曰：「當將錢去否？」遥曰：「獨去耳。」妻即泣涕〔一六〕。因自擔篋而去，遂不復還。後三十餘年，弟子見遥在馬蹄山〔一七〕中，顔色更少。蓋地仙〔一八〕也。

校　釋

〔一〕太平廣記卷一〇「王遥」條云出神仙傳，與本條基本同。漢魏本王遥與太平廣記本同。

〔二〕鄱陽：在今江西。

〔三〕病無不愈者：仙苑編珠卷上永伯七星王遥篋子引神仙傳作「無不愈者」，語較明白，四庫本「病」似是衍文。

〔四〕帊：帳也。

〔五〕皆見其形物入在獄中：漢魏本作「皆見其形入在獄中」。三洞珠囊卷一救導品引神仙傳作「皆見其形在獄中」。真仙通鑑卷六王遥作「皆見其形物在獄中」。

〔六〕鼉：參「劉政」條注。

〔七〕篋：小箱。

〔八〕常：漢魏本無此字，仙苑編珠卷上永伯七星王遥篋子引神仙傳作「忽一夜大雨」，「常」通「嘗」。

〔九〕九節杖：道家稱仙人有九節杖。三國志卷八張魯傳裴松之注引典略曰：「太平道者，師持九節杖爲符祝，教病人叩頭思過，因以符水飲之。得病或日淺而愈者，則云此人信道。其或不愈，則爲不信道。」

〔一〇〕遥及弟子衣皆不濕：漢魏本此句後有「所行道非所曾經」等語。

〔一一〕先：漢魏本無。

〔一二〕五舌竹簧：仙苑編珠卷上永伯七星王遥篋子引神仙傳作「玉舌簧」。真仙通鑑卷六王遥作「五竹簧」。竹簧，古樂器，像笙，有竹制五管，參宋陳暘樂書卷一三一樂圖論「竹黄」。

〔一三〕鼓：吹也。

〔一四〕單衣、布巾：俱見「左慈」條注。

〔一五〕此：漢魏本作「此夜」。

〔一六〕妻即泣涕：漢魏本作「妻即泣涕曰：『爲且復少留。』遥曰：『如是還耳』」。

〔一七〕馬蹄山：説郛卷六六下引杜光庭洞天福地記云：「馬蹄山在饒州鄱陽縣。」在今江西鄱陽。

〔一八〕地仙：見「黄山君」條注。

陳永伯〔一〕

陳永伯者，南陽〔二〕人也。得淮南王七里散〔三〕方，試按合服之二十一日，忽然不知所在。永伯有兄子名增族，年十七，亦服之。其父縶其足閉於密户中，晝夜使人守視之，二十八日，亦不復見，不知所之。本方云服之三十日得仙，而陳氏二子服之未二十〔四〕日，而失所在，後人不敢服。仙去必有仙官來迎，但人不見之耳。

校釋

〔一〕太平廣記卷一〇此條有目無文。漢魏本陳永伯與本條基本同。

〔二〕南陽：在今河南。

〔三〕七里散：漢魏本作「七星散」，各本引文均作「七星散」，道家之藥散。四庫本「里」爲「星」之訛。

〔四〕二十：漢魏本、真仙通鑑卷六陳永伯作「三十」。

太山老父〔一〕

太山老父者，莫知其姓名〔二〕。漢武帝東巡狩，見老父鋤於道間，頭上白光高數尺，怪而呼問之。老父〔三〕狀如年五十許人，而面有童子之色，肌體光華，不與俗人同。帝問：「有何道術耶？」老父答曰：「臣年八十五時，衰老垂死，頭白齒落，有道士教臣絶穀服朮飲水〔四〕，并作神枕。枕中有三十二物，其二十四物以象二十四氣〔五〕，其八物以應八風〔六〕。臣行之，轉老爲少，黑髮更生，齒墮復出，日行三百里。臣今年百八十矣。」武帝愛其方〔七〕，賜之金帛〔八〕。老父後入岱山〔九〕中去，十年五年時還鄉里〔一〇〕，三百餘年乃不復還也。

校釋

〔一〕太平廣記卷一一「泰山老父」條云出神仙傳，與本條大體同。漢魏本泰山老父同太平廣記本。

〔二〕莫知其姓名：漢魏本作「莫知姓字」。

〔三〕老父：漢魏本作「老人」。

〔四〕有道士教臣絶穀服朮飲水：漢魏本作「遇有道者教臣絶穀，但服朮飲水」。絶穀，即斷穀，見「衛叔卿」條注。服朮，本草綱目卷一二下朮記服朮法，注云：「烏髭髮，駐顔色，壯筋骨，明耳目，除風氣，潤肌膚，久服令人輕健。」並記其法，不詳列。

〔五〕其二十四物以象二十四氣：漢魏本作「其三十二物中有二十四物以當二十四氣」。二十四氣，指立春至大寒二十四節候。

〔六〕其八物以應八風：漢魏本作「八毒以應八風」。八風，八面之風。道家以爲不同方向之風，如冬至之月，風從南來，有虚邪，能病人。雲笈七籤卷四八神枕法叙太山老翁云：「有道士者，教臣服棗，飲水絶穀，並作神枕法，中有三十二物。其三十二物中，二十四物善，以當二十四氣，其八物毒，以應八風。」所謂三十二物乃三十二種藥物，如芎藭等；八毒乃八種有毒藥物，如烏頭等，不詳列。又云：「三十二物各一兩，皆㕮咀，以毒藥上安之滿枕中，用布囊以衣，枕百日面有光澤，一年體中所疾及有風疾一一皆愈差，而身盡香。四年白髮變黑，齒落更生，耳目聰明。神方驗祕，不傳非其人也。」又藝文類聚卷七〇枕引神仙傳云：「（泰山父）曰：『有道士教臣作神枕，枕有三十二竅，二十四竅應二十四氣，八竅應八風。』」據雲笈七籤卷八四神枕法云：「鑚（枕）蓋上爲三行，行四十孔，凡一百二十孔，令容粟米大。」非只「三十二竅」，此文乃誤「物」爲「竅」。

〔七〕武帝愛其方：漢魏本作「帝受其方」，「愛」當是「受」之訛。

〔八〕賜之金帛：漢魏本作「賜玉帛」。

〔九〕岱山：即泰山。

〔一〇〕十年五年時還鄉里：漢魏本作「每十年五年時還鄉里」。

巫　炎〔一〕

巫炎者，字子都，北海〔二〕人也〔三〕。漢武帝出，見子都於渭橋〔四〕，其頭上鬱鬱有紫氣，高丈餘。帝召而問之：「君年幾何？所得何術而有異氣乎？」子都答曰：「臣年今已百三十八歲，亦無所得。」將行，帝召東方朔〔五〕，使相此君有何道術，朔對曰：「此君有陰術〔六〕。」武帝屏左右而問之，子都對曰：「臣昔年六十五時，苦腰脊疼痛〔七〕，脚冷，不能自温，口中乾苦，舌燥涕出〔八〕，百節四肢各各疼痛〔九〕，又足痺不能久立〔一〇〕。得此道已來，已七十三年，有子三十六〔一一〕人，身體强健，無所病患〔一二〕，氣力乃如壯時，無所憂患。」帝曰：「卿不仁，有道而不聞於朕，非忠臣也。」子都頓首曰〔一三〕：「臣誠知此道爲真，然陰陽之事，公中之私〔一四〕，臣子之所難言也。又行之皆逆人情，能爲之者少，故不敢以聞。」帝曰：「勿謝，戲君耳。」遂受其法。子都年二百餘歲〔一五〕，服餌水銀，白日昇天。武帝後頗行其法，不能盡用之，然得壽最，勝於他帝遠矣〔一六〕。

校　釋

〔一〕太平廣記卷一一「巫炎」條云出神仙傳，文字與本條略有不同。漢魏本巫炎與太平廣記本同。

〔二〕北海：今山東昌樂。

〔三〕漢魏本稱其官漢駙馬都尉。

〔四〕渭橋：在長安(今陝西西安)北三里。

〔五〕帝召東方朔：漢魏本作「詔東方朔」。東方朔(前一五四——前九三)，漢武帝時人，史記卷一二六滑稽列傳有傳。

〔六〕陰術：漢魏本作「陰道之術」，北堂書鈔卷一五八渭注引神仙傳、初學記卷六地部中「渭水第八」注引神仙傳均同，四庫本無「道之」二字。漢書卷三〇藝文志列陰道之術爲房中之術。

〔七〕腰脊疼痛：漢魏本作「腰痛」。

〔八〕口中乾苦，舌燥涕出：漢魏本作「口乾，舌苦，滲涕出」。

〔九〕百節四肢各各疼痛：漢魏本作「百節四肢疼痛」。

〔一〇〕又足痺不能久立：漢魏本作「又痺不能久立」。足痺，足部麻木。

〔一一〕三十六：漢魏本作「二十六」。

〔一二〕身體强健，無所病患：漢魏本作「身體雖勇，無所疾患」。

〔一三〕子都頓首曰：漢魏本作「子都對曰」。

〔一四〕公中之私：漢魏本作「宫中之利」。

〔一五〕二百餘歲：漢魏本作「二百歲」。

〔一六〕然得壽最，勝於他帝遠矣：漢魏本作「然得壽最，長於先帝也」。

河上公〔一〕

河上公者，莫知其姓名〔二〕也。漢孝文帝時，結草爲庵〔三〕于河之濱，常讀老子道德經。時文帝好老子之道〔四〕，詔命諸王公大臣州牧在朝卿士，皆令誦之〔五〕，不通老子經者，不得陞朝〔六〕。帝於經中有疑義，人莫能通〔七〕。侍郎裴楷奏云：「陝州河上有人誦老子〔八〕。」即遣詔使賫所疑義問之〔九〕，公曰：「道尊德貴，非可遥問也。」帝即駕幸詣之，公在庵中不出。帝使人謂之曰〔一〇〕：「溥天之下，莫非王土，率土之濱，莫非王民。域中四大，而王居其一〔一一〕，子雖有道，猶朕民也，不能自屈，何乃高乎？朕能使民富貴貧賤〔一二〕。」須臾，公即拊掌〔一三〕坐躍，冉冉在空虚之中，去地百餘尺〔一四〕，而止於虚空。良久，俛而答曰〔一五〕：「余上不至天，中不累人，下不居地，何民之有焉〔一六〕。君宜能令余富貴貧賤乎〔一七〕？」帝大驚悟，知是神人，方下輦稽首，禮謝曰〔一八〕：「朕以不能〔一九〕，忝承先業〔二〇〕，才小任大，憂於不堪〔二一〕，而志奉道德，直以暗昧，多所不了，惟願道君垂愍，有以教之〔二二〕。」河上公即授素書老子道德章句二卷，謂帝曰〔二三〕：「熟研究之，所疑自解〔二四〕。余著〔二五〕此經以來，千七百餘年，凡傳三人，連子四矣〔二六〕，勿示非人〔二七〕。」帝即拜跪受經〔二八〕。言畢，失公所在，遂於西山築臺望之，不復見矣〔二九〕。論者以爲文帝雖耽尚大道〔三〇〕，而心未純信，故示神變以悟帝〔三一〕，意欲成其道。時人因號河上公〔一二〕。

校　釋

〔一〕太平廣記卷一〇「河上公」條云出神仙傳，與本條基本同。漢魏本河上公與太平廣記本同。

〔二〕姓名：漢魏本作「姓字」。

〔三〕庵：廣韻：「小草舍也。」真仙通鑑卷一三河上公作「廬」。

〔四〕常讀老子道德經。時文帝好老子之道：漢魏本作「帝讀老子經，頗好之」。

〔五〕詔命諸王公大臣州牧在朝卿士，皆令誦之：真仙通鑑卷一三河上公作「詔命諸王公大臣州牧二千石，皆令誦之」。按漢書卷一〇成帝紀云：「（綏和元年）十二月（公元前七年），罷部刺史，更置州牧，秩二千石。」文帝時未設州牧，漢魏本作「敕諸王及大臣皆誦之」，較準確。

〔六〕不通老子經者，不得陞朝：漢魏本無此二句。

〔七〕帝於經中有疑義，人莫能通：漢魏本作「有所不解數事，時人莫能道之」。

〔八〕侍郎裴楷奏云「陜州河上有人誦老子」：漢魏本作「聞時皆稱河上公解老子經義旨」。陜州，今河南三門峽市。

〔九〕即遣詔使賫所疑義問之：漢魏本作「乃使齎所不決之事以問」。

〔一〇〕帝即駕幸詣之……帝使人謂之曰：漢魏本作「帝即幸其庵，躬問之，帝曰」。

〔一一〕域中四大，而王居其一：老子道德經第二十五曰：「道大，天大，地大，王亦大。域中有四大，而王居其一焉。」王弼注稱：「四大，道、天、地、王也。凡物有稱有名，則非其極也。……不若無稱之大也，無稱不可得，而名曰域也。」又稱：「天地之性，人爲貴，而王是人之主也，雖不職大，亦復爲大。與三匹，故曰王亦大也。」

〔一二〕朕能使民富貴貧賤：漢魏本無此句。

〔一三〕拊掌：拍手。

〔一四〕去地百餘尺：漢魏本作「去地數丈」。真仙通鑑卷一三河上公作「去地百餘丈」。

〔一五〕而止於虛空。良久，俛而答曰：漢魏本作「俯仰而答曰」。

〔一六〕何民之有焉：漢魏本作「何民臣之有」。

〔一七〕君宜能令余富貴貧賤乎：漢魏本無此句。

〔一八〕帝大驚悟，知是神人，方下輦稽首，禮謝曰：漢魏本作「帝乃下車稽首曰」。

〔一九〕不能：漢魏本作「不德」。

〔二〇〕忝承先業：漢魏本作「忝統先業」。

〔二一〕不堪：不能勝任。

〔二二〕而志奉道德，直以暗昧，多所不了，惟願道君垂愍，有以教之：漢魏本作「雖治世事，而心敬道，直以暗昧，多所不了，惟願道君有以教之」。

〔二三〕河上公即授素書老子道德章句二卷，謂帝曰：漢魏本作「公乃授素書二卷與帝，曰」。隋書卷三四經籍志三云：「老子道德經二卷，周柱下史李耳撰，漢文帝時河上公注。」四庫全書總目卷一四六稱：「老子注二卷，舊本題河上公撰，晁公武讀書志曰：『太史公謂河上丈人通老子，再傳而至蓋公，蓋公即齊相曹參師也。而葛洪謂河上公者，莫知其姓名，漢孝文時居河之濱，侍郎裴楷言其通老子，孝文詣問之，即授素書道經。兩說不同，當從太史公云云。』按晁氏所引，乃史記樂毅列傳贊之文，敘述源流甚悉，然隋志道家載老子道德經二卷，漢文帝時河上公注。又載梁有戰國時河上丈人注老子經二卷，亡。則兩河上公各一人，兩老子注各一書，戰國時河上公書在隋已亡，今所傳者實漢河上公書耳。」

〔二四〕熟研究之，所疑自解：漢魏本作「熟研之，此經所疑皆了，不事多言也」。

〔二五〕余著：仙苑編珠卷上河上傳經漢文得旨引神仙傳云：「遂授注解道德經二卷與文帝。」漢魏本作「余注」。

〔二六〕凡傳三人，連子四矣：史記卷八〇樂毅列傳太史公曰：「河上丈人教安期生，安期生教毛翕公，毛翕公教樂瑕公，樂瑕公教樂臣公，樂臣公教蓋公，蓋公教於齊高密、膠西，爲曹相國（參）師。」並無授經漢文帝。

〔二七〕勿示非人：漢魏本作「勿以示非其人」。

〔二八〕帝即拜跪受經：漢魏本無此句。

〔二九〕遂於西山築臺望之，不復見矣：漢魏本無此等語，而云：「須臾，雲霧晦冥，天地泯合，帝甚貴之。」太平寰宇記卷六河南道六陝州「陝縣」云：「望仙臺，在縣西南一十三里，漢文帝親謁河上公，公既上昇，故築此臺，以望祭之。」

〔三〇〕雖耽尚大道：漢魏本作「好老子之言」，義同。其下還有「世不能盡通，故神人特下教之」等語。

〔三一〕而心未純信，故示神變以悟帝：漢魏本作「而恐漢文心未至信，故示神變」。

〔三二〕意欲成其道，時人因號河上公：漢魏本無此二句，而云：「所謂聖人無常心，以百姓心爲心耶。」

劉　根〔一〕

劉根，字君安，長安〔二〕人也。少時明五經〔三〕，以漢孝成皇帝綏和二年〔四〕舉孝廉，除郎中〔五〕。後棄世道〔六〕，遁入嵩高山〔七〕石室中，峥嶸峻絶，高五千丈，自崖北而入。冬夏無衣，毛長一二尺〔八〕。其顏如十四五許人。深目，多鬚，鬢皆黄，長三四寸〔九〕。每與坐，或時忽然變著高冠玄衣〔一〇〕，人不覺換之。

時衡府君〔一一〕在潁川，自説其先祖有與根同歲者。王莽〔一二〕數使使〔一三〕請根，根不肯往。衡府君道廟掾王珍〔一四〕問起居，根不答。再令功曹〔一五〕趙公往山達敬，根惟言謝府君，更無他言。後潁川太守高府君到官，民人大疫，郡中死者過半。太守家大小悉病，府君使珍從根求消災除疫氣之術。珍叩頭述府君意，根教于太歲宫〔一六〕氣上〔一七〕穿地作孔，深三尺，以沙著中，以酒沃之〔一八〕。君依言，病者即愈，疫氣登絶〔一九〕，後常用之有效。

後太守史祈〔二〇〕，以根爲妖妄，欲殺之，遣使呼根，舉郡皆諫以爲不可，祈殊不肯止。諸吏先使人以此意報根，使者至，根曰：「太守欲吾來何也？吾當往耳，不往者，恐汝諸人必得罪，謂卿等不來呼我也。」根即詣郡。時賓客盈坐，祈令根前使庭下五十餘人，將繩索鞭杖立於根後。祈厲聲問曰：「君有道耶？」根曰：「有道。」祈曰：「有道能召鬼使我見乎？

若不見，即當戮汝。」根曰：「甚易耳。」遂借祈前筆硯，書作符，扣階鋒，錚然作銅聲〔二一〕。因長嘯，嘯音非常清亮，聞於城外，聞者莫不肅然，衆賓客悉恐。須臾，廳前南壁忽開數丈，見四赤衣吏傳呼避道，赤衣兵數十人，操持刀劍，將一科車〔二二〕直從壞壁中入到廳前。根敕下車上鬼，赤衣兵發車上烏被，上有一老公一老姥，反縛囚系，大繩的頭〔二三〕，熟視之，乃祈亡父母也。祈驚愕，愴然流涕，父母亦泣，責罵祈：「我生時，汝仕宦未達，不得汝禄養。我死後，汝何爲犯忤神仙尊官，使我被收束囚辱如此。汝亦何面目立於人間。」祈下階叩頭，向根乞放赦先人。根乃敕赤衣兵將囚出去，廳前南壁復開，車過，尋失車所在。根亦隱去。祈恍惚若狂，其妻暴卒，良久乃蘇，云：「見君家先被捉者，大怒云：『何以犯觸大仙，使我被罪，當來殺汝。』」後月餘，祈及妻兒並卒。

少室廟掾〔二四〕王珍，數得見根顏色歡悦之情，伏地叩頭，請問根從初得道之由。根説：「昔入山精思，無處不到。後入華陰山〔二五〕，見一人乘白鹿，從千餘人，玉女左右四人，執彩旄之節〔二六〕，年皆十五六。余再拜頓首，求乞一言。神人乃住，告余曰：『汝聞昔有韓衆〔二七〕否乎？』答曰：『嘗聞有之。』神人曰：『即我是也。』余自陳：『少好長生不死之道，而不遇明師，頗習方書，按而爲之，多不驗，豈根命相不應度世也。今日有幸逢大神，是根宿夜夢想，從心所願，願見哀憐，賜其要訣。』神未肯告余，余乃流涕，自摶〔二八〕重請。神人曰：『坐。吾將告汝，汝有仙骨，故得見我。汝今髓不滿，血不暖，氣少腦減〔二九〕，筋急〔三〇〕肉沮〔三一〕，故服藥行氣不得其力。必欲長生，且先治病十二年〔三二〕，乃可服仙之上藥耳。夫仙道有昇天躡雲者，有遊行五嶽者，有食穀不死者，有尸解而仙者，要在於服藥。服藥有上下，故仙有數品也。不知房中之事，行氣導引〔三三〕而不得神藥，亦不能仙也〔三四〕。藥之上者，唯有九轉還丹〔三五〕，及太乙金液〔三六〕，服之，皆立便登天，不積日月矣。其次雲母〔三七〕雄黃〔三八〕之屬，能使人乘雲駕龍，亦可使役鬼神，變化長生者。草木之藥〔三九〕，唯能治病補虛，駐年返白〔四〇〕，斷穀益氣〔四一〕，不能使人不死也，高可數百年〔四二〕，下纔全其所稟〔四三〕而已，不足久賴矣。』余乃頓首曰：『今日受教，乃天也。』神人曰：『必欲長生，先去三尸〔四四〕，三尸去則意志定，嗜欲除也。』乃以神方五篇見授，云：『伏尸〔四五〕常以月望晦朔上天，白人罪過，司命奪人筭紀〔四六〕，使少壽。人身中神欲人生，而三尸欲人死，死則神散，返於無形之中而三尸成鬼，而人享奠祭祀之，則得歆饗〔四七〕，以此利在人速死也。夢與惡人鬭爭，此乃神與尸相戰也。』根乃從次合作服之，遂以得仙。」

珍又言數見投符於地〔四八〕，有所告召，即見如取之者，然不見人。又佳聞〔四九〕有所推問，有人答對，而不見形也。或聞有鞭杖聲，而或地上見血，莫測其端也。教珍守一〔五〇〕行氣〔五一〕、存神先生〔五二〕、三綱六紀、謝過上古之法〔五三〕，不知珍能得仙名耳〔五四〕。根後入雞頭山〔五五〕中仙去矣。

校釋

〔一〕太平廣記卷一〇「劉根」條云出神仙傳，與本條文字有較大差異，漢魏本劉根與太平廣記本同，不一一校勘。本條及後漢書卷八二下劉根傳記史祈忤根一事，乃取材於搜神記卷一「劉根」條。

〔二〕長安：今陝西西安。漢魏本作「京兆長安人」。後漢書卷八二下劉根傳云是潁川（今河南禹州）人，文中有「時衡府君在潁川，自説其先祖有與根同歲者」等語，則劉根實是潁川人。

〔三〕五經：指儒家易、詩、書、禮、春秋五經。

〔四〕綏和二年：公元前七年。

〔五〕舉孝廉，除郎中：孝廉、郎中見「王遠」條注。

〔六〕後棄世道：漢魏本作「後棄世學道」，四庫本無「學」字。

〔七〕嵩高山：即嵩山，在今河南登封北。

〔八〕毛長一二尺：太平御覽卷三七三毛引神仙傳作「毛長三尺」。

〔九〕深目，多鬚，鬢皆黄，長三四寸：三洞珠囊卷八相好品引神仙傳云：「（劉根）深目，多鬚髪，鬚髪皆黄，長三四寸也。」

〔一〇〕高冠玄衣：古代大夫的服飾。

〔一一〕府君：漢代對郡太守之尊稱。

〔一二〕王莽：前四五——二三，漢外戚，後篡漢稱帝立新朝。

〔一三〕數使使：漢魏本作「頻使使者」，四庫本無「者」字。

〔一四〕道廟掾王珍：漢魏本作「府掾王珍」。掾，屬官也。

〔一五〕功曹：漢郡太守屬官，掌人事。

〔一六〕太歲宮：奉祠太歲之廟宇。

〔一七〕氣上：「氣」通「器」，亦可通，但與劉根別傳所説不同，詳見下注。

〔一八〕據仙苑編珠卷下董奉活燮劉根見鬼引神仙傳，叙其消疫之法爲：「根令於太歲泄地，上埋朱砆，當事疫氣消。」説郛卷一一八上引廣異記「太歲地」條云：「晁良正性剛不怖鬼，每年常掘太歲地，掘後忽見一白物。」此是太歲也。四庫本與仙苑編珠所記，此太歲似是鬼神。

〔一九〕君依言，病者即愈，疫氣登絶：四庫本「君」字前無「府」字。太平御覽卷七四二疫癘引劉根別傳曰：「潁川太守到官，民大疫，掾吏死者過半，夫人郎君悉病。府君從根求消除疫氣之術，根曰：『寅戌歲，泄（氣）在亥，今年太歲在寅，於廳事之亥地，穿地深三尺，方與深同，取沙三斛着中，以淳酒三升沃其上。』府君即從之，病者即愈，疫疾遂絶。」南齊書卷九禮志上云：「五行説，十二辰爲六合，寅與亥合。」合則吉利，故要在太歲在寅之時，於官府廳事之亥地掘地。亥地，西北方向之地。此處之太歲，是以其位置紀年月的星，陰陽家以之占吉凶。

〔二〇〕史祈：漢魏本作「張府君」。

〔二一〕借祈前筆硯，書作符，扣階鋒，錚然作銅聲：階鋒，階角也。搜神記卷一「劉根」條作「借府君前筆硯書符，因以叩几」。漢魏本作「借筆硯，及奏按，鎗鎗然作銅鐵之聲」。「奏按」似是「叩（或扣）案」之訛。

〔二二〕科車：宋書卷一八禮志五云：「車無蓋者曰科車。」

〔二三〕大繩的頭：漢魏本作「大繩反縛囚之，懸頭廳前」。大繩意爲面縛。北堂書鈔卷一三五的云：「以單注面曰的。」的，灼也。的頭或是以丹灼頭。三國志卷四齊王紀載嘉平六年二月毌丘儉上言，有「的頭面縛」等語，乃俘囚形狀。

〔二四〕少室廟掾：前文作「道廟掾」。漢魏本作「府掾」。

〔二五〕華陰山：即西嶽華山。

〔二六〕彩旄之節：彩色犛牛尾裝飾的旗。

〔二七〕韓衆：一名韓終。秦始皇採藥使者。史記卷六秦始皇本紀云：「（三十二年）使韓終、侯公、石生求仙人不死之藥。」蜀中廣記卷七一引蜀記云：「秦韓仲爲祖龍（秦始皇）採藥使者，既而入蜀，鍊丹於德陽之秦中觀，遇京兆劉根，授以神方五道。」

〔二八〕摶：漢魏本作「搏」，是。手擊謂之搏，道家叩頭自搏其頰表示禮敬。雲笈七籤卷四上清經述記魏華存見仙人，「匍匐再拜，叩頭自搏」；又卷四五祕要訣法「避忌第四」云：「凡人詣師受道，入靖主啓事，弟子皆應三叩頭搏頰。」

〔二九〕腦減：古醫以爲腦者髓之海，髓乃骨之脂，腦減是髓不足也（參普濟方卷一五常大論）。

〔三〇〕筋急：謂筋攣縮不得伸也。漢魏本作「筋息」。雲笈七籤卷一四黄庭遁甲緣身經云：「肝虧則筋急。」

〔三一〕肉沮：沮，壞也。

〔三二〕必欲長生，且先治病十二年：真誥卷一〇協昌期第二云：「夫學生之道，當先治病，不使體有虚邪，及血少、腦減、津液穢滯也。不先治病，雖服食行炁，無益於身。」

〔三三〕行氣導引：見「陰長生」條注。

〔三四〕夫仙道有昇天躡雲者……亦不能仙也：以上數句天中記卷三六仙引神仙傳作「凡修仙道，要在服藥，藥有上下，仙有數品，不知房中之事及行氣導引，並神藥者，亦不能仙也」，語意較清楚。

〔三五〕九轉還丹：見「左慈」條「九轉丹」注。

〔三六〕太乙金液：道家丹藥。雲笈七籤卷一一上清黄庭内景經云：「抱朴子九丹論云：『考覽養生之書，鳩集久視之方，曾所披涉，篇已千計矣，莫不以還丹、金液爲大要焉。』」

〔三七〕雲母：見神仙傳序注。

〔三八〕雄黃：證類本草卷四稱：「雄黃味苦甘，平寒，大温，有毒。」又云：「鍊食之輕身，神仙餌服之皆飛，入人腦中勝鬼神，延年益壽。」

〔三九〕草木之藥：漢魏本作「次乃草木之藥」。

〔四〇〕駐年返白：駐年，不老也。返白，頭髮由白變黑。

〔四一〕斷穀益氣：斷穀，見「沈建」條注。古人以爲氣乃生命之元，益氣，滋補元氣也。

〔四二〕高可數百年：漢魏本作「上可數百歲」。

〔四三〕全其所稟：意爲保全其正常壽命。

〔四四〕三尸：見「沈文泰」條注。

〔四五〕伏尸：即潛伏於人體之三尸。雲笈七籤卷三七説雜齋法引明真科云：「庚申日，人身中伏尸上天言人罪過。」

〔四六〕筭紀：年壽。

〔四七〕歆饗：指享受祭品。

〔四八〕珍又言數見投符於地：漢魏本作「珍又每見根書符了」，四庫本「言」是衍文，「投符」前無「根」字。

〔四九〕佳聞：不可解。一本作「唯聞」。漢魏本作「數聞」。

〔五〇〕守一：雲笈七籤卷四九守一云：「太上智慧消魔真經云：『一，無形象、無欲、無爲。……哀患及老，三一（應作尸）所延。治救保全，惟先守一。非一不救，非一不成。守一恬淡，夷心寂寞。損欲折嗔，返迷入正。廓然無爲，與一爲一。』」守一，意爲静思除一切欲念。

〔五一〕行氣：見「陰長生」條注。

〔五二〕存神先生：漢魏本作「存神坐」。存神，道家養生法，雲笈七籤卷三三太清存神鍊氣五時七候訣云：「夫身爲神，氣爲窟宅。神氣若存，身康力健；神氣若散，身乃謝焉。若欲存身，先安神氣，即氣爲神母，神爲氣子。神氣若具，長生不死。」白氏長慶集卷六八三教論衡載問道士關於黄庭經中養氣存神、長生久視之道之義。「先生」是「長生」之誤。

〔五三〕三綱六紀、謝過上古之法：漢魏本作「三綱六紀、謝過上名之法」。三綱六紀，步罡之法，雲笈七籤卷二〇太上飛行九神玉經「反行法」云：「春步七星名曰步三綱，夏步七星名曰躡六紀。」謝過上名，道家齋戒儀式。雲笈七籤卷三七稱所列六種齋爲「謝過禳災致福之齋」。無上祕要卷九衆聖會議品引洞玄元始五老赤書玉篇經云，道家「以爲燒香行道，執齋奉戒，則爲三官九府所保。列言善功，削除罪簡，上名三天，神明衛護，千災不干」。四庫本「古」乃「名」之訛。

〔五四〕不知珍能得仙名耳：文意不明，或有錯漏。漢魏本無此句。

〔五五〕雞頭山：見「李少君」條注。

神仙傳卷九

壺公〔一〕

壺公者，不知其姓名〔二〕。今世所有召軍符〔三〕、召鬼神治病王府〔四〕符凡二十餘卷，皆出於壺公，故總名爲壺公符〔五〕。

汝南〔六〕費長房〔七〕爲市掾〔八〕時，忽見公從遠方來，入市賣藥，人莫識之。其賣藥口不二價，治百病〔九〕皆愈，語賣藥者〔一〇〕曰：服此藥必吐出某物，某日當愈，皆如其言〔一一〕。得錢日收數萬，而隨施與市道貧乏飢凍者，所留者甚少〔一二〕。

常懸一空壺於坐上〔一三〕，日入之後，公輒轉足〔一四〕跳入壺中，人莫知所在〔一五〕，唯長房於樓上見之，知其非常人也。長房乃日日自掃除公座前地，及供饌物〔一六〕，公受而不謝。如此積久，長房不懈，亦不敢有所求。公知長房篤信，語長房曰：「至暮無人時更來。」長房如其言而往，公語長房曰：「卿見我跳入壺中時，卿便隨我跳，自當得入。」長房承公言，爲試展足，不覺已入〔一七〕。既入之後，不復見壺，但見樓觀五色重門閣道，見公左右侍者數十人〔一八〕，公語長房曰：「我仙人也，忝天曹職，所統供事不勤，以此見謫〔一九〕，蹔還人間耳。卿可教，故得見我。」長房不坐，頓首自陳〔二〇〕：「肉人〔二一〕無知，積劫厚〔二二〕，幸謬見哀愍，猶如剖棺布氣〔二三〕，生枯起朽，但見〔二四〕臭穢頑弊，不任驅使，若見憐念，百生之厚幸也。」公曰：「審〔二五〕爾大佳，勿語人也。」

公後詣長房於樓上曰：「我有少酒，汝相共飲之〔二六〕，酒在樓下。」長房遣人取之，不能舉，益至數十人〔二七〕，莫能得上。長房白公，公乃自下，以一指提上，與長房共飲之。酒器不過如蜯大〔二八〕，飲之至旦〔二九〕不盡。公告長房曰：「我某日當去，卿能去否？」長房曰：「思去之心，不可復言，惟欲令親屬不覺不知〔三〇〕，當作何計？」公曰：「易耳。」乃取一青竹杖與長房〔三一〕，戒之曰：「卿以竹歸家，使稱病，後日即以此竹杖置卧處〔三二〕，嘿然便來。」長房如公所言，而家人見此竹是長房死了〔三三〕，哭泣殯之。長房隨公去〔三四〕，恍惚不知何所之。公獨留之於群虎中，虎磨牙張口，欲噬長房，長房不懼。明日又内長房石室中，頭上有大石〔三五〕，方數丈，茅繩〔三六〕懸之，諸蛇並往嚙〔三七〕，繩欲斷，而長房自若。公往撰之〔三八〕曰：「子可教矣。」乃命噉溷〔三九〕，溷臭惡非常，中有蟲長寸許〔四〇〕。長房色難之，公乃嘆，謝遣之，曰：「子不得仙也〔四一〕，今以子爲地上主者，可壽數百餘歲〔四二〕。」爲傳封符一卷，付之曰：「帶此可舉〔四三〕諸鬼神。嘗稱使者，可以治病消災。」長房憂不能到家，公以竹杖與之曰：「但騎此到家耳。」

長房辭去，騎杖忽然如睡，已到家〔四四〕。家人謂之鬼，具述前事，乃發視棺，中惟一竹杖，乃信之。長房以所騎竹杖投葛陂中〔四五〕，視之乃青龍耳〔四六〕。長房自謂去家一日，推之已一年矣〔四七〕。

長房乃行符收鬼治病，無不愈者。每與人同坐共語，而目瞋訶遣〔四八〕，人問其故，曰：「怒鬼魅之犯法耳〔四九〕。」汝南郡中常有鬼怪，歲輒數來〔五〇〕，來時導從威儀如太守〔五一〕，入府打鼓，周行内外，匝乃還去〔五二〕，甚以爲患。後長房詣府君〔五三〕，而正值此鬼來到府門前。府君馳入，獨留長房。鬼知之，不敢前，欲去〔五四〕。長房厲聲呼使捉前來〔五五〕，鬼乃下車，把版伏庭中〔五六〕，叩頭乞得自改〔五七〕。長房呵曰：「汝死老鬼，不念温涼〔五八〕，無故導從，唐突官府，君知當死否〔五九〕？」急復令還就人形〔六〇〕，以一札符付之，令送與葛陂君。鬼叩頭流涕持札去。使以〔六一〕追視之，以札〔六二〕立陂邊，以頸繞札而死〔六三〕。東海君來旱，長房後到東海〔六四〕，見其民請雨，謂之曰〔六五〕：「東海君有罪，吾前繫於葛陂，今當赦之，令其作雨。」於是即有大雨〔六六〕。長房曾與人共行，見一書生，黄巾被裘，無鞍騎馬，下而叩頭。長房曰：「促還他馬，赦汝罪。」人問之，長房曰：「此貍耳，盜社公馬也。」〔六七〕又嘗與客坐，使至市市鮓〔六八〕，頃刻而還。或一日之間，人見在千里之外者數處〔六九〕。

校釋

〔一〕太平廣記卷一二「壺公」條云出神仙傳，與本條基本同。漢魏本壺公同於太平廣記本。本條與後漢書卷八二下費長房傳大抵同。

〔二〕壺公者，不知其姓名：雲笈七籤卷二八二十四治記雲臺山治引雲臺治中録曰：「施存，魯（今山東泰山以南一帶稱魯）人，夫子弟子。學大丹之道三百年，十鍊不成，唯得變化之術。後遇張申，爲雲臺治官，常懸一壺，如五升器大，變化爲天地，中有日月，如世間，夜宿其内，自號壺天，人謂曰壺公，因之得道在治中。」真誥卷一四稽神樞第四稱：「施存者，齊（今泰山至膠東半島一帶）人也，自號婉盆子，得遁變化景之道，今在中嶽或少室。往有壺公，正此人也。」又稱：「施存是孔子弟子三千之數。」注云：「三千之限有此人而不預七十二者，明夫子不以仙爲教矣。壺公即費長房之師，斧軍火符世猶有文存。」三洞群仙録卷一〇浮胡白豹雷公黄蛇引神仙傳云：「施存真人號浮胡先生，師黄蘆子，得三皇内文驅策虎豹之術，隱衡嶽石室山，每跨白豹出入，晉元康間（二九一——二九九）白日騰昇。」太平御覽卷六六二天仙引三洞珠囊曰：「壺公謝元，歷陽（治今安徽和縣）人。賣藥於市，不二價，治病皆愈。語人曰：『服此藥必吐某物，某日當愈。』事無不效。日收錢數萬，施市内貧乏飢凍者。費長房爲市令，知其人，後詣公。公攜長房去，授以治病之術，令還。壺公後遂仙去。戴公柏有太微黄書十餘卷，即壺公之師也。」三洞群仙録卷四元一蹙壺長房投杖引丹臺新録云：「謝元一號壺公，即孔子三千弟子之數也。常懸一空壺，市肆貨藥。日入之後，公輒蹙入壺中，舉市無人見者，惟費長房於樓上見之，往拜焉，以師事之。」神仙傳云壺公「不知其姓名」，而傳説中壺公，分别名施存、謝元，或謝元一，可能是後人所添造。而上録三洞群仙録、太平御覽所引之神仙傳，恐非葛洪所撰或誤引。

〔三〕召軍符：前引真誥卷一四稽神樞第四云：「（壺公）其行玉斧、軍火符。」抱朴子内篇遐覽載有「軍火召治符、玉斧符十卷」，「召軍符」應作「軍火召治符」。

〔四〕王府符：漢魏本作「玉斧符」，是。

〔五〕壺公符：抱朴子内篇遐覽載有壺公符二十卷。

〔六〕汝南：今河南平輿西。

〔七〕費長房：博物志記曹操所集方士十六人，費長房列其中。

〔八〕市掾：市吏，太平御覽卷六六二天仙引三洞珠囊稱之爲市令。

〔九〕治百病：漢魏本作「治病」。

〔一〇〕語賣藥者：漢魏本作「語買人」，「賣」應作「買」。

〔一一〕皆如其言：漢魏本作「事無不效」。

〔一二〕所留者甚少：漢魏本作「惟留三五十」。

〔一三〕於坐上：漢魏本作「於屋上」。

〔一四〕輒轉足：漢魏本無此三字。各本引文均無「轉足」二字。

〔一五〕人莫知所在：漢魏本作「人莫能見」。

〔一六〕及供饌物：太平御覽卷八六〇餅引神仙傳作「並進餅」。

〔一七〕長房承公言，爲試展足，不覺已入：漢魏本作「長房依言，果不覺已入」。

〔一八〕既入之後……見公左右侍者數十人：漢魏本作「入後，不復是壺，惟見仙宮世界，樓觀重門閣道，公左右侍者數十人」。

〔一九〕忝天曹職，所統供事不勤，以此見謫：漢魏本作「昔處天曹，以公事不勤見責，因謫人間耳」。天曹，見「王遠」條注。

〔二〇〕長房不坐，頓首自陳：漢魏本作「長房下座，頓首曰」。「不坐」當作「下座」。

〔二一〕肉人：猶言凡人。

〔二二〕積劫厚：義不明。漢魏本作「積罪却厚」，四庫本無「罪」字，「却」誤作「劫」。

〔二三〕布氣：道家治病法。雲笈七籤卷六〇幼真先生服内元氣訣法「布氣訣」云：「凡欲布氣與人療病，先須依前（一作其）人五藏所患之處，取方面之炁，布入前人身中，令病者面其方，息心静慮。此與炁，布炁訖，便令嚥氣，鬼賊自逃，邪氣自絶。」

〔二四〕但見：漢魏本作「但恐」。

〔二五〕審：詳細考究。

〔二六〕汝相共飲之：漢魏本作「相就飲之」。

〔二七〕不能舉，益至數十人：後漢書卷八二下費長房傳曰：「又令十人扛之，猶不舉。」漢魏本作「不能舉盎至數十人」。盎，腹大口小之盛器。「不能舉盎」，可通，但作「益」語意似更勝，「盎」或因形近「益」而誤。

〔二八〕酒器不過如蜯大：「蜯」同「蚌」，漢魏本作「酒器如拳許大」。後漢書卷八二下費長房傳作「視器如一升許」。

〔二九〕至旦：漢魏本作「至暮」。壺公與費長房暮時入壺，此時應是旦。

〔三〇〕惟欲令親屬不覺不知：漢魏本作「欲使親眷不覺知去」。

〔三一〕乃取一青竹杖與長房：太平御覽卷七一〇杖引神仙傳作「壺公乃斷一青竹杖，與長房身等」。後漢書卷八二下費長房傳曰：「翁乃斷一青竹，度與長房身齊。」齊民要術卷一〇竹引神仙傳作「公乃書一青竹」。

〔三二〕後日即以此竹杖置卧處：漢魏本作「以此竹杖置卿所卧處」。太平御覽卷七一〇杖引神仙傳、後漢書卷八二下費長房傳作「使懸之舍後」。

〔三三〕而家人見此竹是長房死了：漢魏本作「去後，家人見房已死，尸在床，乃向竹杖耳」。後漢書卷八二下費長房傳曰：「翁乃斷一青竹，度與長房身齊，使懸之舍後。家人見之，即長房形也，以爲縊死，大小驚號，遂殯葬之。長房立其傍，而莫之見也。」太平御覽卷七一〇杖引神仙傳略去「即長房形也」句。

〔三四〕長房隨公去：漢魏本作「房詣公」。

〔三五〕大石：漢魏本作「一方石」。

〔三六〕茅繩：漢魏本作「茅綯」，義同。後漢書卷八二下費長房傳曰：「以朽索懸萬斤石於心上。」

〔三七〕諸蛇並往嚙：漢魏本作「又諸蛇來嚙繩」。

〔三八〕撰之：撰，握也。漢魏本、太平御覽卷五一石上引神仙傳、後漢書卷八二下費長房傳作「撫之」。

〔三九〕乃命噉溷：漢魏本作「乃命長房啗屎」，後漢書卷八二下費長房傳作「復使食糞」，義同。

〔四〇〕溷臭惡非常，中有蟲長寸許：漢魏本作「兼蛆長寸許，異常臭惡」。後漢書卷八二下費長房傳曰：「糞中有三蟲，臭穢特甚。」

〔四一〕子不得仙也：漢魏本作「子不能仙道也」。

〔四二〕可壽數百餘歲：漢魏本作「可得壽數百歲」。

〔四三〕舉：猶治理也。漢魏本作「主」。後漢書卷八二下費長房傳曰：「又爲作一符，曰：『以此主地上鬼神。』」

〔四四〕長房辭去，騎杖忽然如睡，已到家：漢魏本作「房騎竹杖辭去，忽如睡覺，已到家」。

〔四五〕投葛陂中：漢魏本作「棄葛陂中」。葛陂，在今河南新蔡西北。

〔四六〕視之乃青龍耳：後漢書卷八二下費長房傳曰：「顧視則龍也。」

〔四七〕長房自謂去家一日，推之已一年矣：漢魏本作「初去至歸謂一日，推問家人，已一年矣」。「推之」從「推問家人」較合理。後漢書卷八二下費長房傳曰：「自謂去家適經旬日，而已十餘年矣。」

〔四八〕而目瞋訶遣：漢魏本作「常呵責瞋怒」。瞋，張目也。訶遣，呵斥譴責。後漢書卷八二下費長房傳作「獨自恚怒」。

〔四九〕怒鬼魅之犯法耳：漢魏本作「嗔鬼耳」。

〔五〇〕汝南郡中常有鬼怪，歲輒數來：漢魏本作「時汝南有鬼怪，歲輒數來郡中」。

〔五一〕來時導從威儀如太守：漢魏本作「來時從騎如太守」。

〔五二〕周行内外，匝乃還去：漢魏本作「周行内外，爾乃還去」。太平御覽卷九三二鱉引神仙傳作「周行内外，乃還去」。匝，周也，上文已言「周行」，恐是衍文。

〔五三〕後長房詣府君：漢魏本作「房因詣府廳事」。

〔五四〕欲去：漢魏本無此二字。

〔五五〕長房厲聲呼使捉前來：漢魏本作「房大叫呼曰『便捉前鬼來』」。

〔五六〕把版伏庭中：漢魏本作「伏庭前」。太平御覽卷九三二鱉引神仙傳云：「鬼化作老公，乃下車，把板伏庭中。」版，笏也，古代大臣在朝中奏事所持之版子。

〔五七〕叩頭乞得自改：漢魏本作「叩頭乞曰：『改過。』」

〔五八〕温涼：漢魏本作「温良」。太平御覽卷九三二鱉引神仙傳作「良善」。「涼」應作「良」。

〔五九〕君知當死否：漢魏本作「自知合死否」。

〔六〇〕急復令還就人形：漢魏本作「急復真形」，其下有「鬼須臾成大鱉，如車輪，頭長丈餘，房又令復人形」等語。太平御覽卷九三二鱉引神仙傳云：「此鬼須臾即成大鱉，如車輪，頸長一丈許，長房復令還就人形。」後漢書卷八二下費長房傳曰：「長房呵之云：『便於中庭正汝故形！』即成老鱉，大如車輪，頸長一丈，長房復令就太守服罪。」

〔六一〕使以：漢魏本作「使人」，是。

〔六二〕以札：漢魏本作「乃見符札」。

〔六三〕以頸繞札而死：漢魏本作「以頭繞樹而死」。又太平廣記卷四六八「費長房」條引列異傳云：「汝南有妖，常作太守服，詣府門椎鼓，郡患之。及費長房來，知是魅，乃呵之，即解衣冠叩頭，乞自改，變爲老鱉，大如車輪。長房令復就太守服，作一札，敕葛陂君，叩頭流涕，持札去。視之，以札立陂邊，以頸繞之而死。」乃故事所本。

〔六四〕東海君來旱，長房後到東海：漢魏本作「房後到東海，東海大旱三年」。東海君，雲笈七籤卷一八老子中經上「第十五神仙」云：「東方蒼帝，東海君也。」後漢書卷八二下費長房傳曰：「而東海大旱，長房至海上。」

〔六五〕見其民請雨，謂之曰：漢魏本作「謂請雨者曰」。

〔六六〕「東海君有罪，吾前繫於葛陂，今當赦之，令其作雨。」於是即有大雨：漢魏本作「『東海神君前來淫葛陂夫人，吾繫之，辭狀不測，脫然忘之，遂致久旱。吾今當赦之，令其行雨。』即便有大雨」。太平御覽卷八八二神下、太平廣記卷二九三「費長房」條引列異傳云：「費長房能使神，後東海君見葛陂君，淫其夫人，於是房敕繫三年，而東海大旱。長房至東海，見其請雨，乃敕葛陂君出之，即大雨。」後漢書卷八二下費長房傳亦引用此故事。

〔六七〕後漢書卷八二下費長房傳亦載書生盜馬故事，漢魏本無。貍，野猫。社公，土地神。

〔六八〕使至市市鮓：後漢書卷八二下費長房傳作「使至宛市鮓」，又劉攽注曰：「案至宛市鮓，謂長房身也，不當作使字，當作往字。」鮓，醃魚。

〔六九〕或一日之間，人見在千里之外者數處：漢魏本則曰：「房有神術，能縮地脉，千里存在目前，宛然放之，復舒如舊也。」太平御覽卷八六二鮓引列異傳曰：「費長房又能縮地脈，坐客在家，至市買鮓，一日之間人見之千里之外者數處。」後漢書卷八二下費長房傳載此故事，並云：「（長房）後失其符，爲衆鬼所殺。」

尹軌〔一〕

尹軌者，字公度，太原人也。博學五經，尤明天文理氣〔二〕，河洛〔三〕讖緯〔四〕無不精微。晚乃奉道，常服黃精〔五〕，日三合，年數百歲，而顏色美少。常聞其遠祖尹喜〔六〕，以周康王、昭王之時居草樓，遇老君〔七〕與說經；其後周穆王〔八〕再修樓觀，以待有道之士。公度遂居樓觀〔九〕焉。自云喜數來與相見，授以道要，由是能坐在立亡〔一〇〕變化之事。蘇并州家先祖頻奉事之，累世子孫見之，顏狀常如五十歲人。遊行人間，或入山一年半年復見。無妻息，其說天下盛衰治亂之期、安危吉凶所在，未嘗不效。

晉永康元年〔一一〕十二月，道〔一二〕洛陽城西一家求寄宿，主人以祭蜡，不欲令宿〔一三〕。良久，公度語其姓名，主人乃開門迎公度，與前設酒食，又以數斛穀與公度所乘青騾。公度竟不飲啖，騾亦不食穀。明旦去，謂主人曰：「君是不急難人耳，先雖不欲受我宿，後更有勤意。吾及騾雖不食君所設，意望相酬耳。今賜君神藥一丸，帶以隨身。明年當有兵〔一四〕，死者滿地，此藥可以全君體命。」明年，洛中〔一五〕果有趙王倫之亂〔一六〕，死者數萬，舉家有從軍者皆不還，在家又爲劫殺皆盡，惟餘得藥一人耳。

公度腰中帶漆竹管〔一七〕數十枚，中皆有藥，入口即活。天下大疫有得藥如棗者，塗其門則一家不病，病者立愈。又弟子黃理居陸渾〔一八〕山中，患虎爲暴。公度使斷大木爲柱，去家四方各一里外埋一柱〔一九〕，公度即以印印之〔二〇〕，虎即絕迹。又有怪鳥〔二一〕止其屋上，以語公度，公度爲書一奏符著鳥鳴處，至夕，鳥伏死符下，遂絕。

有人遭大喪當年〔二二〕，而貧窮不及〔二三〕。公度見而嗟之，孝子說其孤苦。公度愴然曰：「君能得數斤〔二四〕鉛否？」孝子曰：「可得耳。」乃具鉛數十斤〔二五〕。公度將入山中小屋，下鑪火中銷鉛〔二六〕，以神藥如棗〔二七〕大，投沸鉛中，攪之皆成銀，以與之曰：「吾念汝貧困，不能營葬，故以相與，慎勿言也。」復又有一人，本士族子弟〔二八〕，遇公事，簿書不明，當陪〔二九〕負官錢百萬，出賣田宅車牛，不售〔三〇〕，而見收繫。公度語所識富人曰：「可蹔以百萬錢〔三一〕借我，欲以救之，後二十日頓相還也〔三二〕。」富人即以錢百萬與公度。公度以與遭事者〔三三〕，乃語曰：「君致錫百兩。」其人即買錫與之，公度於鑪中洋錫〔三四〕，以神藥一方寸匕〔三五〕投沸錫中，變成黃金，金即秤賣，得錢百萬還錢主〔三六〕。

公度後到南陽太和山〔三七〕，昇仙去矣。

校釋

〔一〕太平廣記卷一三「尹軌」條云出神仙傳，但無永康元年宿洛陽之事。漢魏本尹軌與太平廣記本同。雲笈七籤卷一〇四太和真人傳即尹軌傳，内容與本條全不同。

〔二〕理氣：漢魏本作「星氣」，雲笈七籤卷一〇四太和真人傳稱，尹軌「少學天文，兼通讖緯」。星氣，占星術也，作「星氣」爲是。史記卷一三〇太史公自序云：「星氣之書，多雜禨祥，不經；推其文，考其應，不殊。」

〔三〕河洛：見「王遠」條注。

〔四〕讖緯：讖，説文解字：「驗也。」緯，史記卷二七天官書太史公曰：「水、火、金、木、填星，此五星者，天之五佐，爲緯。」以天象作預言之徵兆，假託經義以合符瑞，謂之讖緯。少室山房筆叢卷一四四部正譌上云：「讖緯之説，蓋起於河洛圖書。」

〔五〕黄精：漢魏本作「黄精華」，仙苑編珠卷中桂君養馬尹軌辟兵引神仙傳、雲笈七籤卷一〇四太和真人傳亦作「黄精花」。黄精，見「王烈」條注。

〔六〕尹喜：列仙傳卷上關令尹條云：「關令尹喜者，周大夫也。善内學，常服精華，隱德修行……自著書九篇，号曰關令子。」史記卷六三老子列傳云：「老子修道德，其學以自隱無名爲務。居周久之，見周之衰，乃遂去，至（函谷）關，關令尹喜曰：『子將隱矣，彊爲我著書。』於是老子乃著書上下篇，言道德之意五千餘言而去。」雲笈七籤卷一〇四太和真人傳稱：「太和真人尹軌……乃文始先生（尹喜）之從弟。」與各説不同。

〔七〕老君：見「沈羲」條注。

〔八〕周穆王：年代繼周昭王之後。

〔九〕樓觀：初學記卷二三道釋部「道士第三」引樓觀本記曰：「周穆王尚神仙，因尹真人草制樓觀，遂召幽逸之人，置爲道士。」元和郡縣志卷二盩厔縣云：「樓觀在縣（今陝西周至）東三十七里，本周康王大夫尹喜宅也。穆王爲召幽逸之人，置爲道院，相承至秦漢，皆有道士居之。晉惠帝時重置，其地舊有尹先生樓，因名樓觀。」

〔一〇〕坐在立亡：見「皇初平」條注。

〔一一〕永康元年：公元三〇〇年。

〔一二〕道：路過。説郛卷六九下歲華紀麗卷四「臘」注引神仙傳云：「尹軌晉泰（永）康元年臘日，過洛陽城西一家求宿。」

〔一三〕祭蜡，不欲令宿：蜡，臘日。祭蜡，古代歲末農民休息之節日。周禮注疏卷二四籥章曰：「國祭蜡，則龡豳頌，擊土鼓，以息老物。」龡（吹）豳（詩豳風）頌者，告農功之成也；擊土鼓者，存古樂之本也；息老物者，當物之既成，勞農以休息之也。荆楚歲時記云：「十二月八日爲臘日。」蔡邕獨斷卷下云：「臘者歲終大祭，縱吏民宴飲，非迎氣，故但送不迎。」不欲令宿乃祭蜡習俗。

〔一四〕兵：意爲兵災。

〔一五〕洛中：指洛陽。

〔一六〕趙王倫之亂：西晉元康九年（二九九），賈后廢太子，次年殺之，趙王司馬倫等從其封國起兵入宮殺賈后，永寧元年（三〇一），司馬倫又廢帝自立，遂引發八王爲争奪皇位大混戰，中原残破。是爲趙王倫之亂，又稱「八王之亂」。葛洪神仙傳不記晉朝事，此段漢魏本不載，恐爲後人改寫。

〔一七〕竹管：漢魏本作「竹筒」。

〔一八〕陸渾：今河南嵩縣東。

〔一九〕去家四方各一里外埋一柱：漢魏本作「去家五里，四方各埋一柱」。

〔二〇〕公度即以印印之：漢魏本作「公度即印封之」。

〔二一〕怪鳥：山堂肆考卷二一六鳴屋引神仙傳稱此怪鳥爲鵂鶹。鵂鶹，晝一物無見，夜則目甚明。傳説聞其聲則多禍。

〔二二〕遭大喪當年：漢魏本作作「遭喪當葬」，太平御覽卷八一二鉛引神仙傳作「遭父喪當葬」，「年」爲「葬」之訛。

〔二三〕而貧窮不及：漢魏本作「而貧汲汲無以辦」，意爲因貧窮無以辦喪事而不安。太平御覽卷八一二鉛引神仙傳作「而貧窮汲汲」，四庫本「不及」應作「汲汲」。

〔二四〕數斤：太平御覽卷八一二鉛引神仙傳作「數十斤」。

〔二五〕數十斤：太平御覽卷八一二鉛引神仙傳作「一百斤」。

〔二六〕公度將入山中小屋，下罏火中銷鉛：漢魏本作「公度入荆山中小屋，於罏火中銷鉛」。

〔二七〕粟：漢魏本作「米」。

〔二八〕本士族子弟：漢魏本無此句。

〔二九〕陪：同「賠」。

〔三〇〕不售：意爲猶未能抵賠錢。

〔三一〕百萬錢：漢魏本作「數千錢」。上文云「負官錢百萬」，當作「百萬錢」。

〔三二〕二十日頓相還也：太平御覽卷八一二錫引神仙傳作「後三十日倍當相還」。

〔三三〕遭事者：太平御覽卷八一二錫引神仙傳作「遇事者」。

〔三四〕洋錫：「洋」，漢魏本、太平御覽卷八一二錫引神仙傳作「銷」，熔鍊也，義同。

〔三五〕以神藥一方寸匕：漢魏本作「以藥方寸匕」。太平御覽卷八一二錫引神仙傳作「復以其腰間管中藥一方寸匕」。匕，匙也。

〔三六〕還錢主：漢魏本作「還官」。太平御覽卷八一二錫引神仙傳作「還富人」。

〔三七〕公度後到南陽太和山：漢武帝外傳稱，尹軌「以晉元熙元年（四一九）入南陽太和山中，以諸要事授其弟子河内山世遠」。

介象〔一〕

介象者，字元則，會稽〔二〕人也。學通五經，博覽百家之言，能屬文。陰修道法〔三〕，入東嶽〔四〕受氣禁〔五〕之術，能茅上燃火煮雞，雞熟而茅不燋，能令一里內不炊不蒸〔六〕，雞犬三日不鳴不吠，能令一市人皆坐不能起，能隱形變化爲草木鳥獸。聞九丹之經〔七〕，周遊數千里求之，不值明師〔八〕，乃入山精思，冀遇神仙。疲極，卧石上，有一虎往舐象〔九〕。象睡寤見虎，乃謂之曰：「天使汝來侍衛我者，汝且停；若山神使汝來試我，汝疾去。」虎乃去。

象入山，見谷中有石子，紫色光彩〔一〇〕，大如雞子，不可稱數，乃取兩枚而遊。谷深不得度〔一一〕，乃還於山中，見一美女年十五六許，顏色非常，衣服五彩〔一二〕，蓋仙人也。象叩頭乞長生之方，女曰：「汝急送手中物還故處乃來〔一三〕，吾故於此待汝〔一四〕。」象即以石送於谷中而還，見女子在舊處，象復叩頭，女曰：「汝血養〔一五〕之氣未盡，斷穀〔一六〕三年更來，吾止此。」象歸，斷穀三年，乃復往，見此女故在前處，乃以丹方一日授象〔一七〕，告曰：「得此便仙，勿他爲也。」象未得合作此藥〔一八〕。

常住弟子駱延雅合〔一九〕，惟下平床〔二〇〕中，有書生數人，共論書、傳事〔二一〕云云，不判〔二二〕，象傍聞之不能忍，乃爲決解之〔二三〕。書生知象非凡人，密表奏象於其主〔二四〕，象知之欲去，曰：「恐官事拘束我耳。」延雅固留。吴王詔徵象到武昌〔二五〕，甚敬重之，稱爲介君。爲象起第宅，以御帳給之〔二六〕，賜遺前後累千金〔二七〕。從象學隱形之術，試還後宮，及出入殿門〔二八〕，莫有見者。又令象變化，種瓜菜百菓皆立生〔二九〕。

與先主共論鱠魚何者最上，象曰：「鯔魚爲上。」先主曰：「此魚乃在海中〔三〇〕，安可得乎？」象曰：「可得耳。」但令人於殿中庭方埳〔三一〕，者水〔三二〕滿之。象即索釣餌起釣之，垂綸〔三三〕於埳中，不食頃〔三四〕，得鯔魚。先主驚喜，問象曰：「可食否？」象曰：「故爲陛下取作鱠，安不可食〔三五〕？」仍使厨人切之。先主問曰：「蜀使不來，得薑作鱠至美，此間薑不及也。何由得乎〔三六〕？」象曰：「易得耳〔三七〕。願差一人〔三八〕，并以錢五千文付之〔三九〕。」象書一符以著竹杖中，令其人閉目騎杖，杖止便買薑。買薑畢，復閉目。」此人如言騎杖，須臾，已到成都，不知何處，問人，言是蜀中〔四〇〕也，乃買薑。于時吴使張温〔四一〕在蜀，從人恰與買薑人相見〔四二〕，於是甚驚，作書寄家。此人買薑還〔四三〕，厨中鱠始就矣〔四四〕。

象又能讀諸符文如讀書，無誤謬者。或不信之，取諸雜符，除其標注以示象，象皆一一別之〔四五〕。又有一人種黍於山中，嘗患獼猴食之，聞象有道，從乞辟猴法。象告：「無他，汝明日往看黍，若見猴群下，大嗥語之曰：『吾已告介君〔四六〕，介君教汝莫食黍。』」此人倉卒直言象欺弄之。明日，往見群猴欲下樹，試告象言語，猴即各還樹，絶迹矣。

象在吴，連求去，先主不許〔四七〕。象言某月日病，先主使左右以梨一奩賜象〔四八〕。象食之，須臾便死。先主殯埋之，以日中死，其日餔時〔四九〕已至建鄴〔五〇〕，以所賜梨付苑内〔五一〕種之。吏後以表聞，先主發視其棺中，唯一奏版符〔五二〕耳。先主思象，使以所住屋爲廟〔五三〕，時時躬往祭之，常有白鵠來集座上，良久乃去〔五四〕。後弟子見象在蓋竹山〔五五〕中，顔色更少焉。

校釋

〔一〕太平廣記「介象」條共有三處，分别列於卷一三神仙十三、卷七六方士一、卷四六六水族三。其中神仙、水族二條云出神仙傳，方士條云出建康實録。神仙「介象」條與本條文字有差異，且省去釣鯔魚、買薑蜀都、辟猴等故事。漢魏本介象保留釣鯔魚及買薑情節，其餘與太平廣記卷一三「介象」條同。

〔二〕會稽：今浙江紹興。

〔三〕陰修道法：漢魏本作「後學道」。

〔四〕東嶽：常以指泰山。漢魏本作「東山」。東山在紹興府上虞縣西南四十五里，東晋謝安隱居之地，介象乃會稽人，入會稽東山受氣禁之術，合乎常理。「嶽」恐是「山」之誤。

〔五〕氣禁：見「黄盧子」條注。

〔六〕不炊不蒸：漢魏本作「炊不熟」，意較明。

〔七〕聞九丹之經：漢魏本作「聞有五丹經」，誤。九丹之經，指九丹金液仙經，見「葛玄」條注。

〔八〕不值明師：漢魏本作「不得其師」。

〔九〕舐象：漢魏本作「舐象額」。

〔一〇〕光彩：漢魏本作「光緑」。

〔一一〕不得度：漢魏本作「不能前」。

〔一二〕衣服五彩：漢魏本作「被服五綵」。太平御覽卷三八一美婦人下引神仙傳作「被五綵」，其義皆同。

〔一三〕乃來：漢魏本作「乃可」，下有「汝未應取此物」句。

〔一四〕吾故於此待汝：漢魏本作「吾故止待汝」。

〔一五〕血養：漢魏本、三洞珠囊卷三服食品引神仙傳「介象」條作「血食」，血食指葷食，四庫本「養」爲「食」之訛。

〔一六〕斷穀：見「沈建」條注。

〔一七〕乃以丹方一日授象：漢魏本作「乃以還丹經一首投象」。三洞珠囊卷三服食品引神仙傳作「乃以還丹經一首以授象」。太平御覽卷三八一美婦人下引神仙傳作「女授丹方一首」。「日」爲「首」之訛。

〔一八〕象未得合作此藥：漢魏本無此句，只云「乃辭歸」。

〔一九〕駱延雅合：「合」通「閤」，賓客住所。漢魏本作「駱延雅舍」，真仙通鑑卷一五介象作「樂延雅舍」。

〔二〇〕惟下平床：漢魏本、真仙通鑑卷一五介象作「帷下平床」。帷下平（屏）床，指有帳子遮蔽之床。「惟」通「帷」。

〔二一〕共論書、傳事：漢魏本作「論左傳義」。

〔二二〕云云，不判：漢魏本作「不平」。意爲議論紛紜不得其解。

〔二三〕乃爲決解之：漢魏本作「乃忿然爲決」。

〔二四〕密表奏象於其主：漢魏本作「密表薦於吴主」。「其主」，真仙通鑑卷一五介象亦作「吴主」，較「其主」確切。吴主及下文「先主」，均指三國時吴主孫權。

〔二五〕武昌：今湖北鄂州，公元二二一年孫權曾遷都城於此。

〔二六〕以御帳給之：漢魏本作「供帳皆是綺繡」。

〔二七〕千金：漢魏本作「千鎰」。

〔二八〕殿門：漢魏本作「閨闥」。

〔二九〕立生：漢魏本作「立生可食」。

〔三〇〕此魚乃在海中：漢魏本作「論近道魚耳，此出海中」。太平御覽卷八六二膾引神仙傳作「論近魚耳，此海中出」。

〔三一〕方埳：掘土作坑。建康實録卷二太祖下黄武十年冬十月注引吴録作「埳」。太平廣記卷四六六「介象」條引神仙傳作「坎」，義同。坑地謂之埳。

〔三二〕者水：建康實録卷二太祖下黄武十年冬十月注引吴録作「灌水」。太平廣記卷四六六「介象」條引神仙傳、太平御覽卷八六二膾引神仙傳俱作「汲水」。仙苑編珠卷上介君竹杖左慈木履引神仙傳作「著水」，義同。「者」形近「著」而訛。

〔三三〕綸：釣絲。

〔三四〕不食頃：太平御覽卷八六二膾引神仙傳同。漢魏本作「須臾」，義同。

〔三五〕故爲陛下取作鱠，安不可食：漢魏本作「故爲陛下取作生鱠，安敢取不可食之物」。鱠，魚肉也。

〔三六〕先主問曰「蜀使不來，得薑作鱠至美，此間薑不及也。何由得乎」：漢魏本作「吴主曰：『聞蜀使來，得蜀薑作虀甚好，恨爾時無此。』」太平御覽卷九七七薑引神仙傳云：「先主曰：『聞蜀薑作虀至佳，此間薑永不及也，恨爾時無此薑耳。』」太平御覽卷八六二膾引神仙傳云：「吴主曰：『聞蜀使來，有蜀薑作虀甚好，恨時無此。』」

〔三七〕易得耳：漢魏本、太平御覽卷八六二膾引神仙傳、太平御覽卷九七七薑引神仙傳作「蜀薑豈不易得」。

〔三八〕願差一人：漢魏本作「願差所使者，可付直」。太平御覽卷八六二膾引神仙傳作「願羌（差）所使者，並付直」。太平御覽卷九七七薑引神仙傳作「願差可使行者，並付以直」。

〔三九〕並以錢五千文付之：漢魏本作「吴主指左右一人，以錢五十付之」。太平御覽卷八六二膾引神仙傳「千」作「十」。

〔四〇〕蜀中：漢魏本作「蜀市」。

〔四一〕張温（一九三——二三〇）：吴名臣，三國志卷五七有傳，公元二二四年官輔義中郎將，出使蜀國。

〔四二〕從人恰與買薑人相見：漢魏本、太平御覽卷八六二膾引神仙傳有「既於市中相識」，太平御覽卷九七七薑引神仙傳作「時吴使張温於市見之」，則買薑人所見者乃張温而非其從人，兩説不同。

〔四三〕此人買薑還：此句之後，漢魏本、太平御覽卷八六二膾引神仙傳有「投書負薑，騎杖閉目，須臾已還到吴」句。太平御覽卷九七七薑引神仙傳有「捉書騎竹杖閉目復，須臾已還到吴」等語。

〔四四〕厨中鱠始就矣：漢魏本作「厨下切鱠適了」。太平御覽卷八六二膾、太平御覽卷九七七薑引神仙傳作「厨下切鱠亦適了」，語義較明。搜神記卷一「介象」條有盤中釣鱸魚故事，人物却是左慈與曹操。

〔四五〕象又能讀諸符文如讀書……象皆一一别之：抱朴子内篇遐覽云：「昔吴世有介象者，能讀符文，知誤之與否。有人試取治百病雜符及諸厭劾符，去其籤題以示象，皆一一據名之。其有誤者，便爲人定之。自是以來，莫有能知者也。」可供參讀。又此句之後，漢魏本有「其幻法種種變化，不可勝數」等語，而不記辟猴事。

〔四六〕大嘷語之曰：吾已告介君：太平御覽卷九一〇猴引神仙傳作「大唤語之云：已白介君」。嘷，吼叫也。

〔四七〕象在吴，連求去，先主不許：漢魏本無此等語。齊民要術卷一〇梨引神仙傳作「速求去」。

〔四八〕先主使左右以梨一奩賜象：漢魏本作「帝遣左右姬侍以美梨一奩賜象」。奩，盒也。

〔四九〕餔時：午後三時至五時。

〔五〇〕建鄴：今江蘇南京，曾是吴國都城。

〔五一〕苑内：漢魏本、齊民要術卷一〇梨引神仙傳、藝文類聚卷八六梨引神仙傳、太平御覽卷五五一棺引神仙傳、太平御覽卷九六九梨引神仙傳均作「苑吏」，是。

〔五二〕唯一奏版符：漢魏本作「惟一符耳」，齊民要術卷一〇梨引神仙傳、太平御覽卷五五一棺引神仙傳作「有奏符」。太平御覽卷九六九梨引神仙傳作「有一奏符」。「版」是衍文。

〔五三〕使以所住屋爲廟：漢魏本作「與立廟」。太平御覽卷九一六鶴引神仙傳作「以象所住屋爲廟」。

〔五四〕良久乃去：漢魏本作「遲迴復去」。

〔五五〕蓋竹山：漢魏本作「藍竹山」，而太平廣記本原作「蓋竹山」。蓋竹山，在今浙江臨海南，一名竹葉山，據抱朴子内篇金丹稱，是正神所在山之一，「若有道者登之，則此山神必助之爲福，藥必成」。

神仙傳卷十

董奉〔一〕

董奉者，字君異，侯官〔二〕縣人也。昔吴先主時，有年少作本縣長〔三〕，見君異年三〔四〕十餘，不知有道也〔五〕。罷去〔六〕五十餘年，復爲他職，行經侯官，諸故吏人皆往見故長。君異亦往，顔色如昔，了不異故。長宿識之〔七〕，問曰：「君無有道也〔八〕？昔在縣時，年紀如君輩，今吾已皓白，而君猶少也〔九〕。」君異曰：「偶爾耳。」

杜燮〔一〇〕爲交州刺史，得毒病死，已三日。君異時在南方〔一一〕，乃往，以三丸藥内死人口中〔一二〕，令人舉死人頭搖而消之。食頃，燮開目，動手足〔一三〕，顔色漸還。半日中，能起坐，遂活〔一四〕。後四日，乃能語〔一五〕，云死時奄〔一六〕然如夢，見有數十烏衣人〔一七〕來收之，將載露車上去〔一八〕，入大赤門，徑以付獄〔一九〕。獄各一户，户纔容一人，以燮内一户中，乃以土從外封之，不復見外。恍惚間聞有一人言〔二〇〕，太乙〔二一〕遣使者來召杜燮，急開出之。聞人以鍤掘其所居户〔二二〕，良久，引出之。見外有車馬，赤蓋〔二三〕，三人共坐車上，一人持節，呼燮上車，將還至門而覺。燮既活，乃爲君異起高樓於中庭〔二四〕。君異不飲食，唯啖脯棗，多少飲酒〔二五〕，一日三爲君異設之〔二六〕。君異輒來就燮處飲食，下樓時，忽如飛鳥，便來到座，不覺其下，上樓亦爾〔二七〕。如此一年，從燮求去〔二八〕，燮涕泣留之，不許〔二九〕。燮問曰：「君欲何所之？當具大船也〔三〇〕。」君異曰：「不用船，宜得一棺器耳。」燮即爲具之。至明日日中時，君異死，燮使人殯埋之。七日〔三一〕，人有從容昌〔三二〕來，見君異，因謝杜侯，好自愛重〔三三〕。燮乃開視君異棺中，但見一帛，一面畫作人形，一面丹書符〔三四〕。

君異後還廬山〔三五〕下居。有一人少便病癩〔三六〕，垂死，自載詣君異，叩頭乞哀。君異使此人坐一户中〔三七〕，以五重布巾韜病者目，使勿動摇，乃敕家人莫近〔三八〕。病人云，聞有一物來舐之〔三九〕，痛不可堪，無處不匝〔四〇〕。度此物舌當一尺許〔四一〕，其氣息大小如牛，竟不知是何物，良久乃去。君異乃往解病人之巾，以水與飲，遣去，「不久當愈，且勿當風〔四二〕」。十數日間，病者身體通赤，無皮，甚痛，得水浴，即不復痛。二十餘日，即皮生瘡愈〔四三〕，身如凝脂。

後常大旱，百穀燋枯〔四四〕，縣令丁士彦謂綱紀曰〔四五〕：「董君有道，必能致雨。」乃自賫酒脯見君異，説大旱之意。君異曰：「雨易得耳。」因仰視其屋曰：「貧家〔四六〕屋皆見天，不可以得雨，如何〔四七〕？」縣令解其意，因曰：「先生但爲祈雨〔四八〕，當爲架好屋。」於是明日士彦自將吏人〔四九〕，乃運竹爲起屋〔五〇〕。屋成，當泥塗〔五一〕，作人掘土取壤，欲取水作泥〔五二〕。君異曰：

「不煩運水，日暮自當雨也〔五三〕。」其夜大雨，高下皆足〔五四〕。

又君異居山間爲人治病〔五五〕，不取錢物，使人〔五六〕重病愈者，使栽杏五株，輕者一株。如此數年，計得十萬餘株，鬱然成林。而山中百蟲群獸遊戲杏下〔五七〕，竟不生草，有如耘治也。於是杏子大熟，君異於杏林下作簞倉〔五八〕，語時人曰：「欲買杏者，不須來報，徑自取之〔五九〕。得將穀一器置倉中，即自往取一器杏云〔六〇〕。」每有一穀少而取杏多者〔六一〕，即有三四頭虎噬逐之〔六二〕，此人怖懼而走，杏即傾覆，虎乃還去〔六三〕，到家量杏，一如穀少〔六四〕。又有人空往偷杏〔六五〕，虎逐之，到其家，乃嚙之至死，家人知是偷杏，遂送杏還〔六六〕，叩頭謝過，死者即活〔六七〕。自是已後，買杏者皆於林中自平量之，不敢有欺者〔六八〕。君異以其所得粮穀，賑救貧窮，供給行旅〔六九〕，歲消三千斛，尚餘甚多〔七〇〕。

縣令親故家有女〔七一〕，爲精邪所魅，百不能治〔七二〕，以語君異〔七三〕，若能得女愈，當以侍巾櫛〔七四〕。君異即爲君敕諸魅。有大白鼉長丈六尺〔七五〕，陸行詣病者門〔七六〕，君異使人斬之〔七七〕，女病即愈，遂以女妻之〔七八〕。久無兒息，君異每出行，妻不能獨住，乃乞一女養之。女年十歲〔七九〕，君異一旦竦身入雲中去，婦及養女猶守其宅〔八〇〕，賣杏取給，有欺之者，虎逐之如故〔八一〕。養女長大，納婿同居。其婿凶徒也，常取諸祠廟之神衣物，廟下神下巫語云〔八二〕：「某甲恃是仙人女婿，奪吾衣物，吾不在此，但羞人耳，當爲仙人故，無用爲問〔八三〕。」

君異在民間僅百年，乃昇天〔八四〕，其顔色常如年三十時人也〔八五〕。

校　釋

〔一〕太平廣記卷一二「董奉」條云出神仙傳，與本條基本同。漢魏本董奉與太平廣記本同。

〔二〕侯官：今福建福州。

〔三〕有年少作本縣長：漢魏本作「有少年作本縣長」。

〔四〕三：漢魏本作「四」。

〔五〕不知有道也：漢魏本作「不知其道」。真仙通鑑卷一六董奉作「不知其有道也」，四庫本無「其」字。

〔六〕罷去：漢魏本作「罷官去」。

〔七〕諸故吏人皆往見故長……長宿識之：漢魏本作「諸故吏人皆老，而奉顔貌一如往日」。

〔八〕君無有道也：漢魏本作「君得道邪」。

〔九〕昔在縣時，年紀如君輩，今吾已皓白，而君猶少也：漢魏本作「吾昔見君如此，吾今已皓首，而君轉少，何也」。

〔一〇〕杜燮：太平御覽卷七二四醫四引神仙傳作「士燮」，是。士燮（一三七——二二六），蒼梧（今廣西梧州）人，東漢末爲交阯太守，後據州爲交州刺史。參三國志卷四九士燮傳。東漢交州轄境約今廣東、廣西大部及越南北部。

〔一二〕在南方：漢魏本作「在彼」。

〔一三〕以三丸藥内死人口中：漢魏本作「與藥三丸内在口中，以水灌之」。太平御覽卷七二四醫四引神仙傳作「以三丸藥内死人口中，以寒水含之」。

〔一四〕燮開目，動手足：漢魏本作「手足似動」。

〔一五〕遂活：漢魏本無此二字。

〔一六〕杜燮復活之事，三國志卷四九士燮傳裴松之注引神仙傳曰：「燮嘗病死，已三日。仙人董奉以一丸藥與服，以水含之，捧其頤摇稍（消）之。食頃，即開目動手，顔色漸復，半日能起坐，四日復能語，遂復常。」亦見太平御覽卷八八七重生引神仙傳。

〔一六〕奄：忽也。

〔一七〕數十烏衣人：漢魏本作「十數烏衣人」。太平御覽卷七二四醫四引神仙傳作「數十馬卒」。能改齋漫録卷四「王謝燕」條云：「余按世説：『諸王、諸謝世居烏衣巷。』丹陽記曰：『烏衣之起，吴時烏衣營處所也。江左初立，瑯琊諸王所居。』審此，則名營以烏衣，蓋軍兵所衣之服，因此得名。」漢代胥吏亦穿烏衣，故稱烏衣人。

〔一八〕將載露車上去：漢魏本作「上車去」。太平御覽卷七二四醫四引神仙傳作「將載輅車上」。資治通鑑卷五九東漢靈帝中平六年胡三省注：「露車者，上無巾蓋，四旁無帷裳，蓋民家以載物者耳。」晉書卷九一徐苗傳云：「（徐苗）遺命濯巾澣衣，榆棺雜塼，露車載尸，葦席瓦器而已。」車無帷蓋曰露車，古代常用以載棺柩；以金玉所飾之車曰輅車。此處應是露車而非輅車。

〔一九〕入大赤門，徑以寸獄：漢魏本作「入大赤門，徑以付獄」。太平御覽卷七二四醫四引神仙傳作「入大赤門，住（徑）以付獄」。仙苑編珠卷下董奉活燮劉根見鬼引神仙傳云：「入大珠（朱）門，付獄。」此句意爲入大赤門後，直接交付監獄，「寸」爲「付」之訛。

〔二〇〕不復見外，怳惚間聞有一人言：太平御覽卷七二四醫四引神仙傳同。漢魏本作「不復見外，光忽聞户外人言」，「怳惚」訛作「光忽」也。

〔二一〕太乙：漢魏本同。太平御覽卷七二四醫四引神仙傳作「太一」。太乙、太一，見「彭詛」條注。又雲笈七籤卷八釋三十九章經第二十五章云：「太一上元君者，萬仙之司，主方嶽真氣也。主除死籍，刻書生簡。」

〔二二〕急開出之。聞人以鍤掘其所居户：漢魏本作「又聞除其户土」。鍤，鐵鍬。太平御覽卷七二四醫四引神仙傳「鍤」作「鏵」。

〔二三〕車馬赤蓋：太平御覽卷七二四醫四引神仙傳無「車」字。太平御覽卷七七三叙車下引袁子正書曰：「漢制，惟賈人不得乘馬車，其餘皆乘之矣。除吏赤蓋杠，餘皆青蓋杠云。」

〔二四〕乃爲君異起高樓於中庭：漢魏本作「因起謝曰：『甚蒙大恩，何以報效。』乃爲奉起樓於庭中」。

〔二五〕君異不飲食，唯啖脯棗，多少飲酒：既云不飲食，當不會啖脯棗飲酒。漢魏本作「不食他物，唯啖脯棗，飲少酒」，恐應如是。

〔二六〕一日三爲君異設之：漢魏本作「爕一日三度設之」。

〔二七〕君異輒來就爕處飲食……上樓亦爾：漢魏本作「奉每來飲食，或如飛鳥騰空來，坐食了，飛去，人每不覺」。

〔二八〕如此一年，從爕求去：漢魏本作「如是一年餘，辭爕去」。真仙通鑑卷一六董奉「一」作「三」。

〔二九〕爕涕泣留之，不許：漢魏本作「爕涕泣留之不住」。

〔三〇〕當具大船也：漢魏本作「莫要大船否」。

〔三一〕七日：漢魏本作「七日後」。

〔三二〕容昌：各本多同，而其地不載於典籍。真仙通鑑卷一六董奉作「宕昌」，其地乃少數民族所居之遠處，恐非。按太平御覽卷九九六茅引廣州記曰：「董奉與士爕同處數積載，思欲還豫章。」下文又稱「君異後還廬山下居」，廬山在豫章之南昌縣，「容昌」疑爲「南昌」之訛。

〔三三〕見君異，因謝杜侯，好自愛重：漢魏本作「奉見囑云，爲謝爕，好自愛理」。前已證「杜爕」應作「士爕」，此處「杜侯」亦應作「士侯」。

〔三四〕爕乃開視君異棺中，但見一帛，一面畫作人形，一面丹書符：漢魏本作「爕聞之，乃啓殯發棺，視之惟存一帛，一面畫作人形，一面丹書作符」。太平御覽卷九九六茅引廣州記曰：「董奉與士爕同處積載，思欲還豫章，爕情拘留不能免。後乃託以病死，爕開棺，乃是茅人。」

〔三五〕廬山：漢魏本作「豫章廬山」。豫章廬山，即今江西南昌廬山。

〔三六〕有一人少便病癩：漢魏本作「有一人中有癘疾」。癩，惡疾也，見「趙瞿」條注。

〔三七〕户中：漢魏本作「房中」。

〔三八〕以五重布巾韜病者目，使勿動摇，乃敕家人莫近：漢魏本作「以五重布巾蓋之，使勿動」。「韜」義同於「蓋」。

〔三九〕聞有一物來舐之：漢魏本作「初聞一物來舐身」。

〔四〇〕匝：往返周遍。

〔四一〕度此物舌當一尺許：漢魏本作「量此舌廣一尺許」。

〔四二〕君異乃往解病人之巾，以水與飲，遣去，不久當愈，且勿當風：漢魏本作「奉乃往池中以水浴之，遣去，告云：『不久當愈，勿當風。』」語較完整。「以水與飲」，三洞珠囊卷一救導品引神仙傳作「以水與浴之，遣去，告曰：『如是愈矣，且勿當風。』」本條下文亦有「得水浴」之語，四庫本「飲」爲「浴」之訛，又無「告云」二字。

〔四三〕二十餘日，即皮生瘡愈：漢魏本作「二十日皮生即愈」。三洞珠囊卷一救導品引神仙傳作「二十日皮生瘡盡愈」。

〔四四〕百穀燋枯：漢魏本無此四字。

〔四五〕縣令丁士彦謂綱紀曰：漢魏本作「縣令丁士彦議曰」。綱紀，資治通鑑卷八四晉惠帝永寧元年胡三省注曰：「郡綱紀，功曹之屬；縣綱紀，主簿、録事史之屬。」

〔四六〕貧家：漢魏本作「貧道」。

〔四七〕不可以得雨，如何：漢魏本作「恐雨至何堪」。

〔四八〕但爲祈雨：漢魏本作「但致雨」。

〔四九〕吏人：漢魏本作「人吏百餘輩」。

〔五〇〕乃運竹爲起屋：漢魏本作「運竹木起屋」。

〔五一〕屋成，當泥塗：漢魏本作「立成，方聚土作泥」。

〔五二〕作人掘土取壤，欲取水作泥：漢魏本作「方聚土作泥，擬數里取水」。真仙通鑑卷一六董奉作「使人掘土取壤，欲取水作泥」。作人，役作之人。

〔五三〕不煩運水，日暮自當雨也：漢魏本作「不須爾，暮當大雨，乃止」。

〔五四〕其夜大雨，高下皆足：漢魏本作「至暮即大雨，高下皆平，萬（太平廣記本作「方」）民大悦」。

〔五五〕又君異居山間爲人治病：漢魏本作「奉居山不種田，日爲人治病」。藝文類聚卷七廬山引神仙傳曰：「董奉還豫章廬山下居，在山間了不佃作，爲人治病。」

〔五六〕使人：漢魏本無此二字，恐是衍文。

〔五七〕而山中百蟲群獸遊戲杏下：漢魏本作「乃使山中百禽群獸遊戲其下」。各本引文多「百蟲」，而禽與獸對稱，似更合。

〔五八〕於杏林下作簞倉：漢魏本作「於林中作一草倉」，諸本引文多作「草倉」，是，意爲用草蓋之倉。太平御覽卷九六八杏引神仙傳云：「奉於林中所在作簞食一器，宣語買杏者不復須來報，但自取之，一器穀便得一器杏。」瓢曰簞，「簞食一器」即以盛食之瓢大小作一器，供量穀、杏之用。四庫本却將簞與倉混在一起作「簞倉」，便失原意。

〔五九〕徑自取之：漢魏本無此四字。

〔六〇〕云：漢魏本作「去」。

〔六一〕每有一穀少而取杏多者：漢魏本作「常有人置穀來少，而取杏去多者」。真仙通鑑卷一六董奉作「每有以穀少，而取杏多者」。四庫本「一」乃「以」之訛。

〔六二〕即有三四頭虎噬逐之：漢魏本作「林中群虎出，吼逐之」。

〔六三〕此人怖懼而走，杏即傾覆，虎乃還去：漢魏本作「大怖，急挈杏走，路傍傾覆」。

〔六四〕一如穀少：漢魏本作「一如穀多少」，四庫本無「多」字。

〔六五〕又有人空往偷杏：漢魏本作「或有人偷杏者」。

〔六六〕遂送杏還：漢魏本作「乃送還奉」。

〔六七〕死者即活：漢魏本作「乃却使活」。

〔六八〕自是已後，買杏者皆於林中自平量之，不敢有欺者：漢魏本無此等語。

〔六九〕君異以其所得糧穀，賑救貧窮，供給行旅：漢魏本作「奉每年貨杏得穀，旋以賑救貧乏，供給行旅不逮者」。

〔七〇〕歲消三千斛，尚餘甚多：漢魏本作「歲二萬餘解（斛）」。

〔七一〕縣令親故家有女：漢魏本作「縣令有女」。

〔七二〕百不能治：漢魏本作「醫療不效」。

〔七三〕以語君異：漢魏本作「乃投奉治之」。

〔七四〕侍巾櫛：猶言嫁作妻妾。

〔七五〕君異即爲君敕諸魅。有大白鼉長丈六尺：漢魏本作「奉然之，即召得一白鼉，長數丈」。太平御覽卷七二四醫四引神仙傳作「奉使勑召鬼魅，有大白鼉長數尺」。四庫本「君勑」之「君」是「召」之訛。鼉，見「劉政」條注。

〔七六〕陸行詣病者問：漢魏本作「陸行詣病者門」。「問」形近「門」而誤。

〔七七〕君異使人斬之：漢魏本作「奉使侍者斬之」。

〔七八〕遂以女妻之：漢魏本作「奉遂納女爲妻」。

〔七九〕十歲：漢魏本作「十餘歲」。

〔八〇〕婦及養女猶守其宅：漢魏本作「妻與女猶存其宅」。

〔八一〕虎逐之如故：漢魏本作「虎還逐之」。

〔八二〕廟下神下巫語云：真仙通鑑卷一六董奉作「廟中神下巫語云」。

〔八三〕養女長大……無用爲問：漢魏本無。

〔八四〕君異在民間僅百年，乃昇天：漢魏本作「奉在人間三百餘年乃去」。真仙通鑑卷一六董奉作「君異在民間住百年，乃昇天」。「僅」形近「住」而誤。

〔八五〕其顔色常如年三十時人也：漢魏本作「顔狀如三十時人也」。

李　根[一]

李根，字子源[二]，許昌[三]人也。有趙買[四]者，聞其父祖言，傳世見根也。買爲兒時，便隨事根，至買年八十四，而根年少不老。

昔在[五]壽春[六]吴太文[七]家，太文從之學道，得作金銀法立成[八]。根能變化，入水火中。坐致行厨[九]，能供二十人，皆精細之饌，四方奇異之物，非當地所有也。忽告太文云：「王陵[一〇]當敗，壽春當陷兵中，不復居，可急徙去。」衆乃使人收根[一一]，欲殺之。根時乃方欲書疏，奄[一二]聞外有千餘人圍其家[一三]求根，語太文父曰[一四]：「忽忽[一五]，但語『吾不知，官自來搜之，昨已去矣』。」太文出户還，顧窺根，失所在，左右書器物皆不復見。於是官兵入索，困食[一六]衣篋[一七]之中，無處不遍，不得根。及良久，太文出，見根固在向坐，儼然如故。根語太文曰：「王太尉[一八]奄當族誅，卿弟泄語，十日中當卒死。」皆果如言。

弟子家有以女給根者，此女知書，根出行，竊視根素書一卷，讀之[一九]，得根自説[二〇]其學道經疏云：「以漢元封[二一]中學道於某甲。」時年，計根已七百餘年[二二]也。又太文説根兩目瞳子[二三]皆方[二四]，按仙經説，八百歲人瞳子方也[二五]。根告諸弟子言：「我不得神丹大道之訣，唯得地仙方耳，壽畢天地，然不爲下土之士[二六]也。」

校　釋

〔一〕太平廣記無此條。漢魏本李根與本條基本同。

〔二〕子源：太平御覽卷六六三地仙引道學傳作「子側」。

〔三〕許昌：今河南許昌東。

〔四〕趙賈：漢魏本作「趙買」。

〔五〕昔在：漢魏本作「嘗住」。

〔六〕壽春：今安徽壽縣。

〔七〕吴太文：抱朴子内篇黄白稱之爲「成都内史吴大文」，而此人居壽春，且晉書卷三武帝紀稱，晉武帝太康十年（二八九）纔改諸王國相爲内史，與下文所言三國末年時間不合，恐誤。

〔八〕作金銀法立成：抱朴子内篇黄白云：「成都内史吴大文，博達多知，亦自説昔事道士李根，見根煎鉛錫，以少許藥如大豆者投鼎中，以鐵匙攪之，冷即成銀。大文得其祕方，但欲自作，百日齋便爲之，而留連在官，竟不能得，恒歎息，言人間不足處也。」則吴太文以鉛錫鍊銀似未得成也，恐其意爲「作立成金銀法」。

〔九〕坐致行厨：見「王遠」條注。

〔一〇〕王陵：漢魏本作「王淩」，是。王淩（一七一——二五一），三國志卷二八有傳，太原祁人，官至魏太尉，並都督揚州軍事，因謀立楚王代魏主齊王，嘉平三年（二五一），太傅司馬懿率兵征討，淩出降，在押付洛陽途中自殺（參資治通鑑卷七五）。

〔一一〕衆乃使人收根：此處漢魏本作「太文竊以語弟，弟無意泄之。王淩聞之，以爲妖言惑衆，乃使人收根」，義纔完整，無此，下文「卿弟泄語」便無根據，四庫本「衆」字之前脱此段文字。

〔一二〕奄：忽也。

〔一三〕其家：漢魏本作「吴家」。

〔一四〕求根，語太文父曰：漢魏本作「求根，根語太文父曰」。又本條前段都是李根與太文對話，不應出現太文父，「父」是衍文。

〔一五〕忽忽：漢魏本作「勿勿」，應作「忽忽」，與「勿勿」義同，猶言不礙事。

〔一六〕囷食：貯存食物之倉。

〔一七〕衣篋：裝衣服之箱。

〔一八〕王太尉：指王淩。

〔一九〕竊視根素書一卷，讀之：漢魏本作「竊取根素書一卷，讀之」，「視」與「讀之」義重複，「視」應作「取」。

〔二〇〕自説：漢魏本作「自記」。

〔二一〕元封：漢武帝年號，公元前一一〇——前一〇五年。

〔二二〕已七百餘年：自元封年至王淩叛亂之嘉平年，不到四百年，所謂七百餘年乃誇大其詞。

〔二三〕瞳子：眼睛瞳孔。漢魏本作「童子」。

〔二四〕皆方：仙苑編珠卷中李根眼方子皇齒生引神仙傳作「正方」。

〔二五〕八百歲人瞳子方也：「王真」條云：「八百歲人目瞳正方。」

〔二六〕唯得地仙方耳……然不爲下士之士也：抱朴子内篇論仙曰：「按仙經云：上士舉形昇虛，謂之天仙。中士遊於名山，謂之地仙。下士先死後蜕，謂之尸解仙。」又抱朴子内篇黄白曰：「朱砂爲金，服之昇仙者，上士也。茹芝導引，咽氣長生者，中士也。餐食草木，千歲以還者，下士也。」

李意期〔一〕

李意期者，蜀郡人〔二〕也。傳世識之，云是漢文帝〔三〕時人也。無妻息，人有欲遠行速至者，意期以符與之，并以丹書其人兩足〔四〕，則千里皆不盡日而還。人有説四方郡國宫觀市井者〔五〕，座中或未見〔六〕，重問説者，意期即爲撮土作之，所作郡國形象皆是，但盈寸耳〔七〕，須臾消滅。或遊行不知所之，一年許復還於蜀中〔八〕。乞食所得，以與貧乏者〔九〕。於成都角中作一土窟而居其中〔一〇〕，冬夏單衣。髪長剪去之，但使長五寸許〔一一〕。啜少酒，脯及棗果或食〔一二〕，百日不出窟〔一三〕，則無所食也〔一四〕。

劉玄德欲東伐吴，報關羽之怨〔一五〕，使人迎意期。意期到，玄德敬禮之〔一六〕，問其伐吴〔一七〕。意期不答，而求紙筆，玄德與之，意期畫作兵馬器仗十數紙〔一八〕，便一一以手裂壞之，曰：「咄〔一九〕！」又畫一大人〔二〇〕，掘地埋之，乃徑還去。玄德不悦，而出軍果大敗〔二一〕，十餘萬衆纔數百人得還，器仗軍資，一時蕩盡〔二二〕。玄德忿耻〔二三〕，發病而卒於永安宫〔二四〕。乃追念其所作大人而埋之，正是玄德之死象也〔二五〕。

意期少言語，人有所問，略不對答。蜀人有憂患，往問，吉凶自有常候，但占意期顔色，若懽悦則百事吉〔二六〕，慘戚則百事惡〔二七〕。鄧艾未到蜀百餘日，忽失意期所在〔二八〕。

後入瑯琊山〔二九〕中，不復出也。

校釋

〔一〕太平廣記卷一〇「李意期」條云出神仙傳，與本條基本同。漢魏本李意期與太平廣記本同。

〔二〕蜀郡人：漢魏本作「本蜀人」。三國志卷三二先主傳注引神仙傳、太平御覽卷五五窟引神仙傳云：「李意期蜀人。」説郛卷五八下引神仙傳云：「李意期蜀都人。」即今四川成都人。

〔三〕漢文帝：公元前一七九——前一五七年在位。

〔四〕并以丹書其人兩足：漢魏本作「並丹書兩腋下」。仙苑編珠卷下李意萬里王興健行引神仙傳云：「並書其人兩腋下。」

〔五〕人有説四方郡國宫觀市井者：漢魏本作「或説四方國土宫觀市鄽」。

〔六〕座中或未見：漢魏本作「人未曾見聞」。

〔七〕所作郡國形象皆是，但盈寸耳：漢魏本作「但盈寸，其中物皆是」。

〔八〕一年許復還於蜀中：漢魏本作「一年許復還」。

〔九〕乞食所得，以與貧乏者：漢魏本作「於是乞食得物，即度與貧人」。

〔一〇〕於成都角中作一土窟而居其中：成都，漢魏本作「城都」。太平御覽卷六六三地仙引劉向列仙傳（或是葛洪神仙傳）曰：「於蜀城角穴土居之。」

〔二〕髮長剪去之，但使長五寸許：太平御覽卷五五窟引神仙傳作「髮長剪去之，皆使長五寸」。敦煌文書不知名類書引神仙傳「李意期」條作「鬚長剪去之，只使長五寸」（伯三六三六）。

〔三〕啜少酒，脯及棗果或食：漢魏本作「飲少酒，食脯及棗栗」，「或食」應在「脯」之前。

〔三〕百日不出窟：漢魏本無此句。太平御覽卷五五窟引神仙傳作「或百日、二百日、三百日不出窟」。北堂書鈔一五七窟「意期土窟」條注引神仙傳云：「或一百日不出其土窟也。」

〔四〕則無所食也：漢魏本無此句。

〔五〕劉玄德欲東伐吴，報關羽之怨：漢魏本作「劉玄德欲伐吴，報關羽之死」。三國時蜀主劉備（一六一——二二三）字玄德，三國志卷三二立其傳，稱先主傳。建安二十四年（二一九），關羽（？——二二〇）攻魏之樊城（今湖北襄樊），吴乘虚襲其後防公安（今湖北荆州），關羽敗，被殺，謚壯繆侯（參資治通鑑卷六八）。

〔六〕玄德敬禮之：漢魏本作「甚敬之」，無「玄德」二字。

〔七〕問其伐吴：漢魏本作「問其伐吴吉凶」。四庫本似脱「吉凶」二字。

〔八〕而求紙筆，玄德與之，意期畫作兵馬器仗十數紙：三國志卷三二先主傳裴松之注引神仙傳作「畫作兵馬器仗數十紙已」。漢魏本作「而求紙，畫作兵馬器仗十數萬」，「萬」爲「紙」之誤。

〔九〕咄咄：驚怪聲也。

〔二〇〕又畫一大人：漢魏本、三國志卷三二先主傳裴松之注引神仙傳作「又畫作一大人」。

〔二一〕而出軍果大敗：三國志卷三二先主傳裴松之注引神仙傳作「而自出軍征吴，大敗還」。漢魏本作「果爲吴軍所敗」。

〔二二〕器仗軍資，一時蕩盡：漢魏本作「甲器軍資略盡」。黄初三年（二二二），劉備自率軍攻吴，戰於夷陵（今湖北宜昌），爲吴將陸遜所敗，死者萬數，其舟船器械水步軍資一時略盡（參資治通鑑卷六九）。

〔二三〕忿耻：漢魏本作「忿怒」。

〔二四〕發病而卒於永安宫：三國志卷三二先主傳裴松之注引神仙傳作「發病死」。漢魏本作「遂卒於永安宫」。永安宫在今重慶奉節白帝山上。

〔二五〕乃追念其所作大人而埋之，正是玄德之死象也：漢魏本無此二句。三國志卷三二先主傳裴松之注引神仙傳作「衆人乃知其意，其畫作大人而埋之者，即是言先主死意」，語意較清楚。

〔二六〕則百事吉：漢魏本作「則善」。

〔二七〕則百事惡：漢魏本作「則惡」。

〔二八〕鄧艾未到蜀百餘日，忽失意期所在：漢魏本無此二句。景元四年（二六三），魏分兵攻蜀，鄧艾（一九七——二六四）領軍自陰平（在今甘肅文縣）通過七百里無人之境，突襲成都，蜀後主劉禪出降，蜀亡（參資治通鑑卷七八）。

〔二九〕瑯琊山：太平寰宇記卷二四河南道二十四密州「諸城縣」云：「瑯琊山，在縣（今山東諸城）東南百四十里。」

王興

王興者，陽城〔二〕人也。常居一谷中〔三〕，本凡民，不知書，無學道意也。昔漢武帝元封二年〔四〕，上嵩山〔五〕，登大愚石室，起道宮〔六〕，使董奉君〔七〕、東方朔〔八〕等齋潔〔九〕思神。至夜，忽見仙人長二丈餘〔一〇〕，耳下垂至肩〔一一〕。武帝禮而問之，仙人曰：「吾九疑仙人〔一二〕也，聞中嶽有石上菖蒲一寸九節〔一三〕，服之可以長生，故來採之。」言訖忽然不見〔一四〕。武帝顧謂侍臣曰：「彼非欲學道服食者〔一五〕，必是中嶽之神，以此教朕耳〔一六〕。」乃採菖蒲服之，且二年。而武帝性好熱食，服菖蒲每熱者，輒煩悶不快〔一七〕，乃止。時從官多皆服之，然莫能持久。唯王興聞仙人使武帝常服菖蒲，乃採服之不息，遂得長生，魏武帝時猶在〔一八〕。其隣里老小皆云，傳世見之，視興常如五十許人，其強健，日行三百里〔一九〕。後不知所之〔二〇〕。

校釋

〔一〕太平廣記卷一〇「王興」條云出神仙傳，與本條基本同。漢魏本王興與太平廣記本同。

〔二〕陽城：在今河南登封東南。齊民要術卷一〇菖蒲引神仙傳云是「陽城越人」。

〔三〕常居一谷中：漢魏本作「居壺谷中」。太平御覽卷六六二天仙引神仙傳同。真仙通鑑卷七「王興」作「常居宛谷中」。

〔四〕元封二年：公元前一〇九年。漢魏本無此四字。真仙通鑑卷七王興作「元封二年正月甲子」。

〔五〕嵩山：在今河南登封北，稱中嶽。

〔六〕登大愚石室，起道宮：漢書卷六武帝紀云：「（元封元年）春正月，行幸緱氏，詔曰：『……親登嵩高，御史乘屬，在廟旁吏卒咸聞呼萬歲者三。登禮罔不答。其令祠官加增太室祠。……』」注引韋昭曰：「嵩高山有太室、少室之山，山有石室，故以名云。」漢武帝元封元年登嵩山，乃王興故事所派生，然則大愚石室應是太室山之石室。

〔七〕董奉君：漢魏本作「董仲舒」。真仙通鑑卷七王興條作「董仲君」。神仙傳有「董仲君」條。董仲君乃漢武帝時方士，此處或指其人。

〔八〕東方朔：見「巫炎」條注。

〔九〕齋潔：義同「齋戒」，古人以此示誠敬。參「衛叔卿」條注。

〔一〇〕長二丈餘：漢魏本作「長二丈」。

〔一一〕耳下垂至肩：漢魏本作「耳出頭巔，垂下至肩」。齊民要術卷一〇菖蒲引神仙傳、藝文類聚卷八一菖蒲引神仙傳作「耳出頭，下垂肩」。真仙通鑑卷七王興作「耳出頭頂，下垂至肩」。四庫本無「出頭」二字。

〔一二〕九疑仙人：漢魏本作「九嶷之神」。仙苑編珠卷下李意萬里王興健行引神仙傳作「吾九嶷人也」。齊民要術卷一〇菖蒲引神仙傳云：「仙人曰：『吾九疑人也。』」太平御覽卷六六二天仙引神仙傳、真仙通鑑卷七王興作「九疑山人」。「仙」應作「山」，或是衍文。九疑，山名，在今湖南寧遠。

〔一三〕石上菖蒲一寸九節：水經注卷一五洛水云：「石上菖蒲一寸九節，爲藥最妙，服久化仙。」抱朴子内篇仙藥云：「菖蒲須得生石上，一寸九節已上，紫花者尤善也。」

〔一四〕言訖忽然不見：漢魏本作「忽然失神人所在」。

〔一五〕彼非欲學道服食者：漢魏本作「彼非復學道服食者」。

〔一六〕以此教朕耳：漢魏本作「以喻朕耳」。

〔一七〕而武帝性好熱食，服菖蒲每熱者，輒煩悶不快：武帝性既好熱食，何以服菖蒲每熱者則煩悶不快？使人不明。漢魏本無前二句，只作「帝覺悶不快」，或有其道理。

〔一八〕魏武帝時猶在：漢魏本無此句。魏武帝即曹操。

〔一九〕視興常如五十許人，其强健，日行三百里：漢魏本無此二句。

〔二〇〕李白據本條故事作嵩山採菖蒲者云：「神仙多古貌，雙耳下垂肩。嵩嶽逢漢武，疑是九疑仙。我來採菖蒲，服食可延年。言終忽不見，滅影入雲煙。喻帝竟莫悟，終歸茂陵田。」（全唐詩卷一八四）

黄敬〔一〕

黄敬，字伯嚴，武陵〔二〕人也。少讀誦經書，仕州爲部從事〔三〕。後棄世學道於霍山〔四〕八十餘年。復入中嶽，專行服氣〔五〕斷穀〔六〕，爲吞吐之事〔七〕，胎息内視〔八〕，召六甲〔九〕玉女〔一〇〕，吞陰陽符〔一一〕。又思赤星在洞房前，轉大，如火周身〔一二〕。至二百歲，轉還少壯。道士王紫陽數往見，從求要言。敬告紫陽曰：「吾不修服藥之道，但守自然，蓋地仙耳，何足詰問。聞新野陰君〔一三〕神丹昇天之法，此真大道之極也，子可從之。人能除遣嗜慾如我者，不可〔一四〕以學我所爲也。」紫陽固請不止，敬告紫陽曰：「大關之中有輔星〔一五〕，想而見之翕習成〔一六〕，赤童在焉持朱庭〔一七〕，指而摇之錬身形〔一八〕，消遣三尸〔一九〕除死名。審能守之可長生，失之不久倫窈冥〔二〇〕。」紫陽受之，得長生之道也。

校釋

〔一〕太平廣記無此條。漢魏本黄敬與本條同。

〔二〕武陵：今湖南常德。

〔三〕部從事：從事，漢官名。資治通鑑卷五九中平六年胡三省注云：「部從事，部郡國從事也。」後漢書志二七百官四云：「部郡國從事，每郡國各一人，主督促文書，察舉非法。」

〔四〕霍山：即天柱山，見「左慈」條注。

〔五〕服氣：見「彭祖」條注。

〔六〕斷穀：見「沈建」條注。

〔七〕吞吐之事：即吞吐之術，其術如同吐納，見「彭祖」條注。

〔八〕胎息内視：見「九靈子」條注。

〔九〕六甲：見「李少君」條注。

〔一〇〕玉女：見「沈羲」條注。漢魏本誤作「王女」。

〔一一〕陰陽符：真誥卷二翼真檢第二「真胄世譜」記晉王子猷曾書六甲陰陽符，或是同一符。

〔一二〕又思赤星在洞房前，轉大，如火周身：仙苑編珠卷中甘始門冬黄敬赤星引神仙傳云：「思赤星在腦中如火，以周一身。」此處説的是氣功法。雲笈七籤卷八三中山玉櫃經服氣消三蟲訣記廣成子教去人體疾病之法：「以桃皮竹葉湯浴訖，入室平，卧存想心家火遍身焚燒，身都炯然，使之如盡。然後閉氣，咽新氣驅逐腹内穢氣，使攻下泄，務令出盡，當自如故。」卷三三攝養枕中方「自慎」引想爾云：「道人疾，閉目内視，使心生火，以火燒身，燒身令盡，存之，使精神如髣髴，疾即愈。」可供參讀。「赤星」，即火星。「洞房」，抱朴子内篇地真稱：「故仙經曰：子欲長生，守一當明；思一至飢，一與之糧；思一至渴，一與之漿。一有姓字服色，男長九分，女長六分，或在臍下二寸四分下丹田中，或在心下絳宫金闕中丹田也，或在人兩眉間，却行一寸爲明堂，二寸爲洞房，三寸爲上丹田也。此乃是道家所重，世世歃血傳其性命耳。」

〔一三〕陰君：見「陰長生」條。

〔一四〕不可：漢魏本作「亦可」。

〔一五〕大關之中有輔星：「大關」恐爲「天關」之誤。北辰一名天關，一名北斗。輔星，史記卷二七天官書裴駰集解引孟康曰：「在北斗第六星旁。」

〔一六〕想而見之翕習成：此句指内視法，參「九靈子」條注。

〔一七〕赤童在焉持朱庭：持，漢魏本作「指」。此處説的恐是夜半視存修鍊法，詳見雲笈七籤卷五二五辰行事訣。「赤童」或是「赤星」，即火星；「朱庭」或是「朱臺」，即五辰行事訣中所謂「洞闕朱臺」，姑存疑，俟求正解。

〔一八〕指而摇之鍊身形：此句意亦不明。鍊形，見神仙傳序注。

〔一九〕消遣三尸：消除人體有害之病源。三尸，見「沈文泰」條注。

〔二〇〕倫窈冥：漢魏本作「淪幽冥」，真仙通鑑卷一二黄敬作「淪窈冥」，意爲淪落陰間也。四庫本「倫」爲「淪」之訛。

魯女生〔一〕

魯女生〔二〕者，長樂〔三〕人也。服胡麻餌朮〔四〕，絶穀八十餘年。甚少壯〔五〕，一日行三百餘里，走逐麞鹿〔六〕，鄉里〔七〕傳世見之。二百餘年入華山中去〔八〕。時故人與女生別後五十年，入華山廟，逢女生乘白鹿〔九〕，從後有玉女數十人也〔一〇〕。

校釋

〔一〕太平廣記無此條。漢魏本魯女生全録後漢書卷八二下華佗傳李賢注引漢武内傳之文。本條故事大抵源出於漢武帝内傳，道藏則記於漢武帝外傳。本條與李賢引文頗有不同。

〔二〕魯女生：博物志卷五方士載，曹操所集方士十六人，中有魯女生。後漢書將其傳附於華佗傳後，云與華佗（約一四一——二〇八）同時，又云：「魯女生數説顯宗（東漢明帝，公元五七——七五年在位）時事，甚明了，議者疑其時人也。董卓亂後莫知所在。」

〔三〕長樂：今河北冀州。

〔四〕服胡麻餌朮：仙苑編珠卷下女生鹿白君達牛青引神仙傳同。藝文類聚卷九五鹿引神仙傳作「餌朮」。太平御覽卷三九四走引魯女生別傳云「少好學道，初服餌胡麻」。漢魏本作「初餌胡麻及朮」。後漢書卷八二下華佗傳注引漢武帝内傳亦云：「魯女生，長樂人，初餌胡麻及朮。」胡麻，抱朴子内篇仙藥云：「巨勝一名胡麻，餌服之不老，耐風濕，補衰老也。」餌朮，見神仙傳序注。

〔五〕甚少壯：漢魏本作「日少壯，色如桃花」。太平御覽卷三九四走引神仙傳作「日更少壯，面如桃花」。

〔六〕一日行三百餘里，走逐麞鹿：漢魏本、太平御覽卷三九四走引魯女生別傳作「日行三百里，走及麞鹿」。

〔七〕鄉里：漢魏本無此二字。

〔八〕二百餘年入華山中去：太平御覽卷九〇六鹿引神仙傳同。後漢書卷八二下華佗傳李賢注引漢武帝内傳記魯女生此事云：「傳世見之，云三百餘年。後採藥嵩高山，見一女人，曰：『我三天太上侍官也。（汝當得仙，故得見我，我將授汝寶文祕要，可以威制五嶽，役使衆靈。）』以五嶽真形圖與之，並告其施行。女生道成，一旦與知友故人別，云入華山去。」括弧内乃今本漢武帝外傳之文字，漢魏本大體與漢武帝内傳引文同。後漢書卷八二下華佗傳李賢注引漢武帝内傳文字疑有省略，而太平御覽引文脱漏更多，四庫本却據之照録，致原意全失，漢武帝外傳所記或是原文。

〔九〕時故人與女生別後五十年，入華山廟，逢女生乘白鹿：漢魏本作「後五十年，先相識者逢女生華山廟前，乘白鹿」。太平御覽卷九〇六鹿引神仙傳作「有故人與女生別五十年，入華山廟，逢女生乘白鹿車」。後漢書卷八二下華佗傳李賢注引漢武帝内傳作「去後五十年，先相識者逢女生華山廟前」。漢武帝外傳此句之後還有「顔色更少」等語。

〔一〇〕從後有玉女數十人也：後漢書卷八二下華佗傳李賢注引漢武帝内傳、漢魏本作「從玉女三十人，並令謝其鄉里親故人也」。

甘始〔一〕

甘始〔二〕者，太原人〔三〕也。善行氣〔四〕，不飲食，又服天門冬〔五〕。行房中之事，依容成玄素之法〔六〕，更演益之爲一卷〔七〕，用之甚有近效。治病不用針灸湯藥。在人間三百餘歲〔八〕，乃入王屋山〔九〕仙去也。

校釋

〔一〕太平廣記無此條。漢魏本甘始與本條同。

〔二〕甘始：博物志載，曹操所集方士十六人，其中有甘始。後漢書卷八二下有甘始傳，實含甘始、東郭延年、封君達三人事迹，文字簡略。

〔三〕太原人：太原在今山西，而曹植辯道論稱之爲「甘陵甘始」，甘陵在今山東臨清東。甘始既屬曹操所集方士，曹植當較爲熟識，所言或近其實。

〔四〕行氣：見「陰長生」條注。

〔五〕天門冬：抱朴子内篇仙藥云：「天門冬，或名地門冬，或名莚門冬，或名顛棘，或名淫羊食，或名管松。其生高地，根短而味甜、氣香者善。其生水側下地者，葉細似蘊而微黄，根長而味多苦、氣臭者下，亦可服食。然喜令人下氣，爲益尤遲也。服之百日，皆丁壯倍駛於朮及黄精也。」

〔六〕容成玄素之法：參「容成公」條。

〔七〕更演益之爲一卷：據漢藝文志考證卷一〇云：「容成陰道二十六卷。……神仙傳：甘始依容成玄素之法，更演益之爲十卷。」「一卷」或爲「十卷」之誤。

〔八〕在人間三百餘歲：漢魏本作「在世百餘歲」。仙苑編珠卷中甘始門冬黄敬赤星引神仙傳云：「在世一百八十六年。」

〔九〕王屋山：在今河南濟源。

封君達〔一〕

封君達〔二〕者，隴西〔三〕人也。服黄精〔四〕五十餘年，又入鳥鼠山〔五〕，服鍊水銀〔六〕百餘歲。往來鄉里，視之年如三十許人〔七〕，常乘青牛。聞人有疾病時死者〔八〕，便過與藥治之，應手皆愈。不以姓字語人，世人識其乘青牛，故號爲青牛道士。後二百餘年，入玄丘山〔九〕仙去也。

校釋

〔一〕太平廣記無此條。漢魏本封衡雖記同一人，却與此條大異。後漢書卷八二下合甘始、東郭延年、封君達於一傳，李賢注引漢武帝内傳記其事迹與漢魏本略同，而道藏本漢武帝外傳叙其事則更詳。

〔二〕封君達：漢魏本作「封衡字君達」，曹操集十六方士中有其名。博物志卷五方士云：「皇甫隆遇青牛道士，姓封名君達，其與養性法，即可倣用，大略云：『體欲常少勞，無過虚，食去肥濃，節酸鹹，減思慮，損喜怒，除馳逐，慎房室，春夏泄瀉，秋冬閉藏。』」

〔三〕隴西：治今甘肅隴西。

〔四〕黄精：見「王烈」條注。漢魏本、藝文類聚卷七八仙道引神仙傳作「黄連」。

〔五〕鳥鼠山：水經注卷一七渭水云：「渭水出隴西首陽縣渭谷亭南鳥鼠山。」首陽縣在今甘肅渭源。漢魏本作「鳥獸山」，誤。

〔六〕服鍊水銀：漢魏本作「又服朮」。

〔七〕如三十許人：漢魏本作「如二十許人」。藝文類聚卷七八仙道引神仙傳作「如二十者」。

〔八〕聞人有疾病時死者：三洞珠囊卷一救導品引神仙傳作「聞有疾病待死者」。雲笈七籤卷七九五嶽真形圖法並序作「行聞有疾殆死者」。下文有「應手皆愈」等語，可知所治乃將死之人，「時」形近「待」而訛。漢魏本作「聞人有病死者」。

〔九〕玄丘山：見「馬鳴生」條注。

附録

四庫全書總目提要

神仙傳十卷。兩淮鹽政採進本。

晉葛洪撰。是書據洪自序，蓋於抱朴子内篇既成之後，因其弟子滕升問仙人有無而作。所録凡八十四人，序稱秦大夫阮倉所記凡數百人，劉向所撰又七十一人，今復抄集古之仙者，見於仙經、服食方、百家之書，先師所説，耆儒所論，以爲十卷。又稱劉向所述，殊甚簡略，而自謂此傳有愈於向。今考其書，惟「容成公」、「彭祖」二條與列仙傳重出，餘皆補向所未載。其中如黄帝之見廣成子，盧敖之遇若士，皆莊周之寓言，不過鴻濛、雲將之類，未嘗實有其人。淮南王劉安謀反自殺，李少君病死，具載史記、漢書，亦實無登仙之事，洪一概登載，未免附會。至謂許由、巢父服箕山石流黄丹，今在中岳中山，若二人晉時尚存，洪目睹而記之者，尤爲虚誕。然後漢書方術傳載壺公、薊子訓、劉根、左慈、甘始、封君達諸人，已多與此書相符，疑其亦據舊文，不盡僞撰，又流傳既久，遂爲故實，歷代詞人轉相沿用，固不必一一核其真僞也。諸家著録皆作十卷，與今本合，惟隋書經籍志稱爲葛洪列仙傳，其名獨異。考新舊唐書，並作葛洪神仙傳，知今本隋志殆承上列仙傳讚之文，偶然誤刊，非書有二名也。此本爲毛晉所刊，考裴松之蜀志先主傳注引「李意期」一條，吴志士燮傳注引「董奉」一條，吴範劉惇趙達傳注引「介象」一條，併稱葛洪所記近爲惑衆，其書文頗行世，故撮舉數事載之篇末，是徵引此書以三國志注爲最古，然悉與此本相合，知爲原帙。漢魏叢書别載一本，其文大略相同，而所載凡九十二人，核其篇第，蓋從太平廣記所引鈔合而成。廣記標題間有舛誤，亦有與他書複見，即不引神仙傳者，故其本頗有訛漏。即如「盧敖若士」一條，李善注文選江淹别賦、鮑照升天行凡兩引之，俱稱葛洪神仙傳，與此本合。因太平廣記未引此條，漢魏叢書本遂不載之，足以證其非完本矣。

後記

我因研究中國古代文化，曾閲讀上海古籍出版社影印的文淵閣四庫全書本葛洪神仙傳，其中有不少文意窒礙難通者，一方面由於我的學識尚淺，許多道家術語意義不懂，亦有由於書中文字錯漏的緣故，遂萌校釋該書之念。自步入老年，我仍想做些工作，決定校勘出一部錯漏較少、便於研讀的神仙傳，以了却我的夙願，並欲藉此機會補充一下我的道學知識。這項工作别人或短期便可完成，我却經歷了六年，反復修改五六遍，也只成目前的樣子。當然不能説是完善，之所以敢於付梓，是相信校正了四庫本多處與他本不同的舛誤，解讀了某些難通的詞句，公之於衆或許對神仙傳的讀者有所幫助，更希望讀者指出校釋的不當，提出新的意見，俾神仙傳有一個更加完善的版本流行於世。

校釋本之完成，中山大學歷史系領導以及同仁給予我很多鼓勵和幫助。又蒙北京中華書局採納出版，並由朱立峰先生負責編輯工作，對本書提出多處修改意見，受益甚多。而促成本書的出版，實得力於宗教史專家林悟殊教授及王媛媛博士。孫雅文女士爲本書修改標點符號方式做了很多工作。對上述諸位的雅情高誼，我在此深表謝忱。

胡守爲

二〇一〇年三月於廣州中山大學